教育部人文社会科学研究青年基金项目资助
（项目名称：经营者集中救济法律制度研究——以不同产业的适用为中心视角　项目批准号：12YJC820132）

经营者集中救济法律制度研究

The Research on Merger Remedies

袁日新 著

法律出版社
LAW PRESS·CHINA

序

经营者集中在市场经济体制下是一种普遍现象。然而,也是一把“双刃剑”,因为它对国家经济发展和技术进步的影响是双重的。一方面,可以优化资源配置,扩大企业的规模经济,提高企业竞争力;另一方面,也可能产生或加强市场支配地位,排除、限制市场上的有效竞争,损害企业的创新动力。因此,经营者集中控制是我国以及世界上其他国家和地区反垄断法的核心内容。由于经营者集中具有两面性,反垄断执法机构对具有排除、限制竞争影响的经营者集中实施禁止就不是控制集中的唯一措施,而是有必要在禁止垄断和自由竞争之间进行衡量,寻求一种折中办法。即一方面,批准集中以满足企业扩大规模和提高经济效率的需要;另一方面,在批准决定中附加限制性条件,目的是维护市场的有效竞争。因此,附条件批准经营者集中是世界各国和地区反垄断执法为满足这种需求进行的理性选择,这种制度也被称为“经营者集中的救济”。目前,世界上发达的国家和地区都建立了比较成熟的经营者集中救济制度,而且,这个制度在欧美反垄断领域一直是一个热点和重点讨论的问题。我国《反垄断法》对经营者集中救济只作了概括性规定,商务部迄今出台的配套规章也比较简单,故在我国此方面还有很多需要深入研究的问题,以使我国的经营者集中救济更有效率,更有可操作性,从而提高这方面法律的稳定性和透明度。在这里，我高兴地向读者推荐袁日新博士在这个领域的最新研究成果。

袁日新博士的新作《经营者集中救济法律制度研究》的逻辑进路是，经营者集中救济是什么？为什么需要救济？如何进行救济？如何保障救济的效果？我国应如何完善这方面的法律制度？这个研究的核心问题是如何保障经营者集中救济应当发挥的功能，以实现经营者集中控制之目的。本书针对我国目前经营者集中救济的基本理论、实践操作和实施效果等许多问题进行了系统和全面的研究，是这一领域学术研究的一个重要成果。同时，在很多方面具有创新性和新颖性：第一，研究具有独特视角。作者在掌握最新资料和前沿学术动态的基础上，力求将研究结合产业特征，揭示经营者集中救济在不同产业适用的共性和差异。第二，研究内容的新颖性。本研究既有理论剖析，又有规范分析；既有实体制度的构建，又有程序制度的设计；对美国、欧盟、英国、加拿大和经济合作与发展组织、国际竞争网络等具有代表性的国家、地区以及国际组织的相关法规、案例、推荐意见等方面进行了深入研究，在对它们进行比较和借鉴的基础上，对我国经营者集中救济制度的构建和完善提出了许多具有新意和有价值的观点。第三，研究方法的突破。本研究不仅将规范分析与实证分析、历史分析与理论分析、比较分析与系统分析等各种方法有机结合，而且还整合了法学、经济学、政治学等多个学科的研究方法，从不同侧面研究同一问题，体现了作者对多学科知识的熟练掌握和运用能力。总之，虽然本书在所难免地存在一些瑕疵与不足，但瑕不掩瑜，仍是一部具较高理论深度和实务价值的著作。

我认识袁日新博士差不多有 10 年，当时他还就读于辽宁大学法学院。通过学术交流和交往，我知道袁日新博士不仅勤奋刻苦，科研硕果累累，在国内核心期刊发表了多篇论文，曾荣获首届中国青年竞争法优秀论文奖，而且，他学而不厌和对问题孜孜以求的精神给我留下了深刻印象。2013 年 7 月他进入中国社会科学院法学研究所从事博士后研究，作为合作导师，我建议他以“经营者集中救济法律制度研究”作为博士后报告的选题，探索和挖掘这一制度的理论精髓和实践真谛。经过两年辛勤的工作，他顺利完成了博士后出站报告，而且这个研究报告获得评审专家的一致好评。本书是袁日新博士在其博士后成果的基础上修订而成的。作为他的博士后合作导师和朋友，我对本书的出版由衷地感到高兴，相信这本书能够为我国经营者集中救济制度的完善以及执法工作的改进提供有益的参考。我也希望袁日新博士锲而不舍，一往无前，潜心治学，勇于实践，运用新的思维和理念，开创更为广阔的研究空间，取得更多高水平的研究成果！

本书付梓之际，是为序。

*

2017 年 5 月 17 日

---

* 王晓晔，中国社会科学院法学所研究员、博士研究生导师，德国汉堡大学法学博士。

前　言

经营者集中救济是经营者集中反垄断控制制度的组成部分和自然延伸,已成为世界各国和地区控制具有或者可能具有反竞争效果的经营者集中的最佳选择,能够实现保护市场竞争、促进集中效率和维护各方利益的多元共赢的目标。经营者集中救济是政府通过反垄断法适度干预市场的一种制度安排,是政府控制经营者集中的有用工具,是民众参与公共治理的有效途径,是现代反垄断法回应社会需要的制度创新。

本书试图在分析经营者集中救济的基本理论问题和具体运作环节的基础上,以零售业和通信业经营者集中救济的适用为例,探究在不同产业环境下经营者集中救济适用的特点和规律,分析经营者集中救济的实施效果,最后提出完善我国经营者集中救济制度的建议。

本书采用比较研究、历史研究、案例研究和实证研究等方法,以世界主要国家和地区经营者集中救济的相关立法与执法经验为基础,结合我国经营者集中救济的现行立法和实践做法,试图从静态和动态双重视角对经营者集中救济制度进行比较全面深入的考察和分析。

本书的主旨是通过对经营者集中救济制度的系统研究,为构建、完善既符合国际惯例又具有中国特色的行之有效的经营者集中救济制度提供政策建议,研究的重点是经营者集中救济的基本问题、具体运作、产业适用和实施效果,紧紧围绕经营者集中救济的适当性、可行性和有效性展开。基于这一整体研究目标，本书的研究目标具体定位在三个层面：一是从静态视角研究经营者集中救济的基本理论问题，展现经营者集中救济制度的全貌；二是从动态视角研究经营者集中救济的产业适用和实施效果，分析经营者集中救济制度的实效；三是考察我国经营者集中救济的立法现状和初步实践，为完善我国经营者集中救济制度提供政策建议。

基于上述研究目标，本书体例如下：

第一章为经营者集中救济的一般分析。本章主要从抽象概念界定和基本理念梳理两个方面，对经营者集中救济的概念、特征、类型、目标和原则等方面进行阐释和分析，试图从微观层面勾勒制度全貌。我们认识到，在反垄断法语境中，经营者集中救济不是对权利受侵害之人给予救济，而是对因经营者集中可能产生的竞争损害给予救济，从而恢复和维护相关市场的有效竞争，是反垄断法中的一项特殊制度设计。

第二章为经营者集中救济的具体运作。世界主要国家和地区的立法与实践表明，经营者集中救济制度的具体运作包括经营者集中救济的确定、实施、监督、复审和制裁五个密切联系、不可分割的环节。本章主要以世界主要国家和地区经营者集中救济的先进立法与实践经验为样本，并结合我国的立法和实践，对经营者集中救济的五个环节进行归纳和分析，试图从宏观层面展现制度运作的全景。

第三章为经营者集中救济的产业适用。不同产业的市场结构状况不同，不同产业影响市场结构的因素不同，因而经营者集中救济的适用也有所不同。本章主要探讨不同产业经营者集中救济的适用，试图揭示经营者集中救济与不同产业的内在关联，以为反垄断执法机构在不同产业进行纷繁复杂的调查和执法提供一个可行的分析框架和选择路径。

第四章为经营者集中救济的实施效果。经营者集中救济的实施效果不仅取决于其自身的科学、合理、规范、健全，而且取决于其所处的不同国家和地区的整体法律环境和社会条件。本章通过确立合适的经营者集中救济效果评估指标，在此基础上考察世界主要国家和地区经营者集中救济的实施效果，并分析影响经营者集中救济有效实施的诸多因素及其克服路径，以进一步提升经营者集中救济的实施效果。

第五章为中国经营者集中救济的完善建议。参考、借鉴世界主要国家和地区经营者集中救济的先进立法与实践经验，努力完善既符合国际通行做法又符合我国实际情况的经营者集中救济制度，对在坚持和贯彻我国竞争政策的基本前提下，推进我国企业兼并重组的有序开展，维护公平的市场竞争秩序，保障社会主义市场经济的健康发展具有重大的理论意义和现实意义。本章试图描述和评析我国经营者集中救济的立法和执法现状，归纳和梳理存在的主要问题和不足，从立法、执法和司法三个层面提出构建、完善我国经营者集中救济制度的设想和建议。

Contents

目录

第一章 经营者集中救济的一般分析

法律制度乃是社会理想与社会现实的协调者。为了使法律具有逻辑自洽性、可预见性和稳定性，高度发展的各个法律制度都力图创建一个有关法律概念、法律技术与法律规范的自主体。① 经营者集中救济制度作为反垄断法中的一项特色制度，在其发展阶段，需要从内部形成其自身的发展道路，并尽可能地从其自身的概念和观念的逻辑中推论出解决问题的方案。本章主要从抽象概念界定和基本理念梳理两个方面，对经营者集中救济的概念、特征、类型、目标、功能和原则等内容进行阐释和分析，试图从微观层面勾勒出该制度的全貌。

第一节 经营者集中救济的界定

任何社会科学研究都需要内涵清晰的概念作为研究基础。“没有准确的概念，明晰的思想和文字也就无从谈起。”②“法的概念就其生成来说是属于法学范围之外的，它的演绎在这里被预先假定着，而且它应该作为已知的东西而予以接受”，“按照形式的、非哲学的科

① 参见[美]E. 博登海默：《法理学：法律哲学与法律方法》，邓正来译，中国政法大学出版社2005年版，第255~256页。

② [德]沃尔夫冈·布列钦卡：《教育科学的基本概念：分析、批判和建议》，胡劲松译，华东师范大学出版社2001年版，第1页。

学方法,首先一件事就是寻求和要求定义”。[①] 因此,在对经营者集中救济进行全面分析之前,首先需要对经营者集中救济的概念加以准确和明晰的界定,以作为进一步探讨的逻辑起点。

一、经营者集中救济的概念和特征

(一)经营者集中救济的概念

1. 经营者集中

经营者集中在世界主要国家和地区的反垄断法中的称谓不尽相同。欧盟既使用“经营者集中”(Concentration Between Undertakings)的称谓,也使用“企业并购”(Merger & Acquisition,M&A)的称谓,还使用“企业合并”的称谓。对这些称谓一般不作严格区分,例如,欧盟理事会2004年《关于控制经营者集中的第139/2004号条例》[Council Regulation(EC) No. 139/2004 on the Control of Concentrations Between Undertakings],简称为《集中控制条例》(Merger Regulation)。美国和其他很多国家的反垄断法则不使用“经营者集中”,而是使用“企业并购”和“企业合并”的称谓。我国借鉴了欧盟的概念使用“经营者集中”的称谓,《反垄断法》第四章以“经营者集中”为标题,比较详细地规定了经营者集中的情形、申报和审查等重要制度。尽管称谓各不相同,但实质上都是指经营者在市场经济活动中形成某种程度的结合,导致经营者之间控制权的转移和获取,从而产生控制或者决定性影响的密切关系。[②] 因此,反垄断法中的经营者集中是指一个或者多个经营者通过合并、取得股权或资产、订立合同等方式直接或者间接控制另一个或者多个经营者,从而引起市场结构持久、显著变化的行为。

2. 救济

在我国,“救济”是指救助接济之意,往往是指对有难者、弱者的一种临时性的,常常是紧急的物质帮助,提供救济的一方通常相对于接受救济的一方处于较有利的地位或状态。

在西方,“救济”的英文表述有“remedy”“relief”“recourse”等,在法律文献中,使用最多的是“remedy”“relief”。法律上的救济通常是指纠正、矫正或改正

---

① [德]黑格尔:《法哲学原理》,范阳等译,商务印书馆1961年版,第2页。

② 参见曹康泰主编:《中华人民共和国反垄断法解读》,中国法制出版社2007年版,第109页。

已发生或业已造成的损害、危害、损失或造成损害的不正当行为。[①] 在英美法上，remedy 分为普通法上的 remedy（legal remedy）和衡平法上的 remedy（equitable remedy）。前者常见的例子是金钱损害赔偿（damages），后者常见的例子为禁令（injunction）、实际履行（specific performance）。二者实质上都是指对权利受侵害之人给予救济。"Remedy"在经营者集中救济语境中的应用，不仅见于美国反托拉斯法，更见于欧盟竞争法，并为其他国家所效仿。例如，美国司法部 2011 年发布的《集中救济指南》（Antitrust Division Policy Guide to Merger Remedies），欧盟 2008 年发布的《集中救济通告》[Commission Notice on Remedies Acceptable Under Council Regulation (EC) No. 139/2004 and Commission Regulation (EC) No 802/2004]，英国 2008 年发布的《集中救济指南》（Merger Remedies：Competition Committee Guidelines），加拿大 2006 年发布的《集中救济信息公告》（Information Bulletin on Merger Remedies in Canada）等，实质上都是对可能损害竞争的经营者集中给予救济。

3. 经营者集中救济

在反垄断法语境中，经营者集中救济不同于一般意义上的法律救济，也不同于反垄断法其他领域的救济模式。它不是对权利受侵害之人给予救济，而是对可能损害竞争的经营者集中给予救济，是在违法行为发生之前、经营者集中审查过程中，反垄断执法机构在批准集中交易时采取的一种消除竞争问题的方法，[②]是反垄断法中的一项特殊制度安排。

经营者集中救济在不同国家和地区的称谓各不相同。在美国，经营者集中救济既被称为"merger remedy"。在欧盟，经营者集中救济既被称为"merger remedy"，也被称为"merger commitment"。在日本，经营者集中救济既被称为"附加条件的承认"，也被称为"问题解消措施"。在韩国，经营者集中救济被称为"违反行为的纠正措施"。在我国，经营者集中救济被称为"经营者集中附加限制性条件"。[③] 虽然各国和地区对经营者集中救济的称谓不同，外延也存在差异，但基本含义大致相同。经营者集中救济的称谓言简意赅，能够准确地体现

---

① 参见[英]戴维·M. 沃克编辑：《牛津法律大辞典》，北京社会与科技发展研究所译，光明日报出版社 1988 年版，第 764 页。

② 参见吴振国、刘新宇：《企业并购反垄断审查制度之理论与实践》，法律出版社 2012 年版，第 430 页。

③ 参见"经营者集中救济"也被称为"集中救济""合并救济""并购救济""经营者集中附加限制性条件""经营者集中附条件"，本书在不同的语境下使用不同称谓，但具有相同含义。

反垄断法对经营者集中问题的特别关注,能够清楚地表述反垄断法中经营者集中救济问题的核心与实质,既可以在一定程度上与国外的通行称谓相一致,又可以反映我国反垄断法的特点。① 因此,本书采用"经营者集中救济"这一称谓,与我国《反垄断法》中的"经营者集中附加限制性条件"不作严格区分。

(1)国外的考察

世界主要国家和地区的反垄断法均未对经营者集中救济作出明确界定,大都直接使用这一表述。

在立法上,美国司法部2011年发布的《集中救济指南》指出:"当反垄断局认为集中交易违反反托拉斯法时,集中当事人经常会提出一些解决方案以消除反垄断局的竞争关注,试图避免相关诉讼。在这种情况下,反垄断局将会广泛考虑各种形式的潜在救济,从而确保合适有效的救济。"②欧盟2008年发布的《集中救济通告》指出:"根据集中当事人在启动程序之前或者之后对集中交易的修改,欧盟委员会可以宣布该项集中与共同市场相容。""这种对集中的修改通常被称为'救济',因为其目标是消除欧盟委员会确认的竞争关注。"③英国2008年发布的《集中救济指南》指出:"指南的目的是解释公平贸易局根据《企业法》第22条或者第23条在集中调查中选择、设计和实施救济的方法和要求。"④加拿大竞争局2006年发布的《集中救济信息公告》指出:"本公告旨在为救济行动的目标以及竞争局在探求、设计和实施救济时所运用的一般原则提供指导。"⑤韩国、澳大利亚等国家和地区的反垄断立法也各有相关表述。

在学术界,埃尔津加(Elzinga)可能是最早研究经营者集中救济的学者。在1968年,他开始试图评估已命令救济的被质疑集中的事后效果,⑥但没有对经营者集中救济作出界定。此后,越来越多的学者运用不同方法从不同角度对经

① 参见曹康泰主编:《中华人民共和国反垄断法解读》,中国法制出版社2007年版,第109页。

② US Department of Justice, Antitrust Division Policy Guide to Merger Remedies, 2011, p. 1.

③ Commission Notice on Remedies Acceptable under Council Regulation (EC) No. 139/2004 and Commission Regulation (EC) No. 802/2004, Official Journal of the European Union, 2008, p. 1.

④ Competition Commission of UK, Merger Remedies: Competition Commission Guidelines, 2008, p. 1.

⑤ Competition Bureau Canada, Information Bulletin on Merger Remedies in Canada, 2006, p. 1.

⑥ See Kenneth G. Elzinga, "The Antimerger Law: Pyrrhic Victories?" *Journal of Law and Economics* 12, 1969, pp. 43 – 48.

营者集中救济进行研究，[①]但也都没有对其作出界定。

可见，世界上主要国家和地区的反垄断立法以及学术界对经营者集中救济的表述不同，而且，其中有的是对同一事物的不同称谓，有的彼此间在外延上存在差异。但是，用语和外延的不完全一致，并不影响经营者集中救济制度的构建和运作。

（2）我国的考察

我国《反垄断法》第 29 条规定："对不予禁止的经营者集中，国务院反垄断执法机构可以决定附加减少集中对竞争产生不利影响的限制性条件。"这是我国关于经营者集中救济的基本规定，也是实施经营者集中救济的法律依据。但是，我国《反垄断法》并没有对经营者集中救济作出界定。2009 年 11 月 24 日我国商务部公布了《经营者集中审查办法》，这是我国第一次对经营者集中救济进行具体规定的法律文件，其中明确提出了经营者集中救济的三种具体类型，但也没有对经营者集中救济作出界定。2014 年 12 月 4 日，商务部发布的《关于经营者集中附加限制性条件的规定（试行）》（以下简称《附加限制性条件规定》）是我国目前一部比较系统完善的经营者集中救济部门规章，仍然没有对经营者集中救济进行界定。

我国学术界一般是参考美国、欧盟和日本的经验，对经营者集中救济进行抽象概括式阐释，具体包括以下几种观点：

第一，经营者集中救济是消除合并对市场的反竞争的威胁的一种补救式救济方法。[②] 该观点认为，对于违法实施的反竞争的合并可以采取惩罚性救济方法和补救式救济方法。补救式救济方法又可以分为三种类型：①全面防止合并，如果交易已完成，全面解散或者分解合并后的企业；②在足以消除反竞争后果的情况下，部分地分解资产或者营业，允许交易继续进行；③管制和修改合并后的企业的行为，以防止所担心的反竞争的后果。在上述救济方法中，前两种属于结构救济方法，最后一种属于行为救济方法。该观点主要是从处理方法的角度对经营者集中救济进行研究，是我国学术界研究经营者集中救济的最早观点。

---

① See Tomaso Duso, Klaus Gugler & Burcin Yurtoglu, EU Merger Remedies: A Preliminary Empirical Assessment, SP II 2005 - 16, 2005, p. 3.

② 参见孔祥俊：《反垄断法原理》，中国法制出版社 2001 年版，第 635 页。

第二,经营者集中救济是一种非正式的反垄断执法措施。[①] 该观点通过研究日本的做法和经验认为,附加条件的承认是指政府的规制机构通过事前咨询,对于那些从反垄断法的角度来判断存有问题的企业集中计划,附加一定条件,同时以准备实施该项集中计划的当事人承诺遵守这些条件,并采取或实施相应的对应措施作为基本的前提条件,予以许可并放弃采取"劝告"及"开始裁判程序"等行政措施,用以处理存有问题的企业集中计划的一种方式。这种方式实际上是日本公正交易委员会在"事前咨询"的过程中,法外处理其认为将有可能对相关市场内的竞争产生实质性限制的企业集中案的一种非正式措施。该观点主要认为,经营者集中救济并非法律明文规定的案件处理方式,因此,其存在的问题是非常明显的,需要从法律制度上规范这一方式。

第三,经营者集中救济是对反竞争兼并的矫正措施。[②] 该观点通过考察美国的立法和实践认为,对于存在反竞争危险的兼并,一般只有两种救济途径:一种是彻底禁止无可救药的兼并;另一种是对可以矫正的兼并先进行修补,然后允许该企业进行兼并。修补的方法可以有两种:一种是分拆强制兼并方的资产;另一种是将兼并方一部分竞争能力强制转让给第三方。该观点实际上认为,经营者集中救济是给反垄断执法机构矫正存在竞争危险的兼并提供的法律上的机制,这一机制在实践中仍然面临许多挑战和困难,其实施效果还需要更多的实证分析来证明。

第四,经营者集中救济是一种案件处理方式。[③] 该观点通过考察欧盟的立法和实践认为,经营者集中救济措施是在集中审查中,为了消除集中对竞争造成的不利影响,由参与集中的企业向委员会提出消除不利影响的解决办法,委员会附条件许可该项集中的案件处理方式。该观点主要是从功能的角度阐释经营者集中救济是反垄断执法机构解决问题的一种手段或者方式,与作为欧盟的一项正式法律制度的理念不相吻合。

第五,经营者集中救济是对反垄断评估项下的经营者集中进行救济的方法。[④] 该观点认为,经营者集中救济是指对违反反垄断法的经营者集中确定的

---

① 参见王为农:《企业集中规制基本法理》,法律出版社2001年版,第223页。

② 参见王磊:《市场支配地位的认定与反垄断法规制》,中国工商出版社2006年版,第185页。

③ 参见尚明主编:《企业并购反垄断控制——欧盟及部分成员国立法执法经验》,法律出版社2008年版,第80页。

④ 参见胡东:《经营者集中反垄断评估中的救济措施》,载《价格理论与实践》2008年第7期。

竞争损害进行救济的结构性和行为性方法。该观点是在我国《反垄断法》通过之后对经营者集中救济所作的研究,仍然沿袭了以往的观点和学说,并没有理念上的突破。

第六,经营者集中救济是一系列规则和制度的总称。[①] 该观点认为,经营者集中救济是指反垄断执法机构可获得的救济特定集中可能造成的竞争损害,从而恢复和保持相关市场有效竞争的结构性方法和行为性方法及一系列规则和制度的总称。该观点也是在我国《反垄断法》通过之后实务界对经营者集中救济所作的研究,在一定程度上反映了经营者集中救济制度的本来面貌。

范畴是一个基础性概念。确定一个范畴,需要从其内涵和外延入手加以定义。[②] "定义是利用一个独立的词来给出语言上的界说,它主要是一个标明界限或使一种事物与其他事物区分开来的问题。"[③]综合比较,本书认为:经营者集中救济,是指在经营者集中反垄断审查过程中,为了消除集中可能对竞争产生的损害,由参与集中的经营者向反垄断执法机构作出相关承诺,从而反垄断执法机构批准集中的一项法律制度。由于经营者集中救济的对象不是集中交易已经产生的现实损害,因而经营者集中救济实质上是一种事前预防性制度安排,是反垄断法控制经营者集中的有效工具。

(二)经营者集中救济的特征

1. 经营者集中救济目标的多元性

经营者集中救济的目标包括恢复市场竞争、促进市场竞争、保护消费者利益等,这是由反垄断法目标的多元性决定的。考察世界主要国家和地区的立法与实践,经营者集中救济的目标可以概括为直接目标、间接目标和终极目标三个方面。经营者集中救济的直接目标应当是通过协商和解的方式,在批准经营者集中的同时,恢复和维持相关市场竞争,促进社会经济健康发展。在此基础上,经营者集中救济的间接目标是促进市场竞争,特别是在经济转型国家中市场竞争不足的产业,可以通过经营者集中救济的精心设计,增强经营者国际竞争力,促进产业的持续发展。经营者集中救济的终极目标是保护消费者利益,使消费者能够获得最低价格、最好质量和最多品种的商品或者服务。经营者集

---

① 参见吴振国、刘新宇:《企业并购反垄断审查制度之理论与实践》,法律出版社 2012 年版,第 429 页。

② 参见张文显:《法哲学范畴研究》,中国政法大学出版社 2001 年版,第 2 页。

③ [英]哈特:《法律的概念》,张文显等译,中国大百科全书出版社 1996 年版,第 14 页。

中救济目标的多元性，不仅有助于明确经营者集中救济的行动方向，而且有助于准确评估经营者集中救济的实施效果，还有助于经营者集中救济的制度构建和运作，从而确保经营者集中救济立法的系统性和执法的一致性，确保各种经营者集中救济类型之间的协调性，实现反垄断法控制经营者集中的目标。

2. 经营者集中救济主体的特定性

根据参与集中的经营者之间的相互关系，反垄断法将经营者集中分为横向集中、纵向集中和混合集中三种类型。不同类型的经营者集中对竞争的影响程度和效果不同，因此，反垄断法对三种不同类型的经营者集中采取的态度也不相同。但是，无论何种经营者集中类型，只要集中规模达到反垄断法的申报标准，均可适用经营者集中救济。反垄断法上经营者集中概念的外延非常广泛，不仅包括经营者合并、经营者间取得股权、取得资产，而且包括一个经营者以订立合同、建立合营企业、人事安排等形式对另一个经营者取得控制权或者能够施加决定性影响的情况。尽管经营者集中的形式是复杂多样的，但是，可以提出经营者集中救济的主体是确定的，只能是参与集中的经营者或者反垄断执法机构，其他利益相关者或者监管机构均无权提出，其他人只可能成为经营者集中救济的第三方。

3. 经营者集中救济对象的针对性

实践中，完全不符合反垄断执法机构审查要求的经营者集中毕竟是少数，绝大多数经营者集中案件只是或多或少地存在着不符合反垄断执法机构审查要求的方面，只要进行某些修改、不需要采取救济就可以获得反垄断执法机构的批准。经营者集中救济针对的是那些明显不符合反垄断执法机构要求、可能严重损害相关市场的竞争，简单的修改不足以消除反垄断执法机构竞争关注的尚未进行经营者集中的案件。并不是所有的经营者集中都需要通过采取救济得到批准。在1990～2006年欧盟委员会处理的3000起经营者集中案件中，有19起(0.6%)被禁止，有219起(7%)适用集中救济制度。① 可以看出，经营者集中救济只占欧盟经营者集中案件总数的一小部分，只是与禁止集中相比，经营者集中救济的应用更加广泛。

---

① See Stephen Davies, Bruce Lyons, *Mergers and Merger Remedies in the EU: Assessing the Consequences for Competition*, Cheltenham, Edward Elgar Publishing Limited, 2007, pp. 2－3.

4. 经营者集中救济选择的灵活性

经营者集中救济的基本类型通常包括结构性救济和行为性救济，需要根据案件的具体情况选择适用各方均可接受的具体类型。选择标准通常要求考虑该救济能否解决集中引起的竞争问题，而且要考虑具体案件所处产业状况、相关市场的特征、效率和期限等因素。事实上，存在各种方法可以用作矫正反竞争的集中：第一，反垄断执法机构可能简单地认为没有救济会完全解决所有的竞争关注；第二，反垄断执法机构可能认为解决竞争关注的方案是剥离全部现存业务和相关资产；第三，反垄断执法机构可能认为剥离部分现存业务将是可以接受的，因为这可以便利一个替代竞争者的进入或者扩张；第四，集中可能通过诸如知识产权许可或者供应协议等合同安排得以解决；第五，反垄断执法机构可能采取一些行为性救济措施，例如，无歧视条款；第六，一些集中可以通过综合使用这些救济得以解决。① 反垄断执法机构在一个具体案件中具有广泛的自由裁量权，决定这些可能的救济中哪一个是合适的。因此，如何决定哪一种方法对特定案件是最合适的？正如美国联邦最高法院大法官布冉南所说："反托拉斯救济全部问题的关键理所当然是寻找有效维护竞争的救济类型。"②

5. 经营者集中救济实施的动态性

经营者集中救济针对的并不是已经发生的违法集中行为，不是"眼睛往后看"，而是"眼睛往前看"，着眼于未来。而且，由于社会生活总是不断发展变化，现在看来也许具有或者可能具有反竞争效果，但随着时间推移，市场竞争结构发生了变化，也许就不存在反竞争的可能性。因此，在经营者集中救济实施过程中，双方不再墨守成规，死抠法律条文的规定，而是最大限度地发挥创造性，努力降低执法成本，以各方利益最大化的方式处理集中案件，在市场环境发生变化时，可以变更或者解除正在实施的经营者集中救济，以确保实现反垄断法保护市场公平竞争、提高经济效率、维护消费者利益的目标。例如，在 2014 年 12 月 1 日，谷歌向商务部提出申请，由于 2014 年 10 月 30 日联想完成对摩托罗拉移动的收购，谷歌不再控制摩托罗拉移动，根据商务部 2012 年第 25 号公告，申请确认解除 25 号公告中的第 2 项义务。经过认真审查，商务部决定同意谷

① See David Balto："Lessons from the Clinton Administration：the Evolving Approach to Merger Remedies"，*George Washington Law Review* 952，2001，p. 954.

② United States V. E. I. Du Point De Nimours & Co.，366 U. S. 316，330 – 331（1961）.

歌的申请,确认商务部2012年第25号公告第2项义务解除,其余内容继续有效。①

二、经营者集中救济的法律性质

关于经营者集中救济法律性质的认定,众说纷纭,莫衷一是,主要有以下几种观点。

(一)诉讼契约说

诉讼契约说认为,经营者集中救济属于诉讼法上的一种契约。例如,美国反托拉斯法的最大特征在于,原则上企业是否违反反托拉斯法由法院认定,再交由执法机构执行。可见,法院判决是执行的主要依据。然而,执法机构与企业通过协商程序达成的协议可取代法院判决而成为执行依据,由此可以看出,该协议具有准司法权的性质。美国联邦贸易委员会的同意命令不经法院判决即可禁止被告为一定行为,司法部的同意裁决经法院确认后,也有与法院判决同样的效力,所以都具有诉讼上契约的性质。②

(二)公法契约说

公法契约说认为,经营者集中救济属于公法契约。例如,德国联邦卡特尔局对企业合并案件可以依法作出禁止合并或者批准合并的行政处分。其中,对于企业违反《反对限制竞争法》时,可以凭借优越主体的地位,以行政处分对企业附加一些条件和义务。这种行政处分不经法院即可禁止企业为一定行为,但企业仍然可以依据行政诉讼程序寻求救济。德国联邦卡特尔局作出的行政处分仍有被撤销的可能,并非终局的、确定的。因此,德国联邦卡特尔局在处理企业的限制竞争行为时,经常通过与企业达成协议解决问题。这种协议的性质属于公法契约。③

(三)行政救济措施说

行政救济措施说认为,经营者集中救济属于行政救济措施。例如,有学者认为,我国《反垄断法》第29条规定:"对不予禁止的经营者集中,国务院反垄断执法机构可以决定附加减少集中对竞争产生不利影响的限制性条件。"该条的

---

① 参见《中华人民共和国商务部公告[2015]年第2号》,载商务部网站:http://fldj.mofcom.gov.cn/article/ztxx/201501/20150100862331.shtml,最后访问日期:2017年1月7日。

② 参见苏永钦:《经济法的挑战》,清华大学出版社2005年版,第94页。

③ 同上。

规定就是行为性救济措施。《反垄断法》第48条规定:“经营者违反本法规定实施集中的,由国务院反垄断执法机构责令停止实施集中、限期处分股份或者资产、限期转让营业以及采取其他必要措施恢复到集中前的状态,可以处五十万元以下的罚款。”该条规定的是结构性救济措施。① 在实践中,反垄断法上的资产剥离主要应用于两个领域:一个是经营者集中控制中典型的结构性救济;另一个则是针对滥用市场支配地位的经营者而采取的消除或者削弱其市场支配地位的制裁措施,又称拆分。波斯纳法官认为,剥离在兼并案件中是普遍而常规的救济,但在排他行为案件中是非常规的救济。我国也有学者把拆分大企业或者剥离归类为对滥用市场支配地位行为的一种制裁方式。②

(四)行政契约说

行政契约说认为,经营者集中救济属于行政契约。③ 行政契约也称行政合同,是指行政主体为了实现行政管理目标,与相对人之间经过协商一致所达成的协议。行政契约是现代行政管理中重要的方式,是行政权力和契约关系的结合。④ 经营者集中救济是作为行政主体的反垄断执法机构与作为相对人的经营者之间对救济承诺方案进行协商并达成合意的一种制度安排,是典型的行政契约的形成过程。

上述几种观点都存在不同程度的偏颇之处,都不能完全准确地识别经营者集中救济的法律性质。

首先,诉讼契约的观点不能成立。诉讼契约是一种程序法契约,程序法契约是大陆法系学者提出的概念,是以发生程序法上的效果为目的的合意,是在摆脱了“诉讼法律关系是法院与当事人之间的公法关系,不得由当事人以私人间的契约随便加以变更”的传统观念后逐步产生的。⑤ 各国民事诉讼法中大量出现的管辖合意、证据契约、诉讼和解等体现和尊重当事人程序性主体的规范,不仅表明了程序法契约的客观存在,而且在诉讼实践中被广泛采用。实体法契约在大陆法系和英美法系国家的表述不尽相同,但并无实质性区别,本质上都是指权利主体对其实体法上的私权利(权利义务)进行处分的一种方式,是当事

---

① 参见詹昊:《〈反垄断法〉下的企业并购实务》,法律出版社2008年版,第221页。

② 参见王磊:《市场支配地位的认定与反垄断法规制》,中国工商出版社2006年版,第157~159页。

③ 参见刘孔中:《公平交易法》,台北,元照出版有限公司2005年版,第416页。

④ 参见张树义、张力:《行政法与行政诉讼法学》,高等教育出版社2015年版,第139页。

⑤ 参见陈桂明:《程序理念与程序规则》,中国法制出版社1999年版,第92~93页。

人的一种法律行为,也是当事人之间合意的体现。程序法契约是从实体法契约分离出来的,在某些方面必然具有实体法契约的法律特征,但在法律性质、内容、要件规制和撤销无效等方面均不同于实体法契约。① 从目的上来看,程序法契约通过当事人的合意行为产生一定的程序法上的效果,其目的在于创设、变更或消灭某种程序上的法律关系,达到影响诉讼程序进行的目的。实体法契约则是通过当事人之间的合意实现设立、变更、终止实体的民事权利义务关系的目的。据此,虽然经营者集中救济是反垄断执法机构与经营者协商一致的结果,但其目的是通过对经营者集中进行修正,并承诺采取一定的措施消除集中对市场竞争的不利影响。其实际上是对经营者有关实体上的权利和义务的处分,因而属于实体法契约。

其次,公法契约的观点不够准确。随着国家的进步与成熟,公法私法化的发展趋势日益凸显,越来越多的公法领域运用契约进行规范和调整社会关系,公法契约主要包括宪法契约、行政契约、刑事契约与国际法契约。因此,主张经营者集中救济是公法契约,究竟是指哪一种公法契约,显然不得而知。

再次,行政救济措施的观点显然是错误的,不符合反垄断法制度设计的基本原理。事实上,在经营者集中控制制度语境下,资产剥离是经营者集中救济制度中的救济类型之一,其意义不同于滥用市场支配地位规制制度语境下作为制裁方式之一的资产拆分。这种观点明显混淆了经营者集中救济与反垄断执法机构的行政救济措施之间的区别。实际上,前者是反垄断执法机构与经营者协商一致的结果,而后者是反垄断执法机构依据职权对违法经营者集中给予的行政处罚。

最后,行政契约的观点非常符合经营者集中救济制度设计的初衷。但是,反垄断执法机构将具有行政契约性质的救济承诺内容转化为其决定时,其法律性质也会发生相应转换,会在原有的双方协议基础上增加了公权力的性质。因此,反垄断执法机构的主导使行政契约的法律性质大打折扣。

研究问题,忌带主观性、片面性和表面性。② 笔者认为,经营者集中救济是行政契约的观点较妥当。英国著名法律史学家梅因指出:“进步社会的运动,到此处为止,是一个从身份到契约的运动。”③在现代社会,可以说,整个社会经济

① 参见陈桂明:《程序理念与程序规则》,中国法制出版社 1999 年版,第 96 ~97 页。

② 参见《毛泽东选集》(第 1 卷),人民出版社 1991 年版,第 312 页。

③ [英]梅因:《古代法》,沈景一译,商务印书馆 1996 年版,第 97 页。

流转主要是依靠契约这种法律形式来实现的。① 在主体各自民事目的预期实现的同时,一种新的秩序也相应形成。鉴于此,行政法也援用民法上的契约模式来达到行政目的,形成行政法上所预期的秩序。尽管有关行政契约理论上还存在争议,但行政契约早已被用来作为推进行政政策的理想手段而为实践所接纳。② 虽然经营者集中救济承诺需要反垄断执法机构批准,但并不能掩盖经营者集中救济承诺生成的协商性和合意性。实质上,经营者集中救济是作为行政主体的反垄断执法机构为实现公共利益目的,在控制经营者集中过程中与作为相对方的经营者协商一致的结果,非常契合行政契约的内涵。我国台湾地区的"公平交易委员会"通过的"缔结行政和解契约处理原则"第 2 款规定:本会对于行政处分所依据之事实或法律关系,经依职权调查仍不能确定者,为有效达成行政目的,并解决争执,得与台湾居民和解,缔结行政契约,以代替行政处分。③ 该规定既明确了我国台湾地区企业结合附加的附款的法律依据,也确定了其法律性质,对于经营者集中救济法律性质的认定作了最好佐证。

第二节　经营者集中救济的类型

人类思维对现实世界的把握是从对现实世界的分类开始的。分类就是人类思维对客观事物的类型分析。通过类型分析,混沌无序的世界可以变得井然有序。类型化研究是学者在理论研究中经常使用的方法,"当抽象——一般概念及其逻辑体系不足以掌握某生活现象或者意义脉络的多样表现形态时,大家首先会想到的补助思考形式是'类型'"。④ 经营者集中救济通常划分为结构性救济和行为性救济两种类型,这种分类可以勾勒出经营者集中救济制度图景,不仅可以更全面、更准确地理解其概念,而且可以更直观、更形象地探讨其基本理论,为进一步的深入研究奠定坚实基础。

---

① 参见王家福主编:《中国民法学——民法债权》,法律出版社 1991 年版,第 263 页。

② 目前,我国的行政合同主要有国有土地使用权出让合同、公用征收补偿合同、国家科研合同、农村土地承包合同、国家订购合同、公共工程承包合同。参见张树义、张力:《行政法与行政诉讼法学》,高等教育出版社 2015 年版,第 140 ~ 141 页。

③ 刘孔中:《公平交易法》,台北,元照出版公司 2005 年版,第 416 页。

④ [德]卡尔·拉伦茨:《法学方法论》,陈爱娥译,商务印书馆 2003 年版,第 337 页。

一、结构性救济和行为性救济的基本界定

(一)结构性救济和行为性救济的概念

世界主要国家和地区的反垄断立法,都没有对结构性救济和行为性救济正式定义,也没有对结构性救济和行为性救济的划分形成明确一致的观点。尽管没有正式定义,但欧洲初审法院在金瑟诉欧盟委员会案(Gencor v. Commission)的判决中提供了解决经营者集中救济问题的有益指导:"结构性救济的显著重要特征是它们可以一劳永逸地或者至少在一段时间防止委员会先前提出的产生或者加强市场支配地位问题,而且也不要求中长期的监督措施。"①可见,欧洲初审法院认为,结构性救济是指那些引起相关市场结构即刻的和永久的变化或者至少是长期变化的救济,一旦实施不会产生或者加强市场支配地位,并且至少要求短期监督。法院在其判决中提供的一个结构性救济的例子是"承诺通过出售一个子公司来减少集中后实体的市场份额"。这个例子涉及集中一方当事人市场结构的变化,但这并不是结构性救济的基本特征,因为其他救济类型也可能引起市场结构即刻的和永久的变化且不需要持续监督。例如,承诺不可撤回地转让知识产权,可能与出售一个子公司具有同样效果。同样,承诺向第三方授予不可撤回的排他知识产权许可,尽管在技术上不属于直接的剥离,但引起的资产转让会产生与剥离知识产权一样的效果。②

虽然欧洲初审法院描述了结构性救济的解释性特征,但并没有阐释行为性救济的解释性特征。行为性救济可以被界定为监督集中当事人和其他市场参与者(包括竞争者、供应者和顾客)交易后行为的救济,尤其重要的是,欧洲初审法院没有根据是否影响相关市场结构来界定结构性救济和行为性救济。不过,欧洲初审法院认为,不管是结构性救济还是行为性救济,只要它们能够影响市场结构的变化,不会由此产生或者加强市场支配地位,根据集中控制法律才可以被接受。也就是说,根据欧盟集中控制法律,一项可以被接受的承诺必须是这种意义上的"结构性的"。③

综上所述,结构性救济是指能够即刻地和永久地改变市场结构并不需要中长期监督的救济;而行为性救济是指与集中后实体的交易行为相关的并至少需

---

① Case T-102/96. Gencor v. Commission [1999] E. C. R. II-753, at[319].

② See David Went, "The Acceptability of Remedies under the EC Merger Regulation: Structural versus Behavioral", *European Competition Law Review*, 2006, 27(8), pp. 455-475.

③ Ibid.

要短期监督的救济。

结构性救济和行为性救济的划分是相对的，并非泾渭分明，有些类型在实践中很难准确界定。因此，戴维斯（Davies）和莱昂斯（Lyons）运用完全分离标准（Clean Break）来界定结构性救济和行为性救济。[①] 结构性救济一般不会在集中后的企业和其他市场参与者（包括上游企业、下游企业、竞争者以及监管者）之间产生关系；而行为性救济的实施和监督通常会产生一些联系并持续到救济后。这一标准也被称为完全分离标准，即需要确定救济从集中前到集中后是否完全分离。根据完全分离标准可以分清难以划分的案例，最典型的例子是许可救济：（1）排他的或者非排他的。承诺集中后向第三方普遍开放许可或者承诺向一个特定竞争者提供单独的许可。（2）地理范围。救济被限制在一个或者几个国家和地区？（3）期间。开放是无期限的或者是一个有期限的？（4）开放费用支付是一次性的或者是现时使用费？（5）许可与正在进行的研究相关或者与结合在商业产品一起的技术相关？（6）许可是指一个程序或者产品？如何根据这些不同的维度进行判断？以与许可相关的费用支付为例，一次性支付的任何救济是结构性的，在企业之间提供持续金融关系的使用费支付则是行为性的。同样，无期限的许可是完全的剥离，短期许可则不是完全的剥离。

完全分离标准并不总是与通常的结构性救济和行为性救济的两分法完全相符。例如，即使是一个无限期的知识产权的全部转让也会不属于完全的剥离，如果剥离资产的买方在未来仍然依靠集中当事人的关键供应。完全分离标准的重要性在于，它着重关注一项救济的一个重要方面，而简单的分类是无法获得的。

（二）结构性救济和行为性救济的特征

从不同角度比较可以看出，结构性救济和行为性救济各自具有不同特征。[②]

第一，结构性救济改变了产权分配并可能产生新的实体，包括剥离全部现存业务和剥离部分现存业务；行为性救济限制了集中后企业的产权，包括集中后企业不得滥用特定资产、强制许可或者开放知识产权等合同安排。[③]

---

① See Stephen Davies and Bruce Lyons, *Mergers and Merger Remedies in the EU: Assessing the Consequences for Competition*, Cheltenham, Edward Elgar Publishing Limited, 2007, pp. 42 – 43.

② Ibid., pp. 41 – 43.

③ Ibid., p. 14.

第二,结构性救济通常是不可逆转的;行为性救济则要求事后监督并随着市场条件的变化或者救济效果的新信息的获得可予以修改。

第三,结构性救济通常会在市场中产生一个新的竞争者,或者至少实质上增加了一个在位者的市场份额;行为性救济至多为一个较小的企业或者进入者提供了更加有效竞争的机会。

第四,结构性救济可能被认为是反垄断执法机构企图影响固定成本;行为性救济则可能被认为是反垄断执法机构企图影响边际成本,例如,开放价格。

第五,结构性救济旨在通过改变市场结构影响竞争;行为性救济并不改变市场结构而是控制企业的行为。

第六,结构性救济不会在集中后的企业和其他市场参与者之间产生联系;行为性救济的实施和监督通常会产生一些联系并持续到救济后。

这些不同的特征对我们分析和研究经营者集中救济的设计、执行和监督具有重要的理论意义和实践意义。

二、结构性救济和行为性救济的具体类型

(一)结构性救济的具体类型

1. 剥离

剥离(Divestiture)是结构性救济的典型形式。在经营者集中救济语境中,剥离是指剥离义务人将剥离业务出售给买方的行为。剥离的目的是保证剥离业务的买方拥有足够的资源和意愿能有效维护竞争。通常,剥离要求清晰界定剥离业务买方即时长期地开展竞争所必需的业务。换言之,剥离业务必须能够使买方维持集中前的竞争水平,而且必须非常广泛,以便买方在相关市场使用且不可能对它们进行清理或者重整。[①] 因此,剥离业务不仅要使买方直接成为相关市场新的竞争力量,并且要使买方愿意将该业务投入相关市场,开展有效竞争。

(1)剥离业务的类型

剥离业务(Divestiture Business),是指经营者在相关市场开展有效竞争所需要的所有要素,包括剥离义务人的有形资产、无形资产、股权、关键人员以及客户协议或供应协议等权益。剥离业务可以是参与集中经营者的子公司、分支机

① See US Department of Justice, Antitrust Division Policy Guide to Merger Remedies, 2011, p. 7.

构或者业务部门。根据剥离业务的性质可以将剥离业务分为两类:一类是为即时性和永久性改变市场结构所需要的剥离业务;另一类是旨在促进市场进入所需要的剥离业务。① 第一类剥离业务中主要包括已经建立的典型的客户网络、全员化的生产或销售设施、具备生产或销售能力的业务部门、研发团队以及其他经营中的资产,包括与这些资产有关的附属协议和第三方协议。这类业务的剥离会产生市场份额从卖方向买方的即时和永久的转移,买方可以购买并在次日就可以经营,直接卖给消费者。即使这些业务在剥离前没有作为独立的业务进行经营但也被认为是独立的业务。如果潜在买方在受让该业务之前未曾有相关市场的商业存在,那么,应当要求参与集中的经营者剥离这类性质的业务,从而帮助买方提高运营剥离业务的成功率。第二类剥离业务主要包括专利技术、商号、研发成果以及有选择的一些设备。由于这类业务无法立即投入运营,立即产生收益,因此,这类业务的剥离不会导致市场份额的即时变化。相反,利用这些业务进入相关市场,需要克服很多现存的进入障碍。例如,由于需要对现有设备进行独立的调整,经营业务的发展需要获得客户认可,或者需要获得必要的政府审批,因此买方无法立即生产产品。由于这类业务的剥离无法使买方立即成为竞争者,买方不能迅速地进入相关市场,剥离的效果也就不会很快显现。这类业务的剥离可以适用的情形比较少,仅可以适用于买方本身已经在相关市场具有一定的竞争力量的情形。

(2)剥离业务的范围

剥离业务的类型确定后,反垄断执法机构还需要与剥离义务人共同确定具体的剥离业务范围。剥离义务人是指按照经营者集中审查决定应当出售剥离业务的经营者。考察世界主要国家和地区的立法与实践,美国将剥离业务具体分为业务(Business)、资产(Assets)和无形资产(Intangible Assets)三部分;欧盟则将剥离业务具体分为业务(Business)和资产(Assets)两部分。比较而言,欧盟的做法较合理。欧盟《集中救济通告》指出,剥离业务必须包括有益于其目前经营的或者确保其存续性和竞争性所必需的全部资产,以及其目前雇用的或者确保其存续性和竞争性所必需的人员。② 为了使欧盟委员会能够确定剥离业务的范围,集中当事人在承诺中必须包括一个剥离业务范围的精确界定("业务描

① See US FTC, A Study of the Commission's Divestiture Process, 1999, p. 10.

② See Commission Notice on Remedies Acceptable under Council Regulation (EC) No. 139/2004 and Commission Regulation (EC) No. 802/2004, Official Journal of the European Union, 2008, p. 6.

述”)。业务描述必须适应于具体处理的案件,并且应当包括部分剥离业务的所有因素:有形资产(例如,研发业务、生产业务、分配业务、销售业务和促销业务)和无形资产(例如,知识产权、技术秘密和商誉);政府组织授予业务的许可、准许和特权;有益于剥离业务的租约和承诺(例如,供应商和客户之间的交易安排);客户、信用和其他记录。在业务描述中,当事人还必须包括一般人员的转移,包括借调职员和临时雇员,同时,列入关键职员明细表,例如,确保业务存续性和竞争性所必需的人员。①

2. 切断与竞争者的联系

根据经营者集中救济实践的发展和理论研究成果,切断与竞争者的联系(Removal of Links with Competitors)成为结构性救济的一种特殊形式,并在欧盟 2008 年《集中救济通告》中被单独列举。② 如果集中当事人与竞争者在相关市场存在某些结构性联系,那么可能导致集中后的实体与这些竞争者之间丧失竞争意愿或者实施某种协调。通过切断集中当事人与竞争者之间的联系,使集中当事人与竞争者之间保持竞争格局,维持相关市场的竞争结构,可以消除反垄断执法机构对集中可能引起的竞争关注。

根据集中当事人与竞争者之间的关联性,切断与竞争者的联系具体包括以下情形:第一,为了切断与一个主要竞争者的结构性联系,将其在一个合营企业中的少数股份进行剥离,或者剥离一个竞争者的少数股份。第二,放弃与竞争者的少数股份有联系的权利,例如,董事会代表否决权和知情权。第三,如果竞争关注来自于供应相同产品或者提供相同服务的公司之间的协议,一个合适的救济可能是分别终止各种协议,例如,与竞争者的分配协议或者导致协调一定的商业行为的协议。第四,如果能够确保竞争者的产品在未来也会被分配并且会对集中当事人产生有效的竞争约束,单独终止分配协议也会消除竞争关注。

(二)行为性救济的具体类型

1. 开放救济

开放救济(Access Remedies),是指集中当事人在公平合理无歧视(Fair Reasonable and Non-discrimination,FRAND)的基础上向第三方许可开放关键基础设施、网络、关键技术、基础输入设施等方面,以维护现实的或者潜在的市场

---

① See Commission Notice on remedies Acceptable under Council Regulation(EC) No. 139/2004 and Commission Regulation(EC) No. 802/2004, Official Journal of the European Union, 2008, p. 7.

② Ibid., p. 13.

竞争。开放救济是欧盟的称谓，在美国使用强制许可条款（Mandatory Licensing Provisions），在英国使用知识产权救济（Intellectual Property Remedies），在加拿大使用知识产权许可（Licensing Intellectual Property）和无歧视开放（Non-Discrimination）。无论何种称谓，开放救济的实质是集中当事人承诺其他主体可以获得或者使用相关市场中有效竞争所必需的特定竞争要素。① 开放救济主要包括三种情形：一是开放网络或平台等基础设施，涉及输送管道、电信网络、付费电视平台、票务销售平台和机场航站机位等基础设施；二是许可关键技术或者专利权、商标权和著作权等知识产权；三是供应其他必要投入要素。

2. 终止排他性协议

一项拟议的集中对市场结构带来的变化可能导致现有的协议安排不利于有效竞争，则可以适用终止排他性协议（Change of Long-Term Exclusive Contracts）来消除确认的竞争关注。因为，如果排他性长期供应协议封锁了上游市场、竞争者进入设施、下游市场、它们接触的客户，那么，集中后的实体将有能力和意愿用这种方式封锁竞争者，产生的封锁效果就可能造成严重妨碍有效竞争。在这些情况下，终止或者改变现有的排他性协议可能会被认为是消除竞争关注的合适方式。在适用终止排他性协议时，欧盟要求必须有证据使欧盟委员会能够清楚地确定集中当事人没有维持事实上的排他性，而且，这种长期协议的改变作为救济的一部分对于消除确定的竞争关注通常只是辅助的。

3. 防火墙条款

防火墙条款（Firewall Provisions）主要用于防止企业内部竞争性敏感信息的传播。例如，如果一个上游垄断者提出收购 3 个在同一个相关市场中竞争的下游公司中的一个，上游公司可能会与被收购的下游公司（也可能与其他两个下游公司）共享信息，这将便利它们实施协调行为。同时，那些上游公司与其下游子公司所共享的信息，也可能传递给那些与下游子公司交易的上游竞争性公司，从而便利上游竞争者间的协调行为。一个适当设计和实施的防火墙条款可以防止这种情况。反垄断执法机构在适用防火墙条款时，首先需要确认潜在信息问题的类型，然后考虑如何有效地隔离这些信息。② 在特定国防工业集中案件以及纵向集中和其他非横向集中案件中，如果完全禁止集中产生的效率损失和批准交易产生的竞争损害都很高时，反垄断执法机构则适用防火墙条款。例

---

① 参见韩伟：《经营者集中附条件法律问题研究》，法律出版社 2013 年版，第 65 页。

② See US Department of Justice, Antitrust Division Policy Guide to Merger Remedies, 2011, p. 14.

如,在美国诉诺斯洛普·格鲁门公司案(United States v. Northrop Grumman)中,美国司法部要求在诺斯洛普的载重业务和卫星主业之间建立防火墙。① 在美国诉票务经营娱乐公司案(United States v. Ticketmaster Entm't)中,美国司法部禁止集中后的公司将客户订票数据披露给那些负责体育场馆、音乐会宣传或者艺术家管理服务运营或者日常管理的职员。②

4. 无歧视条款

无歧视条款(Non-discrimination Provisions),是指要求集中后实体向交易相对人提供平等的机会和条件,包括平等进入和平等竞争。例如,如果一家具有市场支配地位的上游公司试图收购同一相关市场相互竞争的三家下游公司中的一个,那么这家上游公司就可能有动机向被收购下游公司中的两家竞争者提供较差的交易条件,以支持被收购的下游公司。在这种情况下,反垄断执法机构可以考虑适用无歧视条款,从而上游公司必须向所有三家下游竞争者提供相同的交易条件。无歧视条款具有很大的、潜在的利弊,反垄断执法机构必须权衡这种条款的利弊,以便审查决定能够实现经营者集中救济的直接目标,同时不损害市场效率。在适用无歧视条款时,反垄断执法机构必须确保能够有效保护独立的下游公司,避免它们得到质量较差的产品、较慢的运送时间、被降低的服务质量或者获得上游公司产品的机会不平等。在美国诉康卡斯特公司案(United States v. Comcast)中,美国司法部担心康卡斯特公司通过其互联网接入服务去限制那些与康卡斯特公司自己的多频道视频节目分销(Multichannel Video Programming Oistributor,MVPD)或者在线视频分销(Online Video Distributors,OVD)业务竞争的 OVD 供应商的服务,因而适用了无歧视条款,要求康卡斯特公司在提供互联网接入服务时,不得在网络流量上实施不合理的歧视。即是要求康卡斯特公司在网络流量方面对其客户提供平等的交易条件,特别是要确保提供给其他 OVD 供应商的网络流量不低于康卡斯特公司提供的其他互联网接口流量,并且,康卡斯特公司不得在其提供的网络服务计费方式方面实行差别待遇,限制其他 OVD 供应商。③

---

① See United States v. Northrop Grumman Corp. , 1:02 – cv – 02432, Competitive Impact Statement 18 – 19 (D. D. C. 2002).

② See United States v. Ticketmaster Entm't, Inc. , 2010 – 2 Trade Cas. ¶ 77,113 (D. D. C. 2010).

③ See United States v. Comcast Corp. , 1:11 – cv – 00106, Competitive Impact Statement 30 33 (D. D. C 2011).

5. 透明度条款

透明度条款(Transparency Provisions),通常是在纵向集中案件中适用的作为唯一的或者主要的救济。这种条款通常要求集中后实体向监管机构披露特定信息,以防止集中后实体实施有关的限制竞争行为。这些特定信息一般包括产品价格、服务收费标准、产量或者业务量、产品或者服务的质量标准等内容。例如,要求电信公司把其向顾客索取的电话设备价格报告给监管机构,即使该监管机构没有权力监管这些价格。该做法的理论基础在于,额外的信息有助于监管机构减少电信公司参与规避监管的行为,例如,电信公司对与其竞争电信服务的电话设备客户索取的价格高于其他电信设备客户。在美国诉媒体控制接口通信公司案(United States v. MCI Commc'ns)中,美国司法部要求集中后实体披露各种数据信息,包括电信服务的价格、条款和条件、电信服务的流量、特定主体间线路的平均传输时间。① 在考虑适用透明度条款时,反垄断执法机构应当警惕在某些条件下,不断提高透明度可能便利特定产业环境下经营者之间的协调行为。

6. 反报复条款

反报复条款(Anti-Retaliation Provisions),是一种特殊行为性救济类型。反报复条款可以采取不同的形式。例如,禁止集中后的实体向与其竞争者签订合同或者与其竞争者从事业务交易的消费者或者其他主体进行报复。一方面,反报复条款可以用来阻止集中后实体不合理地限制竞争;另一方面,反报复条款也可以用来阻止集中后的实体对那些就其不遵守同意令或者违反同意令条款或者监管机构的规则或命令,向反垄断局提供信息的主体实施歧视或者报复。在美国诉票务经营娱乐公司案(United States v. Ticketmaster)中,美国司法部适用了反报复条款,禁止集中后实体对那些未来与其终止合作的风险投资人、艺术家或者体育场馆所有人等主体实施报复。②

7. 禁止特定合同行为

禁止特定合同行为(Prohibitions on Certain Contracting Practices),也是一种特殊行为性救济类型,只在特定情况下适用。例如,集中后的实体可能反竞争地运用限制性或者排他性合同,阻止竞争者获得某种关键投入品,或者集中后

① See United States v. MCI Commc'ns Corp. ,1994 – 2 Trade Cas. ¶ 70,730 (D. D. C. 1994).

② See United States v. Ticketmaster Entm't, Inc. , 2010 – 2 Trade Cas. ¶ 77,113 (D. D. C. 2010).

的实体可能与那些关键客户签订包含自动延期条款短期合同以封锁或者暂缓市场进入。在美国诉康卡斯特案(United States v. Comcast)中,美国司法部适用了禁止特定合同行为这一救济类型,禁止康卡斯特作为全国最大的多频道视频节目销售商或者许可人签订包含限制性条件的合同,以保护在线视频销售商的发展。

8. 限制再雇用核心人员条款

限制再雇用核心人员条款(Restrictions on Reacquisition of Scarce Personnel),是指反垄断执法机构限制集中后实体在一定期限内重新雇用被剥离业务的核心人员。因为,如果集中后实体不受约束地重新雇用被剥离业务的核心人员,将使剥离业务面临严重的人才流失,损害剥离业务的竞争性,从而影响剥离目标的实现。在美国诉联合信号公司案(United States v. AlliedSignal)中,为确保剥离业务的竞争性,该案判决适用了限制再雇用核心人员条款,要求集中后实体在2年内,不得招聘任何判决书附件中所列的在6个月剥离期限内受聘于剥离业务并被剥离业务买方所雇用的人员,除非雇佣关系终止或者被买方解雇。[①]

9. 限制价格条款

限制价格条款(Price Cap),是指反垄断执法机构对集中后的实体进行直接的价格干预,以消除集中可能产生的竞争关注。在适用限制价格条款时,反垄断执法机构通常根据产品或者服务的成本、相关市场的竞争性价格和物价指数等相关因素确定一个价格标准,并规定集中后实体在一定期限内不得索取高于确定标准的价格,或者降低一定幅度的价格。在法国航空公司诉荷兰皇家航空公司案(Air France/KLM)中,欧盟委员会要求集中后的实体每一次降低巴黎至阿姆斯特丹航线上的票面价格时,也应以相应的幅度降低里昂至阿姆斯特丹航线上的票面价格。[②] 这一行为性救济的适用将会使在没有竞争的里昂至阿姆斯特丹航线上的消费者也可受益于巴黎至阿姆斯特丹航线上的竞争性价格,并能有效防止集中后实体在垄断性航线上实施价格限制行为。

10. 其他类型的行为性救济

行为性救济具有开放性和创新性,实践中行为性救济的类型难以穷尽,例如,禁止再收购条款、控制数量或者产量条款、限制市场份额条款等。随着实践

---

① See United States v. AlliedSignal, Inc. ,2000 – 2 Trade Cas. ¶ 73,023 (D. D. C. 2000).

② See Case COMP/M. 2434 – Grupo Villar MIR/EnBW/Hidroelectrica del Cantabrico, Commission Decision of 26 September 2001,2001/C 167/04.

经验的积累，一些新型的行为性救济将会不断涌现，需要我们及时进行归纳和总结，并最终尽可能将其上升到规范层面。

第三节　经营者集中救济的目标

一、经营者集中救济目标的确立

“在任何法律规范后面都隐藏着服从特定目的与目标的、立法者的、法政策学的形成意志。”①“规范市场经济的竞争秩序，不但是一个法律问题，更是一个经济问题。经济现象的掌握，不同于白纸黑字的法律条文。经济运行的力量，本质上就有超出人为法律框架的潜能……故而以追求安定性的法律来规范不断变动的经济现象，本是一项极为困难的任务。正因为如此，立法者往往在制定经济法规时，使用的是‘目的程式’（仅表示出立法者意欲追求的目标）而非一般传统法律的‘条件程式’（法律预先制定构成要件及法律效果）。”②作为经济法核心的反垄断法对市场竞争行为很少像其他法律那样采取纯粹的禁止或者保护的态度，而是规制或者控制某种市场竞争行为，防止该种行为超出必要限度。“在我们能给以下问题作出肯定回答之前，反垄断政策不能说是有理性的：什么是该法的核心——该法的目标是什么？一切事情取决于我们给出的答案……只有当目标问题解决了，形成一个一致的实体规则才是可能的。”③“主要的问题并不是法律的起源，而是法律的目标。如果根本不知道道路会导向何方，我们就不可能智慧地选择路径。”④也就是说，反垄断法的目标可以说是反垄断法规制或者控制市场行为应当掌握的基础，是正确理解和有效实施反垄断法的标杆。这一观点对经营者集中救济同样是适用的。经营者集中救济的目标是经营者集中救济制度的灵魂，贯穿于整个法律制度的确定、实施和监督的全部过程，是整个法律制度运作的根本指导思想，也是整个法律制度有效实施的重要保障。

---

① ［德］伯恩·魏德士：《法理学》，丁晓春、吴越译，法律出版社2013年版，第307页。

② 赖源河编审：《公平交易法新论》，中国政法大学出版社2002年版，第36页。

③ 郑鹏程：《反垄断法专题研究》，法律出版社2008年版，第1页。

④ ［美］本杰明·卡多佐：《司法过程的性质》，苏力译，商务印书馆1998年版，第63页。

二、经营者集中救济目标的要素

经营者集中救济的目标是什么？目前主要有两种观点：第一种观点认为，经营者集中救济的目标是恢复市场竞争（Restore Competition）；第二种观点认为，经营者集中救济的目标是促进市场竞争（Enhance Competition）。如果是第一种观点，那么大多数经营者集中救济都能实现这一目标；如果是第二种观点，那么绝大多数经营者集中救济都难以实现这一目标。笔者认为，经营者集中救济的目标从来不是唯一的，而是多元的且具有层次的。具体来说，经营者集中救济目标的要素包括直接目标、间接目标和终极目标三个方面。其中，经营者集中救济的直接目标是恢复市场竞争，间接目标是促进市场竞争，终极目标是提高消费者福利。经营者集中救济的直接目标是所有经营者集中救济所追求的目标。经营者集中救济的间接目标是在特殊情况下经营者集中救济所追求的目标。无论是经营者集中救济的直接目标还是经营者集中救济的间接目标，归根结底都是为了实现经营者集中救济的终极目标。

（一）经营者集中救济的直接目标

经营者集中救济的直接目标是恢复市场竞争。这是反垄断执法机构在每一起经营者集中救济案件中都应当追求的目标，也是评估经营者集中救济有效性和可行性的最低标准。无论是集中前救济还是集中后救济，救济的目标都是相同的。只是集中前救济针对的是一种尚未发生的行为，其对竞争的损害尚不存在。虽然在表面上是一种事前控制，但实际上是对集中后救济的一种模拟，本质上仍然是一种事后控制，因为经营者集中救济在实施中还可以变更或者解除。因此，经营者集中救济的直接目标定位于恢复市场竞争具有合理性和正当性。美国司法部发布的2004年《集中救济指南》曾指出："恢复竞争是反托拉斯救济全部问题的关键，而且恢复竞争是设计经营者集中救济的唯一合适的目标。"[①]欧盟委员会两次发布的《集中救济通告》虽然都没有明确提出经营者集中救济的目标是恢复市场竞争，但在通告序言中都指出，经营者集中救济的目标是消除欧盟委员会确定的竞争关注。这里的"竞争关注"，是指集中可能严重妨碍共同市场或者其重大部分的有效竞争的严重疑虑或者初步结果，特别是可能导致产生或者加强支配地位的结果。欧盟法院则明确指出经营者集中救济

---

① US Department of Justice, Antitrust Division Policy Guide to Merger Remedies, 2004, p. 4.

的目标是恢复市场竞争。可见,恢复市场竞争是美国、欧盟等国家和地区最早确立的经营者集中救济的直接目标。

(二)经营者集中救济的间接目标

经营者集中救济的间接目标是促进市场竞争。这是根据具体案件的具体情况,在实现直接目标的前提下,反垄断执法机构确立的经营者集中救济更高层次的目标。法雷尔(Farell)最早指出,反垄断执法机构可能倾向于运用救济过度干预集中引起的反竞争效果,实现比集中前更具有竞争性的结果。假定经营者以追求利润最大化为目的,那么一项集中交易的动机可能是预期的效率收益,反垄断执法机构可能通过经营者集中救济批准集中交易。有些救济可能使市场比集中前更具有竞争性,那么反垄断执法机构寻求机会提高市场绩效难道不好吗?① 法雷尔更加明确地指出,在有些情况下,反垄断执法机构所追求的经营者集中救济目标不只是恢复竞争,还要促进市场竞争。② 美国司法部2011年处理的美国诉乔治食品公司案(United States v. George's Foods)即为明证。③ 该案涉及一起横向集中案件,被告乔治食品公司是一家肉食鸡加工企业,收购了一家原本是竞争对手的肉食鸡加工厂,使该地区的竞争性肉食鸡加工企业的数量从3家减少为2家。由于乔治食品公司可能因该交易获得购买肉食鸡的垄断力量,降低肉食鸡的收购价,美国司法部提起了诉讼。最后,双方达成仅附加行为性救济的同意令,要求乔治食品公司作出重大投资改善收购的加工厂:一是购买两套主要设备增加产能;二是广泛修理收购工厂的屋顶。这些行为性救济旨在激励乔治食品公司进入肉食鸡加工市场,并加强与该地区其他肉食鸡加工厂的竞争。

(三)经营者集中救济的终极目标

经营者集中救济的终极目标是提高消费者福利。一个良好的经营者集中救济制度是对经营者集中的正确引导和适度控制,最终实现保护市场竞争、维护各方利益和促进集中效率的多方共赢结果。无论是外科手术式的结构性救

---

① See Francois Leveque, Howard Shelanski, *Merger Remedies in American and European Union Competition Law*, Cheltenham, UK · Northampton, MA, USA, Edward Elgar Publishing Limited, 2003, p. 99.

② See Catherine Fazio, "Merger Remedies: The Great Use By The DOJ And FTC of An Expanding Toolkit", *Aspatore*, June 2013, p. 7.

③ 相关案例还有 Robert Bosch GmbH, 77 FED. Reg. 71,593, Dec. 3, 2012; United States, et al. v. Verizon Communications, Inc., et al., 77 FED. Reg. 51,048, August 23, 2012。

济，还是内科服药式的行为性救济，都不是反垄断执法机构恣意干预经营自由权，侵蚀经济肌体的发展，而是消除损害经济肌体的因子，促进整体经济健康发展，从而提高消费者福利。英国2008年发布的《集中救济指南》明确指出，经营者集中救济的最后一个目标是提高消费者福利，“在决定救济问题时，竞争委员会有权考虑任何行为对于有关消费者福利的影响”。[①] 美国法院和反垄断执法机构在处理经营者集中案件时一直倾向于采用消费者福利标准。[②] 美国司法部发布的2011年《集中救济指南》改变了2004年《集中救济指南》的表述，使用了维护竞争(Preserve Competition)这一概念，并指出根据交易及对其救济的具体情况。这一概念包括恢复竞争或者提高消费者福利的含义。[③] 这是美国首次以立法形式明确经营者集中救济的目标包括消费者福利，相比最初提出的恢复市场竞争具有终极意义。

第四节　经营者集中救济的功能

默顿认为，一个社会文化要素相对于某一社会文化体系而言，可能有正功能(function)、负功能(dysfunction)和非功能(non-function)。“功能即有助于一体系之顺应或适应，而为我们所观察到的后果。反功能即削弱一体系之顺应或适应，而为我们所观察到的后果。在经验上也可能有非功能之后果，即与我们所考察之体系无关的后果。”[④]借鉴这种思维方法，我们也可以从经营者集中救济制度对社会系统的整体改变所引起的效应，将其功能划分为正功能、负功能和非功能。任何法律制度都不可能十全十美，经营者集中救济也不例外。经营者集中救济既有正向功能，又有负向功能，有的功能在某些时候呈现正向性，但在某些时候又呈现负向性。从正负功能角度研究经营者集中救济绝不是纯粹的技术性处理，而是在肯定其正向功能的同时，也关注其负向功能，使人们更加

---

① Competition Commission of UK, Merger Remedies: Competition Commission Guidelines, 2008, p. 8.

② 参见[美]马西莫·莫塔:《竞争政策——理论与实践》，沈国华译，上海财经大学出版社2006年版，第13页。

③ See US Department of Justice, Antitrust Division Policy Guide to Merger Remedies, 2011, footnote 2.

④ [美]帕深思等著，黄瑞琪编译:《现代社会学结构功能论选读》，台北，巨流出版公司1984年版，第67页。

客观理性地认识到经营者集中救济并不是解决经营者集中反垄断控制所有弊病的“万灵药”。

一、经营者集中救济的积极功能

社会学家塔尔科特·帕森斯认为，一个系统就是一个行为框架，所有的人类行为都发生于其内。任何系统都必须具备四大功能：(1)适应功能(Adaptation)：从外部环境获得足够的资源并在系统中加以分配，以适应其环境；(2)实现目标的功能(Goal Attainment)：最大限度地利用其资源去实现系统的目标；(3)整合的功能(Integration)：系统内各部分之间的协调；(4)模式维持的功能(Latent Pattern Maintenance)：如何根据一些规范确保系统中行动的连续性以及考虑处理内部紧张和系统中行动者间的紧张问题。他认为，可以用这四大功能去衡量各种各样的社会系统，这就是著名的“AGIL分析方法”。[①] 根据这一分析方法，笔者认为，经营者集中救济也是一个系统，它的积极功能表现在以下四个方面：整合功能、分配功能、激励功能和维护功能。

(一)整合功能

1. 价值整合：公平与效率的协调

在一定意义上，法律本身就是一种价值选择与重构的产物。经营者集中反垄断法控制过程中的价值冲突主要表现为公平与效率的冲突。公平与效率是法律的两个基本价值。公平侧重于过程和结果；效率侧重于速度和收益。它们从不同的角度共同作用于法律制度，从而构成一对矛盾。只有建立在公平基础上的效率才是更有价值的效率，也只有能够实现效率的公平才是更高层次的公平，经营者集中救济正是试图在两者之间寻找一个平衡点。经营者集中救济是反垄断执法机构与集中当事人协商一致的结果，不仅可以避免诉讼导致的无法预期的漫长过程，也可以避免诉讼带来的巨大的成本支出，因而它是有效率的。同时，经营者集中救济这种合作对话的机制为双方当事人提供了一个对话而非对抗的平台，使当事人之间通过自愿达成合意，是争议双方充分、全面地进行理性交流的过程。在这一过程中，双方可以就很多问题进行协商讨论，不仅可以涉及法律问题，也可以涉及事实和情感问题，极大地缓解了双方的紧张关系，使纠纷不仅可以获得法律上的解决，而且可以获得实质意义上的公平。

---

① 参见俞可平：《权利政治与公益政治》，社会科学文献出版社2005年版，第44~45页。

2. 利益整合:个人利益与社会利益的协调

法律的目的是平衡个人利益和社会利益,实现利己主义和利他主义的结合,从而建立起个人与社会的伙伴关系。① 利益就其语义来说是指"好处",其本质属性是社会主体的需要在一定条件下的转化形式。② 美国社会法学创始人庞德曾把利益分为个人利益(individual interest)、公共利益(public interest)和社会利益(social interest)。他认为,个人利益是指直接涉及个人生活并以个人生活名义所提出的主张、要求或愿望;公共利益是指涉及政治组织社会的生活并以政治组织社会名义提出的主张、要求或愿望;社会利益是指涉及文明社会的社会生活并以这种生活的名义提出的主张、要求或愿望。③ 张文显教授则认为,根据利益的主体进行分类,可以把利益划分为个人利益、集体利益、国家利益和社会利益。④ 反垄断法涉及的利益关系错综复杂,王先林教授指出,反垄断法的社会本位表现十分明显,"它保护的既不是单纯的国家利益,也不是完全的社会个体的利益,而是同这两者既有密切联系又有明显区别的社会公共利益,即广大人民群众所享受的利益"。⑤ "社会利益得到满足的前提条件是,竞争者之间的竞争利益的平衡和竞争者个体利益与社会公共利益之间的平衡",⑥这就需要反垄断法协调好个人利益和社会公共利益的关系。经营者集中救济过程中涉及参与集中经营者的利益、反垄断执法机构的利益、社会公共利益和相关第三方的利益,经营者集中救济类型的选择就是要"认识所涉及的利益、评价这些利益各自的分量、在正义的天平上对它们进行衡量,以便根据某种社会标准去确保其间最为重要的利益的优先地位,最终达到最为可欲的平衡",⑦从而在尽可能的范围内保护各种合法利益并且协调各种利益冲突。

3. 关系整合:强制性与自治性的协调

"一个社会权力机构如果唯一致力于保护其自身的权力和威望,并且压制

---

① 参见张文显:《二十世纪西方法哲学思潮研究》,法律出版社 2006 年版,第 108 页。

② 参见张文显主编:《法理学》,高等教育出版社 1999 年版,第 215 页。

③ 参见[美]E. 博登海默:《法理学:法律哲学与法律方法》,邓正来译,中国政法大学出版社 2005 年版,第 155 页。

④ 参见张文显主编:《法理学》,高等教育出版社 1999 年版,第 217 页。

⑤ 王先林:《知识产权与反垄断法》(修订版),法律出版社 2008 年版,第 60 页。

⑥ 吴宏伟:《竞争法有关问题研究》,中国人民大学出版社 2000 年版,第 102 页。

⑦ [美]E. 博登海默:《法理学:法律哲学与法律方法》,邓正来译,中国政法大学出版社 2005 年版,第 152 页。

个人对社会批判的任何企图以及个人对群体目的的任何质疑,那么它便会僵化而且还无法实现那些本身就可证明社会强制性权力的存在是正当的目的。"①经营者集中涉及日趋多元化和复杂化的利益关系,简单地禁止或者批准已很难适应现实的需要,试图通过统一和确定的标准加以调节和处理也是不可能的。反垄断执法机构决定的作出必然是一个逐案权衡各种利益关系的过程。经营者集中救济正是在国家强制性和私人自治性之间寻求一种折中,既满足经营者集中的需要,促进企业加快发展,又保护市场竞争,消除反垄断执法机构的竞争关注。例如,经营者集中救济必须经过反垄断执法机构的批准,充分体现了国家强制性。但是,经营者也可以通过"买方前置"制度或者"先行修正"制度实现自己的愿望和主张,这充分体现了尊重个人自治。在社会秩序中,国家与个人之间肯定会有合作的空间,也肯定会有相当紧张的空间。经营者集中救济可以消除国家与个人之间紧张的二元对立,符合现代法治社会的要求。

4. 规则整合:确定性与灵活性的协调

"一个完全不具稳定性的法律制度,只能是一系列仅为了对付一时性变故而制定的特定措施。它会缺乏逻辑上的自洽性和连续性。这样,人们在为将来安排交易或制定计划的时候,就会无从确定昨天的法律是否会成为明天的法律。"②如何协调法律的确定性与灵活性之间的关系始终是法学理论中的难题之一。作为市场经济基本法的反垄断法由于自身的性质和规律,其规则表现出大量的不确定性。在经营者集中反垄断执法过程中,由于信息的不完全、非理性因素的渗透以及不同的价值判断更增加了执法结果的不确定性。经营者集中救济是反垄断执法机构与经营者协商互动的过程。在这一过程中,双方不仅进行大量信息的充分交流,使反垄断执法机构与经营者尽可能多地获得与案件事实相关的证据,而且使双方对事实与法律的认识得以交融,使经营者可以更加有效地表达自己的愿望和要求,使反垄断执法机构有可能采纳和吸收经营者的意志,增进相互间的信任,在此基础上达成共识,最终作出尽可能让双方都满意的经营者集中救济审查决定。

(二)分配功能

从社会控制角度来看,整个法律系统是由分配和整合两大机制构成的,作

---

① [美]E. 博登海默:《法理学:法律哲学与法律方法》,邓正来译,中国政法大学出版社2005年版,第328页。

② 同上书,第339页。

为一个重要法律部门的经济法自然也是如此。经济法通过对经济权利和义务的分配，给人们的行为提供指导和激励，并以强制力保证其规范的实施，目的在于把人们的活动纳入一定的轨道，形成一定的社会经济秩序。[①] "在这一过程中，在分配方面的权力和权利如何分割，如何配置，始终是各类主体关注的焦点问题，因而也是经济法的制度建设和经济法学研究所要关注的重点问题甚至是核心问题。"[②]事实上，经营者集中救济就是通过对资源的分配，使符合条件者获得从事某种经济活动的资格，并且不同程度地影响竞争者、供应者、消费者和相关第三方的利益，最终实现经营者集中救济的分配功能，促进社会经济的健康发展。例如，结构性救济要求剥离一项具有存续性和竞争性的业务给一个合适的买方，就是对社会资源的一种重新分配。

（三）激励功能

现代经济学认为，只要有好的制度保证，"经济人"追求个人利益最大化的自由行动将最有效地促进社会利益。因此，制度经济学认为"制度是重要的"，制度决定着一个社会的经济状况。这里的制度当然包括法律制度。在反垄断法律制度设计中，激励功能占有重要地位。它通过提倡何种行为或反对何种行为，传达鼓励什么经济活动或者抑制什么经济活动的信息，借助奖励或者惩罚的强制力量以监督实施。经营者集中救济就是通过限制经营者的行为方向，改变其偏好，影响其选择，从而促进经营者、反垄断执法机构和相关第三方目标的实现。

（四）维护功能

经营者集中救济的维护功能主要体现在三个方面：第一，维护市场的竞争。经营者集中救济通过采取各种救济类型，消除集中对市场造成的反竞争效果，使市场恢复到集中前的状态和水平，从而维护市场的竞争，促进经济有序发展。第二，维护社会的信用。经营者集中救济的本质是双方在自愿的基础上达成的协议，而且，在一般情况下需要得到反垄断机构或者法院的认可才可以实施。双方为了避免再次发生争议，不会轻易破坏通过协商达成的协议，这有助于社会诚信风气的维护。社会只有存在一种良好的信用制度，才能促进社会和经济的和谐发展。第三，维护社会的和谐。和谐的社会环境是社会发展的必要条

① 参见刘水林、雷兴虎：《论经济法的社会经济功能》，载《法学评论》2004 年第 2 期。

② 张守文：《贯通我国经济法学发展的经脉———以分配为视角》，载《政法论坛》2009 年第 6 期。

件。涉及民主、道德、情感的经营者集中救济可以为集中当事人乃至社会提供一个广阔的交流空间，有效地缓和各方的矛盾，也可以为社会提供一个公平的环境。

需要指出的是，在这几项功能中，整合功能占据主导地位，其他几项功能处于附属地位。只有整合功能充分发挥出来，其他功能才能发挥出应有的价值。

二、经营者集中救济的消极功能

（一）在一定程度上侵害经营者的自主经营权

在市场经济条件下，当事人有自主决定参与竞争、自主选择组织形式和自主经营的自由和权利，当然，这种自由和权利不能损害国家利益和社会公共利益。当反垄断执法机构确定经营者集中具有反竞争效果时，进行经营者集中救济尽管可以有效缓解二者之间的紧张关系，但在这一过程中经营者不免要作出妥协和让步，甚至是不可预测的损失，这在一定程度上侵害了经营者的自主经营权，或者说侵害了经济自由，以致可能影响其未来的可持续发展。

（二）在一定范围上扩张反垄断执法机构的自由裁量权

经营者集中救济虽然是双方合意的结果，但只有双方真正地位平等、身份独立，才能形成意思自由而充分的表达，从而使经营者集中救济决定具有合理性，双方都有履行救济承诺的足够激励，进而才能保证救济结果的公平。实际上，经营者集中救济过程中反垄断执法机构具有较大权威，救济承诺的内容必须经过其批准，救济承诺的程序由其控制，救济承诺的监督由其掌握，例如，剥离受托人和监督受托人的任命必须经过其批准并要定期向其报告工作，这就在一定范围上扩大了反垄断执法机构的自由裁量权，难以保证救济结果的公平。

（三）在一定意义上损害了社会公共利益

在世界主要国家和地区的实践中，都将公共利益测试作为适用经营者集中救济的先决条件，经营者集中救济正是现代反垄断法进行利益衡量后的制度安排。在经营者集中救济过程中，它始终都被限制在公共利益的框架内。例如，美国司法部以同意判决结案之前，必须在《联邦登记簿》上经过 60 天的公示，以便社会公众进行评论，最后由法院确定该同意判决是否符合公共利益。联邦贸易委员会的同意命令也必须在《联邦登记簿》上公布 60 天，接受社会公众的评论，通过这样的程序公开来保护公共利益。但是，由于信息披露不充分和信息不对称，可能产生对社会公共利益的私相授受，这就在一定意义上损害了社会公共利益。虽然对反垄断执法机构滥用职权的行为可以寻求法律救济,但造成的损害不可避免甚至不可挽回。

经营者集中救济表现出的正向功能和负向功能并不是人们根据主观意志来划分的,而是真实地和客观地表现出来的。如果不从正向和负向功能两个角度来审视经营者集中救济,那么就会误导人们忽略经营者集中救济功能发挥的条件,片面地认为经营者集中救济的功能都是正向的,无视或者忽视其负向功能。任何片面地强调和突出经营者集中救济的正向功能,否定和忽视其可能发生的负向功能,都不利于经营者集中救济的有效实施。

第五节　经营者集中救济的原则

经营者集中救济的原则是贯穿于经营者集中救济各个环节的基本准则,是实现经营者集中救济目标的重要保证。确立能够全面、客观和准确反映经营者集中救济客观要求的经营者集中救济原则,对于经营者集中救济运作具有重要意义。

一、经营者集中救济原则的确认

世界主要国家和地区关于经营者集中救济原则的立法规定并不相同,并且规定的角度也不尽相同。

美国司法部 2011 年《集中救济指南》在第一部分明确指出:不论特定的集中救济采取何种形式,所有的有效集中救济必须遵循一些基本原则(Basic Principals):第一,维护有效竞争是一项合适的集中救济的关键;第二,集中救济应当关注维护市场竞争,而不是保护具体竞争者;第三,集中救济必须建立在对具体案件的具体事实谨慎适用各种法律和经济原则的基础上。①

欧盟 2008 年《集中救济通告》在第二部分规定了集中救济的一般原则(General Principals):第一,救济适用的前提条件是一项集中因为导致市场支配地位的产生与加强而引起竞争关注;第二,欧盟委员会承担一项集中会严重妨碍有效竞争的举证责任,集中当事人承担提供所有对于欧盟委员会评估救济方案所必需的信息责任;第三,欧盟委员会必须全面评估救济;第四,必须充分考

① See US Department of Justice, Antitrust Division Policy Guide to Merger Remedies, 2011, pp. 2 - 4.

虑救济的不确定性；第五，救济必须能够在短期内得到有效实施；第六，救济可以在任一阶段提出。①

经济合作与发展组织（Organization for Economic Co-operation and Development，OECD）2003 年集中救济圆桌会议认为，在设计集中救济时，反垄断执法机构应当遵循四个原则：第一，除非事实上存在竞争损害，否则不应当适用救济；第二，救济应当是有效消除集中产生的竞争问题的最低干预手段；第三，救济应当只是用于解决竞争关注，而不应当用于产业计划或者其他非竞争目标；第四，反垄断执法机构设计救济时必须具有灵活性和创造性。②

国际竞争网络（International Competition Network，ICN）2005 年发布的《集中救济审查项目》提出了四个主要原则：第一，比例性原则，反垄断执法机构应当寻求实施负担最小的救济；第二，有效性原则，反垄断执法机构应当从综合影响、风险、可行性和期限等不同的角度评估一项救济的有效性；第三，最低的潜在救济负担和成本原则，反垄断执法机构应当全面考虑救济的影响成本、运行成本和集中效率损失；第四，透明度和一致性原则，在选择、设计和实施救济的过程中应当确保决策过程和结果的透明度和一致性，从而优化救济的有效性。③

在学术界，学者们对于经营者集中救济的原则也尚未达成共识。学者们从不同角度提出了经营者集中救济的原则。有的认为，反垄断执法机构选择救济的基本原则包括效率、成本、透明度和一致性。反垄断执法机构选择救济的基本原则是以最低的成本实现最高的效益，即尽可能以最小的负担最有效地解决集中产生的竞争问题。因此，效率和成本是选择救济时的两个最重要因素。透明度也非常重要，不仅是反垄断执法机构确定救济的原则要求，而且对保证效率至关重要。④ 还有的认为，在设计救济时，要在适用成本和有效性等方面对其进行评估，达成在程序和实践上均有效并且管理成本较低的救济。因此，在确定救济时，主要应考虑以下因素：第一，失败的风险；第二，适用救济可能发生的

---

① See Commission Notice on Remedies Acceptable under Council Regulation（EC）No. 139/2004 and Commission Regulation（EC）No. 802/2004，Official Journal of the European Union，2008，pp. 2 – 3.

② See OECD Policy Roundtable，Merger Remedy，2003，p. 7.

③ See ICN Merger Working Group：Analytical Framework Subgroup，Merger Remedies Review Project Report For The Fourth ICN Annual Conference，2005，pp. 3 – 5.

④ 参见尚明主编：《企业并购反垄断控制——欧盟及部分成员国立法执法经验》，法律出版社 2008 年版，第 162 页。

损失和成本;第三,集中效率能否实现。[①]

毫无疑问,这些立法规定和学术探讨从不同角度诠释了经营者集中救济的一般原则。但是,上述立法和看法不尽妥当。有的属于经营者集中救济某个环节应当遵循的原则,例如,"适用救济可能发生的损失和成本"就是经营者集中救济确定时应当遵循的一项具体原则,并不具有普遍指导意义。有的属于经营者集中救济的一项具体规则,例如,"集中当事人提出承诺,欧盟委员会不能单方面对于正式决定附加任何条件"就是经营者集中救济由谁提出的一项具体规则,并不属于具有本源意义的一般原则。有的虽然属于经营者集中救济的原则,但语言表述冗长,不够简练,缺乏作为原则表述的简洁精炼,需要进一步归纳、概括和提炼。

二、经营者集中救济原则的构成

(一)必要性原则

必要性原则(Principle of Necessity),是指从经验的因果律来考虑各种手段之间的选择问题,即靠以往的经验和学识的累积,对所追求的目的和所采取的手段之间的相当比例进行判断,保证所要采取的手段是各种可供选择的手段中最温和的和侵害最小的。[②] 必要性原则关注的是国家对公民自由干预的程度。

反垄断执法机构对经营者集中控制不是在禁止或者批准之间作出简单的决定,而是在禁止和自由之间进行利益衡量,努力寻求一种介于批准和禁止之间的折中办法,经营者集中救济就是为满足这种制度需求进行理性选择的产物。正是由于经营者集中救济是一种可供选择的手段,才有必要性原则的要求。如果手段是唯一的,不存在选择的可能,也就不存在必要性问题。必要性原则要求经营者集中救济是反垄断执法机构控制经营者集中的最温和的和侵害最小的手段。在适用经营者集中救济时,反垄断执法机构必须确定拟议的集中交易可能存在竞争损害,简单的禁止或者批准都不是解决问题的首要选择,只有采取救济才是最佳选择。

美国司法部在2011年《集中救济指南》中指出:所提议的救济必须能够有效解决反垄断局的所有竞争关注,才能被认为是可接受的。如果无法获得一项

---

① 参见胡东:《经营者集中反垄断评估中的救济措施》,载《价格理论与实践》2008年第7期。

② 参见余凌云:《行政自由裁量论》,中国人民公安大学出版社2005年版,第51页。

有效维护竞争的救济，反垄断局就会禁止集中交易。[①]

（二）比例性原则

比例性原则（Principle of Proportionality），是指经营者集中救济的范围、规模和程度与拟议的集中交易可能导致的反竞争效果之间要合乎比例。也就是说，反垄断执法机构在适用经营者集中救济时，必须在救济的实际利益与相关当事人付出的相应代价之间进行利益衡量，使相关当事人受到的损失比救济获得的利益要小得多，是可以合理忍受的程度。在实践中，比例性原则要求反垄断执法机构适用救济不应当超出其消除竞争关注的合适必要的范围。例如，横向集中导致的反竞争效果常常是单方市场支配地位的产生或者加强，反垄断执法机构一般采取剥离集中当事人之间的重叠业务以彻底地解决竞争关注。但是，如果剥离集中当事人之间的全部重叠业务不符合比例性原则，反垄断执法机构常常采取剥离部分重叠业务、剥离超出重叠业务以及其他行为性救济等方式来解决集中引起的竞争关注。

欧盟《集中控制条例》序言第 30 段明确指出："救济应当与竞争问题成比例，并且完全消除竞争关注。"[②]根据立法目的解释方法，通常认为这一规定要求救济应当是对确定了竞争损害的集中的具体反应，消除了竞争损害的救济不应过分损害集中可能产生的效率。拜耳收购安万特公司科学案（Bayer/Aventis Corp Science）[③]是涉及世界第七大农化公司拜耳全资收购世界第四大农化公司安万特公司科学的经营者集中案件，欧盟委员会审理认为，完全剥离当事人之间的重叠业务不符合比例性原则，因而没有剥离全部重叠业务，而是逐一分析了该案在全球和欧洲市场的具体反竞争效果，最终批准了当事人提出的剥离 10 项部分业务承诺和 7 项非排他性许可救济承诺。

美国虽然没有明确规定比例性原则，但在 1972 年福特汽车公司诉美国案（Ford Motor Co. v. United States）[④]中，美国政府指出：救济必须适合具体案件的具体情况。美国司法部在 2011 年《集中救济指南》中则明确指出：所提议的救济与涉嫌的违法行为之间必须存在一种紧密的逻辑关系，即救济必须适合于违

---

① See US Department of Justice, Antitrust Division Policy Guide to Merger Remedies, 2011, p. 3.

② Council Regulation (EC) 139/2004 on The Control of Concentrations Between Undertakings, 2004, p. 4.

③ See Case COMP/M. 2547 – Bayer/Aventis Corp Science, Commission Decision of April, 17, 2002, paras. 1061 – 1157.

④ See Ford Motor Co. V. United States, 405 U. S. 562, 573 (1972).

法行为并且产生于竞争损害理论。[①] 这些表明,无论在立法上还是在实践中,美国在适用经营者集中救济时实际上也都在遵循比例性原则。

(三)确定性原则

确定性原则(Principle of Certainty),是指反垄断执法机构在适用经营者集中救济时,必须能够充分地确定救济能否被实施和能否实现维持市场有效竞争的目标。经营者集中救济是对市场竞争的人为干预,如果干预不当,极有可能导致市场结果的扭曲和无效,造成实际的竞争损害。而且,在经营者集中救济的确定、实施和监督过程中,必然会发生一定的操作成本和风险。这些都需要反垄断执法机构考虑救济的不确定性,如果不确定性过高,则需要进一步提出新的救济方案或者禁止集中。

欧盟 2008 年《集中救济通告》规定:"实施所提议承诺的确定性要求尤其可能受到有关被剥离业务转让的风险影响,例如,集中当事人附加剥离的条件、与该业务相关的第三人权利、寻找合适买方的风险、剥离前资产贬值的风险。在向欧盟委员会提交救济方案时,集中当事人有义务消除实施救济的各种不确定性。"[②]"如果当事人提交的救济方案如此广泛和复杂,在欧盟委员会作决定时不能以必要的确定性判断出它们能否得以全面实施和能否维持市场的有效竞争,那么,就不能作出一个批准决定。欧盟委员会可能拒绝特别有理由认为不能得到有效监督的救济和缺少有效监督将减少甚至消除所提议承诺效果的救济。"[③]在 2004 年的葡萄牙电力公司和意大利能源公司收购葡萄牙天然气公司案(ENI/EDP/GDP)[④]中,由于当事人提出的救济非常广泛和复杂,存在极大的不确定性,欧盟委员会最终禁止了该项集中交易。为了获得欧盟委员会的批准,当事人先后提出了四次救济方案,其中,最初提出的救济方案长达 16 项。欧盟委员会经过审理认为,集中当事人最后提出的救济方案不能完全确定地消除所提出的竞争关注,因此,不能考虑该救济方案并且不得作为决定的基础。该案上诉至欧盟法院,最终欧盟法院认为,欧盟委员会有权认定集中当事人是否证明了所提出的救济承诺可以解决反竞争问题。

---

① See US Department of Justice, Antitrust Division Policy Guide to Merger Remedies, 2011, p. 4.

② Commission Notice on Remedies Acceptable under Council Regulation (EC) No. 139/2004 and Commission Regulation (EC) No. 802/2004, Official Journal of the European Union, 2008, pp. 2 – 3.

③ Ibid., p. 4.

④ See Case COMP/M. 3440 – ENI/EDP/GDP, Commission Decision of December, 9, 2004, pp. 610 – 913.

(四)有效性原则

有效性原则(Principle of Effectiveness),是指经营者集中救济必须足以消除反垄断执法机构对拟议的集中可能导致的竞争关注。如果集中当事人不能提出足以消除竞争关注的救济方案,反垄断执法机构的唯一选择将是作出禁止决定。制约经营者集中救济有效性的因素是多方面的,既包括经营者集中救济内容本身的有效性,也包括经营者集中救济制度整体的有效性,还包括其他社会因素,例如,国家的基本制度、管理体制、思想观念、法律传统。

欧盟2008年《集中救济通告》规定:"救济承诺必须完全消除竞争关注并且从各个角度看都是全面和有效的。""在评估所提议的救济承诺是否会消除竞争关注时,委员会将考虑与救济本身有关的所有因素,特别包括所提议救济的类型、规模和范围。而且,这些因素必须在结合引起竞争关注的市场的结构和特征的基础上作出判断。"[①]在2007年的瑞安航空公司收购爱尔兰航空公司案(Ryanair/Aer Lingus)[②]中,欧盟委员会认为,由于受交易影响的航线的市场进入障碍,除了涉及机场的拥堵,还涉及集中当事人的巨大商标影响力、都柏林机场的大基地和瑞安公司的低成本运行模式。因此,集中当事人提出的开放相关机位、取消爱尔兰航空公司的长途航空燃油附加费和保留爱尔兰航空公司商标等一系列行为性救济不足以恢复有效竞争,最终禁止了该项集中交易。

英国发布的《集中救济指南》指出:竞争委员会在继续考虑救济可能引起的成本之前,将在解决实质减少竞争和导致的负面效果时评估救济的有效性。评估救济的有效性包括几个显著的维度:第一,对实质减少竞争的影响和导致的负面效果。竞争委员会认为,通过重新建立不存在集中时所期望的市场结构来恢复竞争过程,应当从根源上预先解决负面效果。第二,合适的期限和及时性。救济需要通过预先确定的期限有效解决实质减少竞争。迅速解决竞争关注的救济优先于预计具有长期效果的救济或者效果的及时性不确定的救济。第三,可行性。一个切实可行的救济应当能够有效执行、监督和实施。为达到这一目标,救济的运作和意义需要向集中当事人和其他受影响的利害关系人公布。第四,可接受的风险状况。在评估救济的有效性时,竞争委员会将寻求实现期望

---

① Commission Notice on Remedies Acceptable under Council Regulation (EC) No. 139/2004 and Commission Regulation(EC) No. 802/2004, Official Journal of the European Union, 2008, p. 4.

② See Case COMP/M4439 – Ryanair/Aer Lingus, Commission Decision of June, 27, 2007, paras. 1153 – 1239.

效果的确定性很高的救济。集中当事人的客户和供应商不应当承担救济将不会对实质减少竞争或者其负面效果具有必要影响的重大风险。①

国际竞争网络（ICN）集中审查工作组认为，一项符合有效性原则要求的救济至少应当包括如下因素：②第一，综合影响。救济应当寻求解决集中产生的所有竞争损害。第二，可接受的风险。反垄断执法机构通常将寻求执行不能充分解决竞争损害的较低风险的有效救济。在反垄断执法机构受到限制无权修改救济的时候，如果救济未能预期执行，这一点特别重要。第三，可行性。一项有效的救济应当能够在反垄断执法机构管辖权内实际执行、监督和实施。这也意味着应当清楚地表达救济的执行和运作。第四，合适的期限和及时性。这就是要求救济在预定的期限有效解决竞争损害，能够迅速解决竞争关注的救济优先于预计具有长期效果的救济或者效果的及时性不确定的救济。

（五）透明性原则

透明性原则（Principle of Transparency），是指反垄断执法机构在适用经营者集中救济时应当为救济的确定、实施、监督和复审提供一个透明的框架，使集中当事人在具体案件中能够感知和接触到审查救济的基本原则和主要问题，并以合适的方式使竞争者和消费者知悉。遵循透明性原则，有助于克服经营者集中救济的不确定性，增强经营者集中救济的可预见性，促进经营者集中救济的有效实施。政府执法制度越透明，政府政策的效率就越高，因为，从交易成本的减少中可以获得经济利益。③

良好适中的透明度是世界各国和地区经营者集中救济制度运作的不懈追求。反垄断执法机构在审查经营者集中救济方案时，必须保证使集中当事人弄清楚关键性的问题与论点意见，但它们并不必然要向一方当事人公开另一方提交的每项证据，只要没有明显的不公就行。④ 但是，世界各国和地区反垄断执法机构贯彻透明度原则的具体做法各不相同，它们都结合自身的实际情况，在权

---

① See Competition Commission of UK, Merger Remedies: Competition Commission Guidelines, 2008, p. 6.

② See ICN Merger Working Group: Analytical Framework Subgroup, Merger Remedies Review Project Report for the Fourth ICN Annual Conference, 2005, p. 4.

③ See Malcolm B. Coate and Shawn W. Ulrick, Transparency at the Federal Trade Commission: The Horizontal Merger Review Process 1996 – 2003, Bureau of Economics Federal Trade Commission, 2005, p. 1.

④ 参见［英］威廉·韦德：《行政法》，徐炳等译，中国大百科全书出版社 1997 年版，第 186 页。

衡透明度成本收益的基础上,对经营者集中救济反垄断执法透明度作出必要限制,这既是利益冲突调整的必然选择,也是法律制度灵活性的充分体现。

美国经营者集中反垄断执法机构通过指南、声明、演讲、证据和公开案件申报披露了大量信息,展现了经营者集中反垄断执法透明度的成熟做法和先进经验,主要做法包括:一是发布经营者集中救济指南。联邦贸易委员会2003年发布了《集中救济商谈声明》,2012年又作了最新修订;司法部2004年发布《集中救济指南》,2011年也作了最新修订。二是在《联邦登记簿》上详细公布经营者集中救济案件的公告,接受社会公众评论。三是公开经营者集中救济案件审查决定,供社会各界查询。四是发布反垄断执法官员演讲中的救济政策主张。美国的做法对其他国家和地区的经营者集中反垄断执法产生了较大影响。

欧盟经营者集中救济透明度制度规范日益完善,实际运作效果显著,具体做法包括:一是发布经营者集中救济指南。欧盟2001年发布《集中救济通告》,2008年作了最新修订。二是发布经营者集中救济相关示范文本。欧盟2003年发布《向欧盟委员会的承诺范本》和《受托人委托协议范本》,2013年作了最新修订,并发布关于两个范本的最佳做法指南。三是给予集中当事人充分发表意见的机会。集中当事人有机会参加专门会议,包括事前商谈会议、现状会议、三方会议、正式听证会等其他会议。四是公布所有经营者集中救济案件审查决定。无论哪种情形,欧盟委员会都详细发布执法决策的全部过程,依法提供审查决定依据的证据和信息。五是建设信息发布的统一网络平台。系统地列出所有已申报的集中交易,披露参与集中的经营者积极活动的产业状况,报告欧盟委员会对每一个已申报集中交易的处理。即使已批准的集中交易也是欧盟委员会声明的主题,内容包括当事方、交易的性质、相关商品市场和地域市场、参与集中经营者的相同程度和其他导致欧盟委员会作出不质疑结论的显著事实。欧盟的做法和经验具有一定的示范作用,在越来越多的国家和地区得以有效推广。

第二章　经营者集中救济的具体运作

一项法律制度,从其总体来看,是一个由一般性规范同适用与执行规范的特殊性行为构成的综合体。如果不考虑一般性规范适用于行政机构、法院日常工作之中的具体化过程,那么我们就不可能完全认识和详尽分析一项现行有效和实际运作的法律制度。① 良好的法律制度不仅能够实现主观的目标,而且能够应对不断变化的客观环境。经营者集中救济制度的具体运作包括经营者集中救济的确定、实施、监督、复审和制裁 5 个密切联系、不可分割的环节。本章以世界主要国家和地区经营者集中救济的先进立法与实践经验为基础,并结合我国实际,对经营者集中救济的各个环节进行归纳和分析,试图从宏观层面展现该制度运作的全景。

第一节　经营者集中救济的确定

经营者集中救济的确定,是指在经营者集中反垄断审查中,反垄断执法机构和集中当事人双方协商一致,对可能产生反竞争效果的集中交易最终确定经营者集中救济承诺的过程。经营者集中救济的确定是经营者集中救济运作的首要环节,是决定经营者集中救济成功

---

① 参见[美]E. 博登海默:《法理学:法律哲学与法律方法》,邓正来译,中国政法大学出版社 2005 年版,第 254 页。

与否的关键要素，是对违反经营者集中救济进行制裁的重要基础。

一、经营者集中救济启动的主体

根据世界主要国家和地区的反垄断立法与实践，经营者集中救济启动的主体主要是反垄断执法机构和参与集中的经营者。这里需要明确经营者集中反垄断执法机构和参与集中的经营者两个方面。

在美国，联邦贸易委员会和司法部是负责经营者集中反垄断审查的联邦主要执法机构。经过详细的利弊审查后，如果它们认为该交易全部或部分可能具有反竞争效果，则它们各自都有权适用经营者集中救济。决定哪一个机构审查一项特定交易取决于集中所涉及的产业，例如，联邦贸易委员会一般审查涉及能源、医疗、汽车、化工产业的集中；司法部一般审查涉及钢铁、交通运输和电信产业的集中。在欧盟，经营者集中审查由欧盟委员会承担，经营者集中救济的确定也就由欧盟委员会负责，参与集中的经营者要向欧盟委员会提出救济承诺。在英国，经营者集中救济审查机构是公平贸易局和竞争委员会。在加拿大，经营者集中救济审查机构是竞争局。在澳大利亚，经营者集中救济审查机构是竞争和消费者委员会。在日本，经营者集中救济审查机构是公正交易委员会。在韩国，经营者集中救济审查机构是公平交易委员会。

确定参与集中的经营者是经营者集中救济的基础。只有确定了谁是参与集中的经营者，才能评估提出的救济方案是否可行，才能明确对谁的业务进行剥离或者对谁的行为进行限制。确定参与集中的经营者是经营者集中反垄断控制制度的起点之一，在理论上和实践中，采用何种逻辑和法律技术解决这个问题，直接关系整个经营者集中控制制度目标的理解和功能的实现。一般来说，确定参与集中的经营者也是在我国经营者集中反垄断控制法律法规体系下，判断一项经营者集中是否需要申报不可或缺的一个环节。只要在经营者集中申报阶段，已经确定为参与集中的经营者，在经营者集中救济阶段，它们作为经营者集中救济确定的一方主体与负责经营者集中反垄断审查的执法机构，双方协商一致共同确定经营者集中救济的类型、实施、监督等。

二、经营者集中救济启动的方式

经营者集中救济的启动是经营者集中救济确定的首要步骤。在经营者集中反垄断审查过程中，反垄断执法机构认为拟议的集中具有反竞争效果可能作出禁止决定时,集中当事人或者反垄断执法机构可能考虑通过经营者集中救济解决集中产生的竞争问题,这就是经营者集中救济的启动问题。考察世界主要国家和地区的立法与实践,经营者集中救济的启动主要有两种方式:一是依申请;二是依职权。两种启动方式并无明显优劣之分,各国和地区主要根据自己的立法传统和立法技术选择适合自己的启动方式。

(一)依申请方式

在经营者集中反垄断审查过程中,根据反垄断执法机构提出的集中可能产生的反竞争效果,集中当事人修改原先的集中交易方案并向反垄断执法机构提出救济承诺,从而启动经营者集中救济。

美国司法部采取的主要是依申请方式。根据《克莱顿法》确立的经营者集中事前申报制度,在30天的等待期内,集中当事人可以对集中交易进行修改,以获得反垄断执法机构的批准。美国司法部2011年《集中救济指南》指出:"当反垄断局认为一项拟议的集中违反反托拉斯法时,集中当事人经常会提出一些救济方案,以消除反垄断局的竞争关注,努力避免相关的诉讼。"①可见,美国司法部采取的是依据集中当事人提出的申请,从而启动经营者集中救济的确定。

欧盟采取的也是依申请方式。欧盟2008年《集中救济通告》规定:"欧盟委员会有责任说明一项集中会严重妨碍有效竞争。欧盟委员会将与集中当事人就其竞争关注进行沟通并允许他们确定适当且相应的救济方案。然后,集中当事人提出救济承诺;欧盟委员会不能对一个正式决定单方附加任何条件,而只能依据集中当事人的救济承诺。"②可见,欧盟对于经营者集中救济的启动非常明确和严格,主动权完全在集中当事人,欧盟委员会处于被动地位,反映了欧盟经营者集中救济是政府适度干预市场的制度设计。③

(二)依职权方式

在经营者集中反垄断审查过程中,如果反垄断执法机构认为集中可能产生反竞争效果,则可以依职权决定是否采取救济,从而启动经营者集中救济。

---

① US Department of Justice, Antitrust Division Policy Guide to Merger Remedies, 2011, p. 1.

② Commission Notice on Remedies Acceptable under Council Regulation(EC) No. 139/2004 and Commission Regulation(EC) No. 802/2004, Official Journal of the European Union, 2008, p. 2.

③ See Pierre Moullet, "How Should Undertakings Approach Commitment Proposal in Antitrust Proceedings?" *European Competition Law Review*, 2013, 34(2), pp. 86 – 100.

美国联邦贸易委员会通常采取依职权方式。联邦贸易委员会一般只在调查中取得实质性进展后才开始救济商谈,负责调查的部门通常也负责救济商谈。一旦交易进入同意令程序,合规审查部门将会和调查部门以及并购部门进行紧密的合作,参加谈判,审核并起草命令及附加文件资料,以保证草拟的命令是可行的。当谈判结束,双方就同意令中的条款达成一致,就可以签署含有同意令的协议。① 可见,美国联邦贸易委员会在经营者集中救济启动中居于主导地位。

英国竞争委员会也主要采取依职权方式。英国2008年《集中救济指南》规定:"如果竞争委员会认为一个相关集中情况已经产生或者可能预期产生实质减少竞争,那么需要决定是否应当采取救济,减轻或者预防实质减少竞争或者实质减少竞争产生的任何反竞争效果。竞争委员会也需要决定是否应当自己采取行动或者建议其他机构采取行动,如政府监管者或公共权力机构。"②可见,英国竞争委员会或者其他机构可以依据职权启动经营者集中救济。

此外,根据意大利的法律,即使集中当事人没有提出任何救济,意大利反垄断执法机构也可以主动提出救济。根据法国相关法律,如果反垄断执法机构不满意集中当事人提出的救济方案,则可以自己提出救济建议。③

三、经营者集中救济启动的时限

一般来说,经营者集中救济的启动可以在经营者集中审查程序的任何阶段开始,但必须在反垄断执法机构审查结束之前完成。世界主要国家和地区由于经营者集中反垄断执法程序不尽相同,因此,经营者集中救济的启动时限也不相同。

1. 美国的做法

在美国,1976年的《哈特—斯科特—罗迪诺法》,即修订后的《克莱顿法》第7A条确立了经营者集中事前申报制度。经营者集中事前申报制度要求达到一定规模的集中交易,在集中前要向联邦贸易委员会和司法部进行申报并等待处

---

① 参见[美]伊莲·K.格茨主编,美国律师协会反垄断分会编:《美国并购审查程序暨实务指南》,李之彦、王涛译,北京大学出版2011年版,第262页。

② Competition Commission of UK, Merger Remedies: Competition Commission Guidelines, 2008, p. 7.

③ 参见韩伟:《经营者集中附条件法律问题研究》,法律出版社2013年版,第77页。

理(Report and Wait),现金股权收购等待15日,其他交易等待30日。联邦贸易委员会和司法部收到申报后,在上述期限内,如果认为有必要,可以二次请求(Second Request)经营者提供更多资料,在该资料收到后还可以增加等待期,现金股权收购等待10日,其他交易等待20日。不遵守经营者集中事前申报制度的经营者将被处以罚款,迟延一日处罚10,000美元,法院也可以寻求禁令救济。[①] 在等待期内,经营者不得实施集中,参与集中的经营者可以与联邦贸易委员会和司法部进行协商,寻求对该项集中的救济。

2. 欧盟的做法

在欧盟,经营者集中采取两个阶段的审查程序。第一阶段是初步审查;第二阶段是实质性审查。在两个阶段的审查过程中,为了保持案件都是由一个机构进行审查,在这个过程中不允许将案件移交到法庭审理。参与集中的经营者在这两个阶段中均可向欧盟委员会提出救济。

首先,在第一阶段,集中当事人必须在从收到申报之日起不超过20个工作日内提交救济承诺。欧盟委员会在最后期限之前的适当时候通知集中当事人欧盟委员会对其有严重关注。如果集中当事人向欧盟委员会提交救济承诺,那么,欧盟委员会根据《集中控制条例》第6条第1款作出决定的最后期限将从25个工作日延长到35个工作日。考虑到时间紧迫的因素,第一阶段的救济方案一旦确定就不能再对其进行重大修改,只允许一些细节性的修改。

其次,在第二阶段,根据《集中控制条例》第8条第2款,所提议的救济承诺必须自程序启动之日起不超过65个工作日内向欧盟委员会提交。如果根据《集中控制条例》第10条第3款最终决定的最后期限被延长了,则救济的最后期限也自动延长到相同的期限。只有在特殊情况下,欧盟委员会可能接受在期间截止后第一次提交的承诺。如果当事人在启动程序后不到55个工作日内提交救济承诺,则欧盟委员会必须在启动程序日期后不多于90个工作日内作出最后决定。如果集中当事人在启动程序后的第55个工作日或者之后(甚至65个工作日后,如果这些救济承诺由于特殊情况应当接受的)提交救济承诺,则欧盟委员会作出最后决定的期限根据《集中控制条例》第10条第3款第2段增加到105个工作日。如果集中当事人在启动程序后不到55个工作日内提交承诺,但在第55个工作日或者之后提交了一个修改版本,则欧盟委员会作出最后

① 参见尚明主编:《主要国家(地区)反垄断法律汇编》,法律出版社2004年版,第197页。

决定的期限也延长到 105 个工作日。在 65 个工作日期限截止之前,可以与欧盟委员会讨论合适的救济承诺。欧盟委员会鼓励集中当事人提交建议草案,草案既可以讨论实体问题也可以讨论程序问题,只要这些问题是为了保证救济承诺的完全可行性。如果集中当事人认为需要更多的时间来调查竞争关注和相应地设计合适的救济承诺,他们也可以根据《集中控制条例》第 10 条第 3 款第 1 段建议欧盟委员会延长最后期限。这种要求必须在 65 个工作日期限结束之前提出。①

另外,只要集中当事人提出申请,欧盟委员会将在保密的前提下对拟议的集中进行非正式讨论,以澄清管辖权、申报材料范围及其他法律问题,从而在正式申报和审查开始之前,能够确定有关程序问题和可能的竞争问题,为将来进行的集中审查做好准备。因此,《集中控制条例》明确指出:集中当事人可以非正式地向委员会提出承诺的建议,即使在正式申报前也可以提出。②

综上,世界主要国家和地区经营者集中救济的启动时限相对比较灵活,特别是在实行申报前商谈的国家和地区。集中当事人可以在申报前提交经营者集中救济承诺,也可以在提交申报材料时一并提交经营者集中救济承诺,还可以在初步审查阶段和实质审查阶段提交。但是,无论何时启动经营者集中救济,都要求在反垄断执法机构作出正式审查决定之前提交,逾期提交的,反垄断执法机构可能会拒绝接受。

四、经营者集中救济的类型选择

世界主要国家和地区的反垄断立法与执法实践,通常把经营者集中救济划分为结构性救济和行为性救济两种类型,并且普遍认为结构性救济比行为性救济具有优先性,在经营者集中救济类型的选择时有先后顺序,即经营者集中救济类型具有位阶性。美国、欧盟都曾在立法上明确表述了结构性救济的优先地位。美国联邦贸易委员会 2003 年《集中救济商谈声明》和美国司法部 2004 年《集中救济指南》都清晰阐明了执法机构将优先考虑结构性救济的立场。欧盟 2008 年《集中救济通告》也明确表明了欧盟委员会将优先考虑结构性救济的态度。我国很多反垄断法学者也从不同的角度论证经营者集中救济类型的位阶

---

① See Commission Notice on Remedies Acceptable under Council Regulation(EC) No. 139/2004 and Commission Regulation(EC) No. 802/2004, Official Journal of the European Union, 2008, p. 19.

② Ibid., p. 17.

性问题。有的主张,经营者集中救济的类型“应以结构性救济为主,行为性救济为补充。即竞争机构应首先适用结构性救济,在无法通过剥离有效解决竞争损害问题的情况下,再通过限制企业行为的行为性救济措施保护竞争。”①有的提出,“在附加限制性条件的类型上,反垄断执法机构在执法实践中,应该以附加结构性限制条件为主,附加行为性条件为辅。只有在无法通过剥离或资产剥离成本过高的时候,再通过限制经营者的行为来保护有效的市场竞争”。② 有的基于对我国商务部经营者集中救济的公告文本研究,认为我国商务部没有把结构性救济放在优先于行为性救济的地位,这与反垄断法发达国家、地区的主流观点大相径庭。③ 有的建议,“由于行为性条件难于监管,且救济效果不够直接,美、欧等国家、地区往往都持审慎态度。如果特定案件中行为性条件更为合适,则一定要确保其可执行性与可监督性。因此,同等条件下优先适用结构性条件应成为我国执法部门的基本准则。”④有的提出,各国和地区在结构性救济和行为性救济的宏观适用上主要有结构性救济优先、结构性救济与行为性救济均衡和行为性救济实践中主导的三种模式。“就目前而言,我国立法上更宜采用美国的结构性条件和行为性条件平等对待的模式,不宜在立法中确认结构性条件优先的原则。”⑤笔者认为,对经营者集中救济类型具有位阶性的判断是否准确,是否有实际意义,是否符合实践逻辑,需要深入研究。

(一)结构性救济不具有绝对优先性

美国是世界上最早采用经营者集中救济制度的国家,也是最早表明结构性救济优先于行为性救济立场的国家。在 1961 年的美国诉杜邦案(United States v. E. I. du Pont de Nemours)中,联邦最高法院明确阐述了结构性救济优先适用的立场,即“剥离是经营者集中救济中最重要的救济方式,它简单、明确并且易于监督。对违反《克莱顿法》第 7 条时,法官总是最先想到剥离救济”。⑥ 此后,该案的观点一直被美国各级法院、司法部、联邦贸易委员会所遵循。欧盟也明确表明了结构性救济优先适用的立场并始终坚持。在金瑟诉欧盟委员会案

---

① 胡东:《经营者集中反垄断评估中的救济措施》,载《价格理论与实践》2008 年第 7 期。

② 邱春霖:《论反垄断法中附救济批准经营者集中制度》,载《法治研究》2009 年第 10 期。

③ 参见李俊峰:《我国企业合并反垄断审查的展开》,载《国际经贸探索》2010 年第 9 期。

④ 韩伟:《经营者集中附条件法律问题研究》,法律出版社 2013 年版,第 230 页。

⑤ 刘武朝:《经营者集中附加限制性条件制度研究:类型、选择及实施》,中国法制出版社 2014 年版,第 111 页。

⑥ United States V. E. I. du Pont de Nemours & Co. ,366 U. S. 316,326,1961.

(Gencor v. Commission)判决中,欧盟初审法院指出:"从《集中控制条例》立法目的角度看,结构性救济一般来说优先适用,如出售一个子公司。因为这种救济可以永久地预防欧盟委员会事先确定的市场支配地位的产生或者加强,而且不需要中长期的监督。"①在 2001 年发布的《集中救济通告》中,欧盟委员会直接采纳了欧盟初级法院在金瑟案判决中的观点,在 2008 年修订的《集中救济通告》中继续坚持 2001 年《集中救济通告》中结构性救济优先适用的立场。

结构性救济,是指能够即时地和永久地改变市场结构并不需要中长期监督的一种救济类型,通常包括剥离有形资产、知识产权等无形资产或相关权益等。如果一项经营者集中将会导致相关市场的竞争结构发生变化,从而具有或者可能具有排除、限制竞争的效果,那么,反垄断执法机构可能倾向于采用严厉的结构性救济,使经营者将相应的资产、股权、业务剥离出去,以便在市场上产生一个新的竞争实体或者加强现存实体的竞争力量,从而使相关市场的结构恢复到集中前的竞争状态和水平。这种救济类型被形象地比喻为"外科手术式的"矫正措施。结构性救济优先于行为性救济的一个理论假设是,结构性救济的设计、实施和监督具有优越性。"结构性救济直接解决竞争损害,产生永久的结构变化。结构性救济的永久性和即时性通常被认为易于确保产生一个新的独立的竞争实体或者加强现有竞争者的条件。随后,这些救济要求相对有限的监督,并且通常是节省成本的。"②然而,这种理论假设并不完全可靠,从设计、实施和监督三个方面考察,结构性救济具有不可忽视的缺陷。

1. 结构性救济设计的偏差

经营者集中救济的精心设计是经营者集中救济有效运作的首要环节。只有通过选择合适的救济类型消除反垄断执法机构的竞争关注,才能实现经营者集中救济的目标。由于反垄断执法机构、剥离业务卖方和买方三方之间动机的不一致性、能力的不契合性和信息的不对称性,可能导致结构性救济设计时与预期效果出现偏差。

第一,结构性救济设计的关联性不大。竞争损害理论是分析经营者集中救济有效性的常用工具。根据竞争损害理论,不同类型的集中交易对竞争的影响程度是不同的。一般来说,横向集中将会产生单边效果和协调效果两个方面问

---

① Case T－102/96. Gencor V. Commission [1999] E. C. R. II－753, at[317－318].

② Ariel Ezrachi, "Behavioral Remedies in EC Merger Control—Scope and Limitations", *World Competition*, 2006, 29(3), p. 461.

题,纵向集中或者混合集中将产生封锁和竞争性信息交换两个方面问题。对于横向集中,不论是单边效果还是协调效果,结构性条件都是恢复市场竞争的最佳选择。但是,由于具体案件的千差万别,加之反垄断执法机构的资源有限以及经验不足,可能导致剥离业务与集中交易将会产生的竞争损害之间的关联性不大,造成不能有效解决该项集中交易产生的竞争问题。例如,存在多个可行的剥离业务组合时,究竟应该选择哪一个剥离业务组合可以使买方在相关市场中维持适当的竞争水平,对于反垄断执法机构是一个艰难的选择。在 2000 年欧盟审理的道达尔菲纳公司收购埃尔夫公司案(TotalFina /Elf)①中,集中引起液态石油气市场的竞争问题,集中当事人最初提出剥离其液态石油气业务的部分资产,但欧盟委员会认为这部分资产不充分,不足以解决竞争问题,因此,集中当事人最终剥离了埃尔夫公司的子公司安塔格兹(Antargaz)公司,而安塔格兹公司的业务范围实际上并不限于液态石油气,还包括一些相关市场外业务。由于最初选择的剥离业务与竞争损害之间的关联性不大可能造成剥离救济效果不佳。

第二,结构性救济设计的匹配性不强。结构性救济是要通过剥离以便在相关市场上产生一个新的竞争实体或者加强现存实体的竞争力量。由于仅使剥离业务在相关市场运营并不意味着买方就能够与集中后实体开展有效竞争,因而,剥离业务必须与所要解决的竞争问题相匹配。那么,剥离什么样的业务才能在相关市场上产生一个新的竞争实体或者加强现存实体的竞争力量呢?世界主要国家和地区普遍适用剥离业务必须具备存续性(Viability)、可售性(Marketability)和竞争性(Competitiveness)三个标准。在实践中,反垄断执法机构可以作出剥离全部正在经营的独立业务、剥离独立业务的一部分、剥离超出独立业务的资产组合和剥离混合搭配的资产组合四种选择。由于剥离业务买方的购买动机多种多样,加之自身经验不足,可能导致剥离业务与剥离业务必须具备存续性、可售性和竞争性三个标准之间的匹配性不强,导致不能在相关市场上产生一个新的竞争实体或者加强现存实体的竞争力量,从而使经营者集中救济的目标落空。例如,在凯普特收购英迪格案(Chapters /Indigo)②中,为了解决可能产生的竞争关注,作为加拿大最大图书零售商的集中当事人必须剥离

---

① See Case No COMP/M. 1628, TotalFina/Elf, European Commission Decision, 09/02/2000.

② See Commissioner of Competition v. Trilogy Retail Enterprises L. P. /Chapters, CT – 2001 – 003, Statement of Grounds and Material Facts, 2001, p. 60.

其在加拿大不同地区的连锁书店,而被剥离书店的数量是决定能否产生规模经济,从而实现资产充分性的关键因素。根据同意令,集中当事人承诺剥离 13 家超市书店,但实际上买方要成为集中当事人的有效竞争力量,至少在加拿大多个地区拥有 24 家超市书店。

第三,结构性救济设计的精致性不够。结构性救济设计中剥离业务的选择是一项非常复杂精细的工作。剥离全部正在经营的独立业务一般包括生产、销售、研发等环节的工厂、设施,知识产权或者政府对剥离业务的许可证照,客户名单或者客户信用记录,与剥离业务相关的合同或者承诺,生产、销售所必需的管理系统,研发团队和信息技术职员等。由于结构性救济具有不可逆性,一旦作出选择无法改变。如果反垄断执法机构对于剥离业务的选择不够周密、细致,将一项业务全部剥离给一个相关市场上市场地位比较显著的竞争对手,可能使买方获得业务后具有更加显著的市场地位,损害相关市场的竞争,从而产生新的竞争问题。欧盟 2008 年《集中救济通告》指出,如果拟议的买方对剥离业务的购买构成共同体层面上需要申报的新集中交易,则这个新集中交易必须依据《集中控制条例》进行申报并根据正式程序获得批准。① 例如,美孚收购英国石油和美孚合营公司案(Mobil/JV Dissolution)②就是因为埃克森收购美孚案(Exxon/Mobil)③中的相关业务剥离承诺而发生。1999 年,在埃克森收购美孚案中,为了消除欧盟委员会对于埃克森、英国石油和美孚合营公司(BP/Mobil)与阿拉尔(Aral)三者之间协调彼此竞争行为的关注,集中当事人承诺美孚退出合营企业,由英国石油和阿莫科或者合适的第三方收购合营企业的全部资产,即美孚收购英国石油和美孚合营公司案,欧盟委员会最终附条件批准了这一集中交易。2000 年,集中后实体埃克森美孚公司宣布收购合营企业的部分业务和资产,欧盟委员会最终无条件批准了该集中交易。这样,埃克森美孚公司就不必根据埃克森收购美孚案中的相关剥离承诺进行业务剥离。

2. 结构性救济实施的风险

任何经营者集中救济都面临一定的实施风险,结构性救济当然也不例外。

---

① See Commission Notice on Remedies Acceptable under Council Regulation (EC) No. 139/2004 and Commission Regulation (EC) No. 802/2004, Official Journal of the European Union, 2008, p. 22.

② See Case No. IV/M. 1822 – Mobil/JV Dissolution, European Commission Decision, 02/02/2000.

③ See Case No. IV/M. 1383 – Exxon/Mobil, European Commission Decision, 29/09/1999.

1999 年美国联邦贸易委员会发布的《剥离程序研究》报告，从剥离业务的卖方和买方两个方面分析了剥离实施的风险。[①] 2005 年欧盟竞争总局发布的《集中救济研究》从多个角度探讨了剥离实施的风险。[②] 2008 年英国竞争委员会发布的《集中救济指南》从范围风险(Composition Risk)、买方风险(Purchaser Risk)和业务风险(Asset Risk)三个方面阐述了剥离实施的风险。[③] 这些研究成果和立法文本表明，结构性救济的成功设计并不意味着结构性救济的顺利实施。实践中，剥离的实施从来不是一帆风顺的。

第一，剥离业务范围不充分。剥离业务范围过大或者过小均不符合经营者集中救济的比例性原则。一般来说，剥离义务人总是倾向于剥离较小的业务范围，而反垄断执法机构总是倾向于剥离较大的业务范围。剥离业务范围不充分是剥离救济效果不佳的主要原因。[④] 剥离业务范围不充分主要是遗漏对于保持剥离业务的存续性和竞争性非常必要的关键资产。例如，在西部数据收购日立存储案[⑤]中，集中完成后，为了在相关市场上维持日立公司全资子公司(Viviti)作为一个独立的竞争者存在，西部数据承诺向第三方剥离日立公司全资子公司(Viviti)主要 3.5 英寸硬盘资产。根据相关市场的界定，硬盘构成独立相关市场，而不同尺寸的硬盘并未区分为不同的相关市场，仍然存在一定的替代性。被剥离资产与原有资产的关联度仍然很高，不利于买方成为有效的竞争力量。同时，西部数据和日立存储集中完成后将成为硬盘市场全球市场份额最大的经营者，仅剥离这部分业务能否确保买方成为市场上的有效竞争者尚不得知。实践中，剥离业务范围不充分主要表现为：未充分考虑上下游经营者之间的依赖关系；地域范围不充分；规模不充分；产品更新换代所导致的剥离业务质量上的欠缺；未充分考虑与剥离业务相关的知识产权问题。[⑥]

第二，剥离业务买方不合适。世界主要国家和地区的反垄断立法与实践通

---

① See US FTC, A Study of The Commission's Divestiture Process, 1999, pp. 16 – 27.

② See DG Competition European Commission, Merger Remedies Study, 2005, pp. 25 – 113.

③ See Competition Commission of UK, Merger Remedies: Competition Commission Guidelines, 2008, p. 17.

④ 参见尚明主编:《企业并购反垄断控制——欧盟及部分成员国立法执法经验》，法律出版社 2008 年版，第 86 页。

⑤ 《中华人民共和国商务部公告 2012 年第 9 号》，载商务部网站: http://fldj.mofcom.gov.cn/article/ztxx/201203/20120307993758.shtml，最后访问日期: 2017 年 1 月 7 日.

⑥ 参见金美蓉:《合并救济中剥离资产的选择》，载《法学评论》2014 年第 2 期。

常都对剥离业务买方的基本标准作出规定。虽然买方一般都需要经过反垄断执法机构批准,但有些买方事后被认为是不合适的,因为它们在业务中可能没有达到买方的基本标准。剥离业务买方不合适主要是基于市场上竞争者有限、缺少购买兴趣、缺少购买能力、缺少运作经验等原因。另外,剥离业务需要出售给一个合适的买方,而不是一个出价最高的买方。这种方法似乎也是合理的,因为,它允许经营者通过在多个投标者之间产生竞争,获得接近市场水平的剥离收益,而反垄断执法机构不能强迫理想的买方进入交易。①

第三,剥离业务可能严重贬值。在剥离过程中,剥离业务的竞争性可能显著降低。一方面,由于集中当事人具有削弱剥离业务未来竞争性的明显动机,在剥离业务转移前,剥离业务的竞争性可能受到严重贬损。例如,集中当事人可能保留某些关键知识产权、关键员工;或者不适当地维护生产设备和店铺;或者提高剥离业务价格,使其在剥离后的销售额下降。另一方面,由于剥离业务买方缺乏在相关行业的运营经验,不熟悉成为该行业有效竞争力量必须拥有的关键资产,致使购买的剥离业务可能无法与集中当事人进行有效竞争。

第四,剥离业务导致协调效果。任何剥离本身都可能导致协调效果,在寡头市场情况更是如此。当把业务剥离给一个寡头市场的成员时可能产生协调效果,或者依靠集中后实体提供过渡支持的买方会选择彼此协调。② 如果剥离业务可能增加买方和卖方之间的对称性,并为它们创造相互间多市场关系的机会,那么,适用结构性救济更有可能增加有关产业协调的风险。③ 注意这种风险,不适当的剥离实际上可能通过更对称的或者多市场的产业重组促进彼此之

---

① See Maurice De Valois Turk, "The EC'S Revised Notice—The Trustee's Perspective", *European Competition Law Review*, 2009, 30(7), pp. 332 - 339.

② See Sophie Papon, "Structural v. Behavioral Remedies in Merger Control: A Case to Case Analysis", *European Competition Law Review*, 2009, 30(1), p. 45.

③ 参见在现代产业经济学中,对称性被认为是一个促进协调因素,其基本观点是比较平均的资产分布会放松小厂商和大厂商的激励约束,并可能有助于协调。例如,直观地看,地位相似的人会觉得更容易达成适合他们大家的协议。多市场关系也被认为是一个促进协调因素,是指厂商与一个以上的市场发生关系,其基本观点是当厂商和市场完全对称时,多市场关系不会改变协调动机。只有存在不对称时,多市场关系才可能有助于协调。参见[英]马西莫·莫塔:《竞争政策——理论与实践》,沈国华译,上海财经大学出版社 2006 年版,第 124 ~ 125 页。

间的协调。①

第五，剥离导致集中效率损失。一项经营者集中救济应当能够消除集中产生的竞争问题，同时又不减少集中可能产生的效率。与行为性救济相比，结构性救济涉及对一项集中交易的重大修改，可能严重减少集中产生的效率。一方面，由于经营者在市场中具有支配地位的原因是错综复杂的，或许是由于其本身在技术上和管理上的积极创新导致在某领域占据领先地位。如果对集中当事人采取剥离这种过于激烈的做法，将会严重打击其经营的积极性。另一方面，如果剥离业务对于集中当事人至关重要，甚至就是为了获得需要剥离的那部分业务，则该业务的剥离将会使集中的目标落空，从而使集中当事人不得不放弃该项集中。另外，剥离过程需要集中当事人投入大量的时间和经济成本，可能严重影响集中当事人的经营状态。

3. 结构性救济监督的成本

结构性救济一般不需要反垄断执法机构中长期的监督，实施成本比较低。但在实践中，结构性救济的实施仍然需要反垄断执法机构一定力度和一定期限的监督。无论是在自行剥离期间还是在受托剥离期间，都需要反垄断执法机构投入一定的人力和资源把控剥离实施的方向、程度和期限。特别是几乎每一项结构性救济都需要一定的行为性救济辅助，以确保具体案件中经营者集中救济目标的实现。这些辅助的行为性救济本身即需要持续的监督，而且可能还要一直持续到结构性救济实施完成后的一定期限。

（二）行为性救济不只具有辅助性

随着理论研究的深入和实践经验的积累，结构性救济优先适用、行为性救济只是辅助的观点受到各方面的质疑，②世界主要国家和地区的立法与实践也在发生嬗变。美国司法部 2011 年修订的《集中救济指南》，对行为性救济进行了重新定位，直接删除了 2004 年中“结构性救济优先适用”的表述，同时直接删除了“行为性救济可能产生四项重大成本”的内容，明确指出：“有效的集中救济通常包括结构性救济或者行为性救济。在合适的环境下，二者均可以用于维护竞争。”“有些情况下，结构性救济可能是最佳选择；有些情况下，行为性救济可

---

① See Francois Leveque & Howard Shelanski, *Merger Remedies in American and European Union Competition Law*, Cheltenham, UK · Northampton, MA, USA, Edward Elgar Publishing limited, 2003, p. 113.

② Ibid., pp. 129 – 134.

能是最佳选择；还有些情况下，结构性救济和行为性救济的结合可能是合适的选择。"[①]美国联邦贸易委员会2012年修订的《集中救济商谈声明》虽然继续坚持结构性救济对于解决横向集中产生的竞争问题的优先性，但也清晰表明，行为性救济对于解决纵向集中产生的竞争问题的有效性。[②] 欧盟2008年修订的《集中救济通告》虽然也继续坚持结构性救济优先适用的立场，但在实务上则积极适用行为性救济。[③]

结构性救济优先于行为性救济的另一个理论假设是行为性救济的不确定性，致使设计困难多、实施风险大、监督成本高。然而，这种理论假设也不能完全成立。行为性救济不只是结构性救济的辅助，在结构性救济无法实现经营者集中救济的目标时，完全可以通过精心设计行为性救济解决集中可能产生的竞争问题。行为性救济实施风险大和监督成本高的弊端也完全可以通过一些保障机制得以克服。因此，结构性救济并不总是优先于行为性救济，脱离经营者集中救济的适用环境和适用条件，我们不能简单地说哪一种救济类型具有优先性。

1.行为性救济设计的合适性

行为性救济广泛适用于确保剥离业务的存续性或者限制集中后实体市场支配地位的行使。在特定情况下，由于结构性救济不可能或者不可行时，选择行为性救济是合适的。

第一，当剥离救济不可能时，选择行为性救济是合适的。在某些案件中，当潜在剥离的效果不确定时，或者当缺少可靠的潜在剥离业务买方时，或者当剥离业务范围不确定时，行为性救济可能是合适的。在波音收购麦道案（Boeing/McDonnell Douglas）[④]中，欧盟委员会调查发现除了波音之外，没有现存的飞机制造商对该项集中交易感兴趣，并且，不可能找到商用喷气飞机市场的任何潜在进入者，因而，剥离麦道飞机公司是不可能的，这时选择行为性救济是合适的。

第二，当剥离不合适或者不成比例时，选择行为性救济是合适的。剥离通

---

① US Department of Justice, Antitrust Division Policy Guide to Merger Remedies, 2011, pp. 4－6.

② See Federal Trade Committee, Statement of the Federal Trade Commission's Bureau of Competition on Negotiating Merger Remedies, 2012, p. 5.

③ 参见近年，欧盟适用行为性救济处理的典型案例有 Lufthansa/SN Air Holding, Case No COMP/M. 5335; Intel/McAfee, Case No COMP/M. 5984 等。

④ See IV/ M. 877, Boeing/McDonnell Douglas, 1997 OJL336/16.

常具有不成比例的风险。当有许多不同的但同等有效的救济时，应当采用那些对集中当事人负担最小的救济。为了使剥离业务具有存续性，如果要求在相关市场产生一个有效的竞争者，则可能有必要包括相关市场外的一些活动。例如，在联合利华收购法国阿莫拉—迈乐烹饪公司案（Unilever/Amora-Maille）中，尽管竞争关注与集中当事人在法国的蛋黄酱和色拉调味品市场的支配地位有关，但本尼迪克特（benedicta）商标的剥离范围非常广泛，不仅包括其他商品（例如，芥末），而且覆盖该商标注册的所有地区（不仅在法国）。欧盟委员会认为，新进入者不仅需要提供本尼迪克特（benedicta）商标的所有商品，而且需要在国际范围内销售，以便与联合利华（Unilever）开展有效竞争。[①] 虽然在这类案件中剥离是有效的，但与集中引起的竞争关注是不成比例的。因此，当剥离的规模和范围已经超出相关市场之外时，行为性条件可能是合适的。

第三，当剥离可能妨碍集中的效率时，选择行为性救济是合适的。反垄断执法机构应当考虑救济对有益于消费者的集中交易的影响。剥离通常将会阻碍通过集中获得的效率产生的价格下降，特别是在高新技术市场，剥离将会摧毁研发努力。“由于高新技术产业的未来非常不确定，由于高新技术产业集中的潜在效率，由于行为性救济比结构性救济更灵活并且可能只需附加短暂的期限，因此，在这些产业行为性救济可能是更合适的甚至是唯一可能的救济。”[②]在谷歌收购航班数据软件公司（Google /ITA）软件公司案[③]中，美国司法部要求谷歌继续以相同的救济授权其他公司使用 QPX 软件；继续以正常的路线开发和升级 QPX 软件并以公平、合理、无歧视的救济许可给新的客户；建立一个内部防火墙使谷歌无法获得竞争对手的敏感信息。这些广泛的行为性救济有效地解决了该交易所引起的竞争关注。另外，如果市场进入障碍来自于集中后实体控制核心基础设施或者关键技术，则开放类型的行为性救济可能是剥离的有效替代。它们可以通过降低现有竞争者和潜在竞争者的市场进入或者提高它们与集中当事人竞争的能力重新为相关市场注入竞争活力。

2. 行为性救济实施的灵活性

结构性救济的实施期限比较短，在这么短的期限内市场情况发生显著变化

---

① See Case COMP/M. 1802, Unilever/Amora-Maille, 2000, OJ C33/4.

② Sophie Papon, “Structural v. Behavioral Remedies in Merger Control: A Case to Case Analysis”, *European Competition Law Review*, 2009, 30(1), pp. 36 – 48.

③ See United States v. Google Inc., Case No. 1:11 – cv – 00688, D. D. C. Apr. 8, 2011.

的可能性不大,除非在特殊情况下,反垄断执法机构预期的剥离业务买方不合适,或者市场结构变化使禁止集中后实体重新获得剥离业务控制权的要求确无必要。而且,结构性救济通常是不可逆的,一旦实施结束后,即使发现没有产生预期效果或者对经营者施加了沉重负担也难以改变。行为性救济的实施期限可以视具体案件的具体情况而定,反垄断执法机构在作出决定时,不可能预见未来的所有情况,将来发生变动的可能性非常大。

行为性救济具有广泛性、灵活性、开放性和可逆性的优点,逐渐受到世界各国和地区反垄断执法机构青睐。[①] 行为性救济能够依据市场环境的变化不断进行调整,是反垄断执法机构应对市场环境变化的一个有效工具。在新兴市场、技术市场或者网络市场等快速变化市场尤其如此。一方面,随着相关市场的发展变化,行为性救济的实施可能与预期目标背道而驰时,可以根据相关市场的具体情况适时修改、变更原有行为性救济的内容。另一方面,行为性救济的实施通常具有确定的期限,而且,可以根据市场的具体情况予以延长或者缩短。在壳牌收购蒙特卡蒂尼公司案(Shell/Montecatini)[②]中,欧盟委员会同意在壳牌和蒙特卡蒂尼之间建立一个聚丙烯行业的合营企业蒙太尔(Montell)。为解决集中交易引起的竞争关注,集中当事人同意该合营企业不使用蒙特卡蒂尼的斯芙瑞普尔(Epheripol)产品技术,这是因为壳牌通过与联合碳化物公司(Union Carbide)建立的合营企业,对另一种主导性产品技术尤尼普尔(Nnipol)享有权益。但是,在美国反垄断执法机构审查完成后,要求壳牌退出与联合碳化物公司建立的合营企业。因此,欧盟委员会对新组建的合营企业不使用蒙特卡蒂尼的斯芙瑞普尔产品技术的要求不再具有意义。欧盟委员会经过复审,最后终止了有关不使用蒙特卡蒂尼的斯芙瑞普尔产品技术的救济。

3. 行为性救济监督的多样性

行为性救济监督成本高的观点已经难以成立。事实上,监督行为性救济的边际成本并没有想象的那么高。随着世界各国和地区行为性救济实践的发展和经验的积累,行为性救济监督可以采用多种机制,反垄断执法机构监督成本高的问题可以得到有效缓解。有学者就指出:一方面,有些行为性救济具有较高的市场透明度,并不需要反垄断执法机构承担更多监督职责。另一方面,在高度监管的市场中,由于供应者或者竞争者等市场参与者的存在,行为性救济

① 参见袁日新:《互联网产业经营者集中救济的适用》,载《河北法学》2014 年第 1 期。

② See Case IV/ M. 269, Shell/Montecatini, 1994, O. J. L332/48.

的监督成本也不高。[①] 实践中，美国和欧盟等国家和地区成功地运用监督受托人机制、争议仲裁解决机制和第三人控告机制，[②]把部分监督成本转移给集中当事人，降低了行为性救济的监督成本。

（三）经营者集中救济类型的选择完全可能各取所需

无论是在理论上还是在实务上，世界各国和地区对经营者集中救济类型的选择是否存在绝对的先后次序，至今尚未达成共识。考察经营者集中救济的立法文本和实践做法，可以发现，结构性救济的优先性是有充分事实基础的，但这不意味着结构性救济的优先性是绝对的。"结构性救济优先的主张并没有提供充足的理由去说明，当集中当事人提出一项可执行的、容易监督的行为性救济时，反垄断执法机构为什么不能积极地予以考虑。"[③]事实上，经营者集中救济的阶段性、动态性和复杂性决定了经营者集中救济类型的选择并没有一个确定的次序，讨论经营者集中救济类型位阶性的有无并无理论上的实益和实务上的意义，更多地探讨结构性救济和行为性救济的合适适用环境或者不合适适用环境可能是理论研究的当然使命和主要方向。"思想的模式与结构，塑造和约束着系统内的行动者的决定。这包括各种观念、价值、偏好和它们的关系格局。"[④]与其关注经营者集中救济类型选择的优先性，不如更多关注执法过程的复杂性，更多关注执法上实践理性的形成过程；与其对经营者集中救济类型选择进行排序，不如精致地建构各种经营者集中救济类型自身的适用规则；与其关注经营者集中救济类型选择的位阶性对执法实践的影响，不如更多地考察对执法实践真正发生影响的市场环境、竞争损害、产业类型、效率、期限、规模、范围、成本和风险等因素。

首先，经营者集中救济类型的选择实质上取决于能否实现经营者集中救济的目标。"主要的问题并不是法律的起源，而是法律的目标。如果根本不知道

---

① See C. Newton & D. Parker, "Surgery or Medicine? The Use of Behavioral Remedies in Merger Control", *Frontier Economics Bulletin*, September, 2005, p. 5.

② See Ariel EZRACHI, "Behavioral Remedies in EC Merger Control—Scope and Limitations", *World Competition*, 2006, 29(3), p. 463.

③ Philip Marsden, *Handbook of Research in Trans-Atlantic Antitrust*, Cheltenham, Edward Elgar Publishing limited, 2006, pp. 108 – 112.

④ [美]戴维·J. 格伯尔：《二十世纪欧洲的法律与竞争——捍卫普罗米修斯》，冯克利、魏志梅译，中国社会科学出版社 2004 年版，前言。

道路会导向何方,我们就不可能智慧地选择路径。”[①]经营者集中救济制度不是政府用来干预市场运行的手段,而是要通过维持有效竞争来确保市场按照自身规律正常运行。[②] 在经营者集中救济商谈过程中,反垄断执法机构首先提出集中具有或者可能具有的反竞争效果,然后基于对经营者集中救济能否实现相关目标的判断,对所选择的经营者集中救济类型的有效性、可行性和及时性作出评估,最后作出具有法律约束力的经营者集中救济审查决定。如此看来,经营者集中救济执法过程的复杂性远远超出研究者的想象,其远不是列表式的简单对照排序就能够解决的。在处理具体案件时,反垄断执法者获得的不同数据、信息、先例、逻辑、成本、效率、福利等成分被投入执法机构的“锅炉”中,酿造成执法决定这种“奇怪的化合物”。因此,采用何种救济类型,不是一个菜单式的匹配、对应、选择过程,而是一个极其复杂的理性执法实践过程。“在解决个案之时,将隐含在法律中的正义思想、目的考量付诸实现,并据之为裁判”,[③]其中,对救济目标能否实现的判断起着决定性的作用。

其次,经营者集中救济类型的选择具有灵活性。经营者集中反映复杂的经济关系,涉及市场中诸多因素,各种利益关系纵横交错,以文字符号和语言表达为存在形态的经营者集中控制反垄断法律规则,必然无法准确反映社会经济生活实际以及法律规则与现实境况之间的矛盾。在处理经营者集中救济案件时,不可能立即直接找到能够消除竞争关注的合适的救济类型,因此,特别需要通过商谈来寻找双方共同利益的交会点。只有当支持所选择救济类型的论辩是以理性方式进行,并且最后结论为法律共同体所接受时,所选择救济类型的证立才是正确的。

在经营者集中救济商谈过程中,由于反垄断执法机构与集中当事人目标的不一致,所选择的具体救济类型必然需要反复试错。在具体案件中,当发现根据经营者集中救济目标作出的结构性救济选择明显不妥时,就要考虑行为性救济的妥当性;当发现某一种行为性救济不能被对方接受时,就要考虑其他行为性救济,最后在反复试错中取得共识。因此,选择何种救济类型,本身没有一定的先后顺序。之所以产生经营者集中救济类型具有位阶性的认识,可能是由于

---

① ［美］本杰明·卡多佐:《司法过程的性质》,苏力译,商务印书馆1998年版,第63页。

② 参见吴振国、刘新宇:《企业并购反垄断审查制度之理论与实践》,法律出版社2012年版,第438页。

③ ［德］卡尔·拉伦茨:《法学方法论》,陈爱娥译,商务印书馆2003年版,第9页。

对经营者集中救济的理论认识不清,也可能是由于对经营者集中救济的实践考察不足。

经营者集中救济类型的选择不是一件容易的事情:一方面,因为经营者集中救济类型划分本身的模糊性和争议性。例如,开放救济通常被划分为行为性救济,但有时也可以被划分为结构性救济。对于无歧视开放基础设施或者关键技术的救济来说便是如此,一旦这种救济实施允许新的竞争者进入市场,因而可以影响市场的结构。同时,涉及监督集中后实体的市场行为和需要比较长期的监督。另一方面,经营者集中救济类型的选择特别依赖于具体案件的具体情况。在横向集中案件中,剥离被认为是解决集中引起的单边效果或者协调效果的有效救济;在纵向集中案件中,开放救济可以完全解决上下游之间的封锁问题。在处理案件过程中,更多的是根据每个案件的具体情况,能够有效地减少或者消除对竞争的损害。

在实务上,对经营者集中救济类型不是按照所谓的位阶顺序进行选择,而是根据需要直奔主题,灵活应对。有的案件是这种救济类型地位突出,有的案件则是另一种救济类型地位突出,只有综合考虑各种因素的方向不会变。正如欧盟法院所指出,欧盟委员会只接受那些能够阻止申报的集中交易产生或者加强支配地位的救济承诺。执法机构应当根据具体案件的具体情况去评估经营者集中救济承诺,而不论其属于结构性救济还是行为性救济。只要承诺能够一次性完全的或者持续一段时间,去阻止支配地位的产生或者加强,而不需要中长期的监督,即使承诺属于行为性救济,其适用也不能自动被排除掉。① 所以,经营者集中救济类型的选择虽然不能由执法者随心所欲地进行操作,但也具有相对的灵活性。

最后,经营者集中救济类型的选择需要考虑多种因素。在经营者集中反垄断审查过程中,执法者要考虑的因素远比结构性救济或者行为性救济的位阶性多。理解一项救济的环境比给救济贴上一个特别标签更重要。在任何案件中,重要的环境因素可能包括以下几个方面:一是市场性质和竞争过程,包括产品是同质的还是差异的?技术性质和成本曲线、市场份额分配、进入障碍、纵向关系等因素;二是集中性质,包括参与集中的经营者和第三人的特征,集中是横向的还是纵向的?三是有救济和没有救济的集中分别如何影响竞争,包括是单边

① See ARD v. Commission, Case T - 158/00, 2003 E. C. R. Ⅱ - 3825, 193.

效果还是协调效果，集中后经营者未来的反竞争战略行为的范围是什么？[①] 事实上，一项有效的经营者集中救济是由市场环境、竞争损害、产业类型、效率、期限等诸多因素决定的，一个成功的经营者集中救济的设计需要考虑各种因素，最后决定选择何种救济类型。总体上，反垄断执法机构希望通过集中交易强化竞争力量，但不要恶化竞争环境。经营者集中救济就是确保集中交易完成后，市场中的竞争状况不影响相关产业和消费者，要保持在集中交易之前的状态。这些都是考虑的相关因素，所以，每个案件的情况都是不可复制的，有人总结出我国的反垄断执法机构似乎是比较倾向于或者偏爱于哪种方式，这个结论得出得为时过早。[②]

经营者集中救济的类型选择要考虑本国具体情况。同一经营者集中案件通常需要经过不同司法辖区的反垄断审查，不同的司法辖区可能作出不同的审查决定。在很多情况下，这种差异的存在不是经营者集中救济类型自身所决定的，而是与反垄断政策考虑有关，更与该国的具体情况有关。"由于经营者集中救济的适用，反托拉斯法已经发展到这样的阶段：至关重要的不是法律要求什么，而是当前政府需要什么。"[③]不同国家、地区的市场本身有发展程度上的区别，即便在一国之内，在特定地区的特定时期，市场机制的完善程度也存在显著的差异性。因此，同样的行为可能由于美国市场整体竞争程度较高而产生损害消费者的后果更少。相反，在欧盟却可能因为市场竞争不足而导致消费者福利损失。[④] 这就需要每一个司法辖区在对集中交易进行反垄断审查时，都应当根据经营者集中救济适用的基本原理和具体规则，结合本国、本地区的具体情况，作出有利于自身相关产业健康发展的审查决定。例如，在谷歌收购摩托罗拉移动案中，欧盟委员会、美国司法部、韩国公平贸易委员会先后宣布无条件批准该交易，加拿大、俄罗斯、以色列等其他司法辖区随后也无条件批准该交易。我国商务部根据相关市场竞争的具体环境，最终却作出了附条件批准决定。该决定反映了我国商务部结合我国反垄断执法现状，应对各方诉求，权衡反垄断法保

---

① 参见袁日新：《经营者集中救济设计的考量因素——基于欧美立法和执法经验的分析》，载漆多俊主编：《经济法论丛》（第22卷），武汉大学出版社2012年版，第59～79页。

② 参见《商务部"反垄断工作"专题新闻发布会公告》，载中华人民共和国商务部网站：http://www.mofcom.gov.cn/article/ae/slfw/201402/20140200502174.shtml，最后访问日期：2017年1月7日。

③ A. Douglas Melamed, "Antitrust: The New Regulation", *Antitrust Fall*, 1995, p. 14.

④ 参见李剑：《中国反垄断法实施中的体系冲突与化解》，载《中国法学》2014年第6期。

护竞争和我国产业政策鼓励自主创新、保护本土企业的能力。①

每一个司法辖区也都应当结合自身实际情况决定采用何种经营者集中救济类型。例如,在诺华收购爱尔康案中,欧盟、加拿大以及澳大利亚等国家和地区都选择了结构性救济,其中,欧盟作出的附条件批准审查决定选择了剥离诺华的制药产品、销售业务和护眼产品等结构性救济。② 我国商务部基于我国相关市场的客观情况,最终选择了两项行为性救济:全面停止向我国销售易妥芬产品并且不得重新投放我国市场;终止有关《销售和分销协议》。③ 该案中采用行为性救济的独特性做法印证了每一个司法辖区完全可以根据本国的具体情况选择不同的经营者集中救济类型,同时也反映出我国反垄断执法机构的专业水平和执法能力。

经营者集中救济的类型选择要接受效果评估。经营者集中救济类型的选择是否合适需要接受规范内和规范外的检验。从形式上看,这种检验与如何理解经营者集中救济的目标有关,从实质上看,和社会实践发展有关。因此,经营者集中救济类型的选择要接受反垄断法释义学之外的检验,这就不仅是经营者集中救济类型的位阶性问题了。不同的救济类型会产生不同的效果,这些效果的存在会反向制约执法者,使其在未来经营者集中救济类型的选择上更加审慎、更加理性。例如,一些行为性救济,实际上很难事先预测未来会出现哪些问题,只有经过一段时间后才能最终确定其实际效果。因此,经营者集中救济类型的选择接受规范外的检验,主要就是接受效果评估。这当然可能导致经营者集中救济类型的位阶性不复存在或者丧失意义。

经营者集中救济审查决定是针对未来的,它们特别适合于由实际参与案件审查的执法人员和有关实务人员进行效果评估研究,以为未来的执法工作与制度完善提供经验数据、资料与信息参考依据,从而提高执法能力。经营者集中救济效果评估研究已经成为美国、欧盟以及英国等国家和地区的普遍做法。例如,美国联邦贸易委员会1999年发布的《剥离程序研究》报告就是对过去实际案例的分析,该报告直接影响了包括欧盟在内的世界主要国家和地区的结构性

---

① 参见苏华:《为何附条件批准谷歌收购摩托罗拉移动》,载《经济参考报》2012年5月23日,第6版。、

② See Case No COMP/M. 5778, NOVARTIS/ALCON, 2010, p. 51.

③ 参见《中华人民共和国商务部公告2010年第53号》,载商务部网站:http://fldj. mofcom. gov. cn/article/ztxx/201008/20100807080639. shtml,最后访问日期:2017年1月7日。

条件制度。欧盟2005年发布的《集中救济研究》报告也是依据救济实施过程中重要参与者所提供的访谈调查和数据对以往案例实施效果的分析整理，该研究成果被欧盟2008年修订的《集中救济通告》所吸收。我国也有必要加强经营者集中救济案件实施效果评估研究，不断提升我国经营者集中救济研究的整体理论水平和实务操作能力。

五、经营者集中救济的审查决定

经营者集中救济审查决定是经营者集中救济确定环节的最终成果，是经营者集中救济实施、监督、复审和制裁的主要依据。世界主要国家和地区的立法与实践关于经营者集中救济的审查决定不尽相同。即使在同一个国家和地区，由于经营者集中反垄断执法机构的不同，经营者集中救济的审查决定也不尽相同。

在美国，联邦贸易委员会审理的经营者集中救济案件以"同意令"（Consent Order）的形式体现在官方文件中。司法部反垄断局处理的经营者集中救济案件以"同意判决"（Consent Decree）的形式体现在官方文件中。无论是同意令还是同意判决都需要经过公众评论，但公众评论后的结果不同。联邦贸易委员会在公众评论后，可以根据审理结果，撤销其同意的表示，并采取适当措施或者直接起诉。司法部反垄断局在公众评论后，仍然需要由法院作为中立的裁决者，在确认救济符合公共利益的前提下作出最终判决。在特定情形下，即使不存在同意令，例如，美国司法部反垄断局采取的"先行修正救济"（Fix-It-First）方式，也只有在参与集中的经营者与反垄断执法机构达成一致后才能实现。

在欧盟，经营者集中救济是以参与集中的经营者对欧盟委员会"承诺"（Commitments）形式体现的。救济承诺经过欧盟委员会批准即具有法律效力，对双方均有约束力。

在英国，经营者集中救济是以发布命令（Order）和接受承诺（Understanding）形式体现的。[①] 发布命令是《企业法》附件8规定的竞争委员会拥有的权力。这项权力比较广泛，既包括采取各种类型的行为性救济，改变个人或企业的行为，例如，对商品或服务的价格进行控制，也包括采取结构性救济，例如，分立或解散一家企业。发布命令必须是《企业法》中规定的原因，命令内容可以根据实际需

---

① 参见尚明主编：《企业并购反垄断控制——欧盟及部分成员国立法执法经验》，法律出版社2008年版，第139页。

要有所选择,既可以是反垄断执法机构自己采取行动,也可以是推荐其他部门采取行动,目的都是阻止集中当事人从事任何产生消极竞争效果的行为,以维持市场竞争现状或者促进集中当事人之间的竞争。命令内容可以是彻底禁止集中,也可以是命令企业采取适当的救济,甚至还可以启动民事诉讼程序,要求法院发布禁止集中的命令。如果集中当事人没有执行这一禁令或命令,受此影响的自然人或法人均有权直接诉诸民事诉讼法庭。该承诺本质上也是经由双方协商达成的合意。

在考虑是否接受经营者提出的承诺建议时,公平贸易局或竞争委员会根据协商一致的原则与集中当事人进行商谈。集中当事人为消除竞争方面的疑虑而采取的任何救济,都必须得到公平贸易局或竞争委员会的批准。经营者提出承诺的建议以及执法机构接受承诺的建议不受任何限制,商谈过程更加灵活,承诺的内容也更符合实际情况,更具可操作性。因此,接受经营者承诺的做法比竞争委员会单方发布命令的方式,对双方而言更加有利。

在日本,经营者集中救济是以同意审决的形式体现的,这种形式规定于日本《禁止私人垄断及确保公正交易法》第 65 条:"公正交易委员会对第 8 条之四第 1 款①相关的事件,根据第 53 条第 1 款规定作出审判开始决定之后,如果被审人同意审判开始决定书中所记载的事实以及法律的适用,以书面形式向公正交易委员会申请不经过后续的审判程序而接受审决,提交为使处于垄断状态的商品或劳务恢复竞争自己所必须采取的具体措施为内容的计划书,公正交易委员会认为妥当的,可以不经过后续部分的审判程序而作出与该计划书所记载的具体措施内容相同的审决。"②

在我国台湾地区,经营者集中救济是以行政和解契约的形式体现的。"公平交易委员会"在 2000 年通过了"缔结行政和解契约处理原则",对反垄断行政和解作了专门规定。③ 据此,行政和解契约应衡酌"公平交易委员会"与相对人互相让步的适法性及妥当性、公共利益之维护以及利害关系人因和解契约的成

---

① 该条第 1 款规定:在存在垄断状态时,公正交易委员会应根据第八章第二节规定的程序,责令事业者转让部分营业或采取其他为恢复该商品或服务的竞争所必要的措施。但是,该措施的实施导致该事业者提供该商品或服务所需费用明显上升、事业规模缩小、经营管理不善或难以维持其国际竞争力的情况下,以及被认定为采取了足以恢复该商品或服务的竞争的其他措施时,则不在此限。参见[日]村上政博:《日本禁止垄断法》,姜姗译,法律出版社 2008 年版,第 177 页。

② [日]村上政博:《日本禁止垄断法》,姜姗译,法律出版社 2008 年版,第 202 页。

③ 参见刘孔中:《公平交易法》,台北,元照出版公司 2005 年版,第 416 页。

立可能遭受的损害;“公平交易委员会”可就协商内容征询利害关系人意见,或者要求相对人与利害关系人达成民事和解或协议;和解契约的履行将侵害第三人权利时,应经第三人书面同意后始生效力;除法定事由外,和解契约不得以错误为由而撤销;如果相对人违反行政和解契约,“公平交易委员”会可以解除或终止契约,同时可以对违法行为继续调查,相对人不得就同一行为再次向“公平交易委员会”请求行政和解。

第二节　经营者集中救济的实施

经营者集中救济审查决定批准公布后,反垄断执法机构和集中当事人就要履行法定的职责和承担相应的义务,具体遵守和贯彻实施经营者集中救济承诺或者同意判决,努力实现经营者集中救济的目标。经营者集中救济的实施是经营者集中救济具体运作的核心和焦点问题。由于结构性救济和行为性救济的理论基础、具体内容、运行机理和实施风险等存在差异,因此分别加以阐释。

一、结构性救济的实施

考察世界主要国家和地区的立法与实践,结构性救济的实施相对比较复杂和关键,并不能简单地认为“一分了之”“一割即灵”。事实上,一项业务能否在实施中成功剥离,需要考虑商业机会、实施成本、实施风险、情事变更等许多因素。只有全面准确地处理好每一个因素,才能确保结构性救济的有效实施。

(一)反垄断执法机构的职责

反垄断执法机构在一定程度上掌控着经营者集中救济的进程和方向。在结构性救济实施过程中,反垄断执法机构必须履行法定的职责,以确保经营者集中救济的方向正确和进展顺利。

在美国,司法部在实践中逐渐认识到必须由一个专门的机构负责经营者集中救济同意令的实施。为此,2011 年《集中救济指南》新设置了总法律顾问办公室(Office of the General Counsel)。2011 年《集中救济指南》指出,总法律顾问办公室负责反垄断局发布的同意令的实施。总法律顾问办公室直接监督诉讼部对同意令遵守情况的直接审查和对可能违反同意令的评估,并向司法部助理检察长提出建议。总法律顾问办公室在律师的合适协助下并在指定处理特定事项的具有产业知识背景的经济学家支持下,监督反垄断局同意令的遵守情况。[①] 对于剥离同意令，反垄断局执法人员将会密切监督业务的出售，具体包括审查：(1)出售过程；(2)买方的融资和管理能力；(3)与业务出售有关的任何文件；(4)买方与卖方的任何关系，以保证他们之间不存在阻碍买方有效竞争的能力或者动机的特殊关系。如果同意令要求积极行为，例如，提交定期报告，反垄断局执法人员将审查所要求的行为是否发生并评估遵守的充分性。[②]

在欧盟，剥离业务的买方和剥离业务的出售购买协议均须经过欧盟委员会的批准，剥离才能够继续进行。欧盟委员会将根据承诺的目的和决定中阐述的市场情况解释买方要求，以便立即维持已经发现竞争关注的市场的有效竞争。一般来说，欧盟委员会评估买方要求的基础是集中当事人提交的承诺、监督受托人的评估，特别是与所提议买方的讨论及其商业计划。在评估所提议买方是否具有产生竞争问题的危险时，欧盟委员会将根据在批准买方的程序中获得的信息进行初步评估。欧盟委员会还将与集中当事人就所提议买方的合适性交换意见。欧盟委员会还需要批准剥离业务的出售购买协议和其他任何协议。欧盟委员会将证明根据协议剥离是否符合承诺。如果欧盟委员会认为出售购买协议没有预见到符合承诺的剥离，则欧盟委员会将与集中当事人交换意见。如果欧盟委员会认为根据承诺买方是合适的，其他协议也符合承诺中的剥离要求，则欧盟委员会将尽可能迅速地发布批准把业务剥离给该买方的决定。

总之，无论美国还是欧盟，反垄断执法机构履行职责的意愿、能力和水平对于结构性救济实施的成功与否起着决定性作用。

(二)集中当事人的义务

1. 集中当事人在过渡期的义务

在剥离业务过程中，从反垄断执法机构发布剥离文件到最后剥离业务的交割有一个过渡期。在此期间，剥离业务的竞争性可能由于各种原因而受到影响。例如，剥离义务人停止了对剥离业务的投资或者淡化与客户以及供应商关系，甚至剥离义务人也可能为了降低剥离业务的竞争性而恶意采取损害剥离业务竞争性的行为。因此，集中当事人在过渡期内应当承担一定义务，确保剥离业务在过渡期的持续竞争性，直至顺利交割完成。如何确保剥离业务在过渡期的持续竞争性呢？美国和欧盟采取了不同的做法。

美国司法部反垄断局认为，分离持有条款是大多数同意令的必要组成部

① See US Department of Justice, Antitrust Division Policy Guide to Merger Remedies, 2011, p. 33.

② Ibid., p. 34.

分,在司法部反垄断局的剥离实施中非常重要。“那些确定在交易完成后再进行剥离的同意令应当要求集中当事人采取所有必要措施确保剥离业务处于分离的、独立的和可售的状态。分离持有条款的目的是维持剥离业务在剥离过渡期内的独立性和存续性以及有效维护相关市场的竞争性。”①美国联邦贸易委员会也在《集中救济谈判声明》中规定了分离持有义务,如果担心剥离期间可能存在的暂时竞争损害或者剥离业务竞争力量的减少,执法人员将附加一个命令,要求集中当事人分离持有剥离资产。如果分离持有的命令不必要,则要求集中当事人在剥离期维持剥离业务。分离持有或者维持命令包括任命一个独立第三人,监督分离持有业务的管理,或者监督集中当事人遵守命令的情况。②

欧盟委员会也认为,剥离义务人负有保持过渡期间剥离业务的存续性、市场适应性和竞争性的义务。欧盟《集中救济通告》明确指出:“集中当事人有责任把业务转让的固有不确定性导致的剥离业务丧失竞争潜力的风险减少到最低程度。在把剥离业务转让给买方之前,欧盟委员会将要求集中当事人作出承诺,以保持该业务的独立性、存续性、可售性和竞争性。”具体要求包括:③第一,将剥离业务与保留业务分开,并保证将剥离业务作为一种独立的和可售的业务,根据利益最大化原则来管理。第二,集中当事人需要保证以善意经营行为及正常经营途径保持所有剥离业务,并且保证不实施可能对剥离业务具有重大负面影响的行为。第三,集中当事人还应当继续保持剥离业务与保留业务的分离,并且保证剥离业务的核心人员不参与任何保留业务,反之亦然。第四,集中当事人还需任命 1 名具有必要专业技能的分离持有管理人,负责管理剥离业务和执行分离持有以及绝缘防范义务。

2. 集中当事人在剥离过程中的特殊义务

为了确保剥离程序的顺利进行,潜在的买方可以根据程序的进展阶段实施尽职调查并获得关于剥离业务的足够信息,以使买方全面评估剥离业务的价值、范围和商业潜力,还可以直接接触剥离业务的人员。集中当事人应当进一步提交关于潜在买方和谈判进展的定期报告。一旦交易结束,剥离业务法定产

---

① US Department of Justice, Antitrust Division Policy Guide to Merger Remedies, 2011, p. 25.

② See US Federal Trade Commission, Statement of the Federal Trade Commission's Bureau of Competition On Negotiating Merger Remedies, 2012, p. 17.

③ See Commission Notice on Remedies Acceptable under Council Regulation (EC) No. 139/2004 and Commission Regulation (EC) No. 802/2004, Official Journal of the European Union, 2008, p. 23.

权已经转让给批准的买方，资产实际上已经被转移。分割过程结束时，集中当事人必须发出一个最终报告，确认交易结束和资产转让。

3. 集中当事人在剥离完成后的义务

在剥离完成后，集中当事人应反垄断执法机构的要求，仍然需要承担相关义务。对此，欧盟 2008 年《集中救济通告》指出："承诺必须预见到在接受承诺的决定通过后的 10 年，欧盟委员会可以要求集中当事人提供信息，使其能够监督救济的有效实施。"①美国 2011 年《集中救济指南》则指出："同意令可能要求经营者提交书面报告并允许反垄断局检查、复制所有账簿和记录，视需要询问经营者的高级职员、董事、雇员和代理人，以及调查任何可能违反同意令的行为。同意令也可能要求经营者提供特定数据，协助反垄断局监督同意令的实施，或者要求经营者自行通报同意令的违反情况或者面临的违反同意令的指控情况。"②

（三）剥离业务的分割方式

剥离业务的分割主要包括四种方式：剥离全部正在经营的独立业务、剥离独立业务的一部分、剥离超出独立业务的资产组合和剥离混合搭配的资产组合。在经营者集中救济实施中，反垄断执法机构显然更加青睐剥离全部正在经营的独立业务，因为，判断这类业务的存续性、可售性和竞争性更为直观、更有说服力，实际操作更为简单、更有效率；其他几种形式实施中则更加复杂、更为困难。

首先，剥离全部正在经营的独立业务主要是指剥离参与集中经营者的某个子公司、分支部门或分支业务。全部正在经营的独立业务本身可以在相当程度上表明其在未来相当长时间内具有存续性，同时，其独立于其他业务的特点可以避免集中当事人在剥离后对该业务的不良影响，从而保证其有效的竞争性。

其次，剥离独立业务的一部分主要适用于"独立业务"中的某些资产是买方不需要或可以从相关市场中轻易获得的情形。例如，集中当事人剥离其某个子公司，买方在购买该子公司之后仍通过原有的销售渠道进行营销，无须该子公司的销售部门及其相关人员，因此，将子公司销售部门排除在剥离业务范围之外。在 2011 年 5 月美国司法部反垄断局附条件批准的联合利华收购阿尔贝托

① Commission Notice on Remedies Acceptable under Council Regulation (EC) No. 139/2004 and Commission Regulation (EC) No. 802/2004, Official Journal of the European Union, 2008, p. 27.

② US Department of Justice, Antitrust Division Policy Guide to Merger Remedies, 2011, p. 34.

公司案[①]中,美国司法部要求集中当事人剥离"Alberto VO5"和"Rave"两个品牌及其相关资产,由于生产设备在该案中非核心、非稀缺的特点,加之该特点具有普遍性,并非仅针对某个买方,因此,剥离完整资产时允许"剔除"一部分,且无须事先确定买方。[②]

再次,剥离超出独立业务的资产组合主要适用于单个独立业务不足以有效解决竞争问题的情形,因而需要将剥离业务范围扩展到其他业务和资产,甚至超出相关市场的范围。例如,美国司法部反垄断局 2008 年附条件批准的库克森公司收购福士科公司案(Cookson/Foseco)[③]中,虽然相关产品市场仅为碳聚陶瓷产品中的钢包长水口和塞杆市场,但为了确保剥离资产的买方能够具备成为有效、长期竞争者的能力和意愿,剥离方案仍要求福士科公司剥离其所有碳聚陶瓷产品,包括子项目喷嘴和子项目整流罩等非相关市场的产品。

最后,剥离混合搭配的业务组合仅在非常例外的情形下适用。混合搭配的业务组合,是指集中当事人各方将过去从未形成独立可行的业务混合搭配形成可接受的业务组合。由于业务组合来自集中当事人各方,需要对每一业务实施更具体的、更详细的、更费时的评估。[④] 由于业务组合从未被独立运营,需要在更大程度上依靠对未来情况的预判评估其存续性和竞争性,可能面临很大的不确定性,因此,反垄断执法机构很少采用这种剥离方式。在特殊情况下必须采纳这种剥离方式时,反垄断执法机构为了保证剥离的有效性,可能要求"买方前置"或者"皇冠宝石"条款。[⑤]

(四)剥离业务买方的选择

在结构性救济实施过程中,剥离业务的成功归根到底取决于能否找到"合适的买方"。剥离业务的合适买方由剥离方自行负责寻找和推荐,由反垄断执法机构予以批准。由于剥离方不可能希望买方将来成为自己的强大竞争对手,

---

① See Competitive Impact Statement, United States of America v. Unilever N. V., Unilever PLC, Conopco, Inc., and Alberto – Culver Company, D. D. C., Case: 1:11 – vn – 00858, 5/6/2011, p. 12.

② 参见金美蓉:《合并救济中剥离资产的选择》,载《法学评论》2014 年第 2 期。

③ See United States of America v. Cookson Group PLC, Cookson America INC., Foseco PLC and Foseco Metallurgical INC., Case: 1: 08 – cv – 00389, 3/4/2008, Competitive Impact Statement, pp. 4 – 8.

④ See US Federal Trade Commission, Statement of the Federal Trade Commission's Bureau of Competition on Negotiating Merger Remedies, 2012, p. 7.

⑤ See US Department of Justice, Antitrust Division Policy Guide to Merger Remedies, 2011, p. 9.

因而,往往会选择实力弱小的公司作为买方,这就需要明确买方的标准。一般来说,反垄断执法机构评估买方标准主要考虑以下四个方面:

第一,拟议的买方必须独立于剥离方且与剥离方不存在任何关联。即买方与剥离方不存在共有产权、控制关系、财务等方面的关联,正在发生的各种关联或联系都是在实施救济的过程中,通过临时的过渡期安排建立或维持的,例如,临时供给协议或者过渡期 IT 技术支持。例如,买方应当是行业经营者而不是金融经营者。承诺通常包含这样的条款,由于具体情况,一个金融经营者不能或者没有动力发展剥离业务,使其作为市场上具有活力的竞争力量,即使该金融经营者能够获得必要的管理技能,例如,通过招募在关键部门有经验的管理者。因此,一个金融经营者的收购将不会有足够的确定性来消除竞争关注。①

第二,拟议的买方具有相关能力,可以使它成为相关市场中有效的、持久的竞争者。这些能力具体来说包括买方的资金来源、技术能力和以往经验。由于缺乏相应的技术能力和以往的相关经验,一些买方受让剥离业务的价格过高,一些则在剥离完成后还需要依赖剥离方的帮助,很多买方还产生其他的问题。因此,最成功的买方是那些对其所购入的剥离业务最了解的经营者。通常来说,这类经营者往往是该相关市场中较边缘的竞争者或者是计划扩大经营地域的企业。此外,供应商或经销商也可以成为比较合适的买方。在决定一个所提议的买方是否合适时,反垄断执法机构将根据自己的标准严格评估买方。反垄断执法机构不会比较多个潜在买方的相对优点和指定销售给一个被认为是最合适的买方。合适的救济目标是保证被选择的买方根据同意令的要求将会是市场中有效的、有活力的竞争者,并不必然是最有力的竞争者。

第三,拟议的买方有使用剥离业务在相关市场进行竞争的意愿。即使选择一个所提议的买方不会引起竞争问题,也有必要进行附带的审查。因为,剥离方有明显的动机不愿销售给一个能够进行有效竞争的买方。剥离方可能愿意牺牲一个较高的资产价格以获得将来销售给一个不会具有特别竞争性的竞争对手作为回报。与此相反的是,销售资产的经营者自己退出市场,后面经营者只能确定和接受较高的报价。因为,剥离的目的是维持相关市场的竞争,如果资产将在其他地方重组,反垄断执法机构将不会批准剥离。因此,反垄断执法机构必须审慎地确定潜在的买方受让该剥离业务后,是否具有在相关市场上进

① See Commission Notice on Remedies Acceptable under Council Regulation(EC) No. 139/2004 and Commission Regulation(EC) No. 802/2004, Official Journal of the European Union, 2008, p. 11.

行竞争的真实意愿的证据。这样的证据包括商业计划、先前进入市场的努力、作为互补产品的一个重要竞争者的地位。此外,相关市场中的经营者的顾客和供应者通常是所提议买方的竞争意愿和能力的重要信息来源。

第四,拟议的买方必须不能产生新的竞争损害。如果竞争关注是集中将会提高一个已经具有市场支配地位的经营者单方行使市场势力的能力,则剥离给市场中另一个大企业不可能被接受,但剥离给一个边缘的在位者是可能的。另外,如果竞争关注是一组集中后的小竞争者之间的协调效果,则剥离给其中的任何一个企业本身将会引起竞争问题。此时,反垄断执法机构可能只批准剥离给该市场之外的一个企业作为合适的买方。因此,反垄断执法机构需要仔细地考察买方的情况,谨慎地确定剥离方提出的买方是否合适,从而保证剥离业务的存续性和竞争性。

(五)剥离的期限

剥离程序中的期限问题也是剥离能否成功的一个重要因素。从主观角度来看,剥离的期限当然是越短越好,但不排除在例外情况下,卖方采取拖延策略,希望把剥离业务出售给没有竞争力的买方,或者买方采取拖延策略,希望以无底线价格购买剥离业务。剥离期限越短越有利于以较低的成本和风险来实现经营者集中救济的目标,不仅可以迅速恢复市场的竞争水平,而且可以节约反垄断执法机构和集中当事人的实施成本。从客观角度来看,许多不确定因素又时常会阻碍剥离的顺利完成,具体包括:较长期限会增加不必要的环节和剥离的不确定性,影响业务延续,从而减少剥离恢复有效竞争的机会;较长期限还会带来剥离业务涉及的人员、客户和业务伙伴的不确定性,他们会持观望态度,直至确信合适买方会像以前一样继续剥离业务,或者出现较坏的情况,放弃剥离业务,终止合同;较长期限必然增加集中当事人主动或随意降低业务等级的机会,从而限制剥离业务的竞争潜力;较长期限还会加重反垄断执法机构的监管责任,增加反垄断执法机构和集中当事人的关联成本;随着期限的延长,一旦剥离失败,重新进行当初交易的难度会不断增大。[①] 因此,选择一个合适的期限并不是一件轻松的事情。

美国司法部反垄断局要求集中当事人迅速完成任何剥离,因为,迅速剥离具有两方面明显优点:第一,它能够尽可能迅速地恢复到集中前的市场竞争水

① See DG Competition European Commission, Merger Remedies Study, 2005, p. 109.

平。第二,它可以减少与长期的剥离程序相关的资产价值的潜在流失。一个全面的资产包、潜在买方必要的尽职调查和反垄断局对买方的审查都需要花费时间。反垄断局在完善一个合适的剥离程序时间表时将会平衡这些因素。根据剥离资产的规模和复杂性,反垄断局通常给予剥离方60~90日的时间自己寻找买方。如果剥离方尽职努力并且一个延期可能导致一个成功的剥离,同意令也可能允许反垄断局行使自由裁量权给予短暂的延期。在关键资产可能迅速腐烂或者买方经营资产前存在重大竞争损害的案件中,反垄断局也可能坚持更加迅速地剥离。在投资银行或者其他中间人进行销售的情况下,反垄断局可能部分根据销售速度要求中间人补偿。①

根据剥离业务买方选择方法的不同,欧盟剥离期限分为两种情况:②第一,在以一般方法和买方前置方法选择买方的情况下,剥离必须在集中当事人与欧盟委员会商定的固定期限内完成。在欧盟委员会的实践中,全部期限被分成达成最终协议的期限和法定产权转移、交易结束的进一步期限。达成最终协议的期限通常又进一步分为集中当事人可以寻找一个合适买方的第一个阶段(首次剥离期)和集中当事人没有成功剥离业务时,任命一个剥离受托人以无底线价格剥离业务的第二个阶段(受托剥离期)。欧盟委员会的经验表明,短暂的剥离期在很大程度上有助于剥离的成功,否则,剥离业务将被带进不确定的延长期限。所以,剥离期限应当是越短越可行。欧盟委员会通常会考虑给予6个月左右的首次剥离期和在适当情况下给予另外3个月的受托剥离期。通常还需要3个月的期限才能完成交易。这些期限根据具体案件的具体情况可以被修改。特别是如果业务在过渡期有贬值的高风险,这些期限必须被缩短。剥离的最后期限通常应当开始于欧盟委员会作出决定之日。特殊情况可能是有通过公共招投标交易的正当理由时,集中当事人承诺可以剥离属于目标的业务。这时,如果集中当事人在结束申报的集中前不能准备好剥离目标业务,欧盟委员会可能接受这样的剥离期限,因为这个剥离刚好开始于申报的集中交易结束之日。同样,如果集中结束的日期不在集中当事人的控制下,例如,需要政府批准,也可以考虑这样的解决办法。总之,缩短期限以减少剥离业务的不确定时间可能是适当的。第二,在以先行修正方法选择买方的情况下,程序将是不同的。一

① See US Department of Justice, Antitrust Division Policy Guide to Merger Remedies, 2004, p. 29.

② See Commission Notice on Remedies Acceptable under Council Regulation (EC) No. 139/2004 and Commission Regulation (EC) No. 802/2004, Official Journal of the European Union, 2008, p. 21.

般来说,与买方的有约束力的协议在程序期限内已经达成,以至于在作出决定后只考虑结束交易的进一步期限。如果在作出决定前与买方只达成一个框架协议,则必须根据具体案件的具体情况,决定达成一个全面协议和后面结束的期限。

(六)先行修正制度

先行修正制度(Fix-it-first),是指在经营者集中反垄断审查过程中,反垄断执法机构作出决定之前,集中当事人先行对集中交易的内容进行修正,以消除反垄断执法机构的竞争关注,避免其进一步审查或者获得其批准。先行修正制度是美国司法部最早采用的同意令之外的一项制度,后来欧盟等国家和地区广为借鉴。美国司法部2004年《集中救济指南》首次规定先行修正,并将其界定为结构性救济措施(structural remedy)。借鉴美国司法部的经验,2008年欧盟《集中救济通告》第一次规定先行修正,把先行修正规定在第三章救济的类型中的业务出售中,认为是剥离救济的一种实施方式。美国司法部2011年《集中救济指南》仍然保留先行修正的规定,但认为其是一种"结构性解决方案"(structural solution),这反映了美国司法部对先行修正认识的不断深入。

先行修正是为了解决具有反竞争效果的经营者集中的程序性规则,既区别于附条件批准,也区别于集中当事人对集中交易的自行调整。先行修正区别于附条件批准,附条件批准是反垄断执法机构经过审查,认为拟议集中具有或者可能具有排除限制竞争的效果,通过附加限制性条件以消除或减轻反竞争效果,并在此基础上批准经营者集中。这种对集中交易的修正发生在审查过程中,在反垄断执法机构的直接监管下进行,并且,必须能够解决反垄断执法机构提出的竞争问题。先行修正区别于自行调整,自行调整是集中当事人自行对集中交易内容的修改,通常发生在申报之前,或者反垄断执法机构对申报的经营者集中提出竞争问题之前。如果集中当事人通过自行评估,认为集中交易可能具有反竞争效果,集中当事人完全可以自行调整集中交易内容,以避免反垄断执法机构提出竞争问题或者对交易进一步审查。这种意义上的调整通常与反垄断执法机构提出竞争问题没有关联,也无须反垄断执法机构予以认可,集中当事人申报和反垄断执法机构受理的集中都是集中当事人经过调整后的交易。因此,美国司法部两次发布的《集中救济指南》,均明文规定不把这种调整视为先行修正。[①]

在经营者集中救济实施中,适用先行修正的优点在于:第一,先行修正可以更快速、更高效地维护市场竞争。在迅速剥离将防止资产浪费或者在即将到来的出价之前可以保证解决竞争关注的情况下尤为重要。第二,先行修正可以消除诉讼的必要,使反垄断执法机构更加有效地使用其资源,并且真正节省社会成本。因为,在适用先行修正的情形下,反垄断执法机构不需要与集中当事人商谈条件,不需要向公众公开相关文件接受评议,也不需要向法院提交和解协议,更不需要向法院提起诉讼。第三,先行修正解决问题的方式更为灵活,有利于维持剥离业务的竞争性。因为,在适用先行修正的情况下,集中当事人对于剥离业务范围拥有更大的自主权,集中当事人可以综合执法机构提出的竞争问题、自身的经营规划、潜在买方需要的不同资产组合等因素,灵活选择各种解决方案,自行量身定做剥离业务范围,例如,集中当事人可以向特定的买方出售经过其筛选的资产。相反,一个经营者集中救济承诺必须确定所有潜在的可接受的买方进行有效竞争的必要业务。

如果先行修正能消除拟议集中产生的竞争损害,美国司法部反垄断局会予以接受,但在具体实施中需要注意两点:第一,一项先行修正救济如同意令一样需要内部审查。因为行使不立案的特权,反垄断局必须确信先行修正将保护市场免受任何可归因于拟议交易的反竞争效果的影响。只有反垄断局认为拟议的先行修正确实可以维持集中前的竞争水平,一项先行修正才能消除反垄断局的竞争关注。第二,审查先行修正的反垄断局执法人员应当审慎审查拟议的剥离对于卖方和买方的任何关系,因为实际上集中当事人已经自己选定了买方。一项可以接受的先行修正应当像案件被立案后所追求的那样包括实体救济。因此,反垄断局需要进行充分调查以决定可能的竞争损害的性质和程度以及拟议的救济是否能够解决。如果竞争损害要求集中后的经营者必须继续承担一些义务(例如,防火墙的使用或者其他行为性救济),该先行修正方案是不可接受的。

欧盟委员会认为可以接受先行修正,特别是在买方的确认对所提议救济的有效性非常关键的案件中。如果集中当事人选择在审查程序中通过先行修正方案与一个合适的买方达成有约束力的协议,那么,欧盟委员会确信地认为,承

---

① See US Department of Justice, Antitrust Division Policy Guide to Merger Remedies, 2011, p. 21.

诺将通过出售给一个合适的买方得到实施。在这种情况下,包括关于买方合适性具体要求的买方前置通常也被认为是相等的和可接受的。

(七)买方前置制度

买方前置(Up-Front Buyer),是指在集中当事人与买方达成有约束力的出售协议并经反垄断执法机构批准之前,不能完成申报的集中交易,只有买方符合标准要求并经反垄断执法机构批准后,集中当事人才可以完成集中交易。找到合适的买方,签订资产出售协议并经反垄断执法机构批准属于实施剥离的内容,在通常情况下,可以在经营者集中救济审查决定作出后,甚至在完成经营者集中交易后再予以实施,但在买方前置制度下,这些工作作为先决条件被前置了。[①] 买方前置是在经营者集中救济实施过程中,为了确保剥离承诺批准后能够迅速有效地完成,减少剥离过程中的不确定风险,防止剥离期限过长造成剥离业务贬值,从而使剥离无法实施而作出的一种制度设计,是确保剥离成功的一项保障措施。美国联邦贸易委员会最早采用这一制度,欧盟委员会借鉴了美国联邦贸易委员会的做法,也采用了该项制度,但二者的具体做法略有不同。

美国联邦贸易委员会一直接受买方前置制度。在1997年前的数年,美国联邦贸易委员会大概有17%的同意令要求买方前置制度,到1997年这一比例达到85%。[②] 美国联邦贸易委员会认为,如果集中当事人寻求剥离一个较少损害现有独立业务的业务包,则联邦贸易委员会通常要求买方前置,具体包括:(1)当联邦贸易委员会关注提议的业务包是否足以维持或恢复竞争,或者是否足以吸引一个合适的买方时;(2)当由于存在特别要求可接受的买方非常有限时;(3)当联邦贸易委员会关注业务在剥离期间可能贬值时,包括人力资本、信誉和其他无形资产的贬值或者减损;(4)在集中当事人提出唯一可供选择的剥离资产时。[③] 联邦贸易委员会还认为,是否要求买方前置取决于具体案件的具体情况,并不取决于集中当事人所处的特殊产业。在医疗设施、制药产品、采掘设备、工业燃气、通用航空燃料等多变的市场已经广泛采用买方前置。但是,在超市和业务特别易于腐烂变质的零售业,联邦贸易委员会也越来越多地要求买

---

① 参见叶军:《先行修正和买家前置规则比较研究》,载《中外法学》2015年第1期。

② See William J. Baer et al. ,"Taking Stock: Recent Trends in U. S. Merger Enforcement", *Antitrust Spring*,2004,p. 19.

③ See US Federal Trade Commission, Frequently Asked Questions About Merger Consent Order Provisions,2003,p. 5.

方前置。在艾伯森诉美国案(Albertson's,Inc./American)[①]中,联邦贸易委员会要求当事人把超市和超市场所剥离给5个不同的前置买方,以减少剥离业务在剥离期间变质。

美国司法部则长期不认可买方前置制度,更多强调买方前置制度的缺陷,特别是在有合适的潜在买方时,剥离持续运营的商业实体,采取买方前置制度通常会产生巨大的额外成本:一是推迟了集中实施的时间,并延缓了与集中相关的规模经济效率;二是增加过渡期拟剥离业务和现有职员的不确定性,导致拟剥离业务的价值贬损;三是由于买方操纵拟剥离业务的市场价格,有可能故意压低价格,损害剥离方利益。[②] 因此,司法部在2004年《集中救济指南》中没有规定买方前置制度,只是在第42个注释中有所提及,但其主旨也是否定买方前置制度。"在作出同意令之前,反垄断局主要关注同意令中规定的迅速剥离的资产组合的合适性,而不是明确可接受的买方,如果反垄断局准确地确定了拟剥离资产组合,则很快就会有一个可接受的买方出现。"[③]但事实并非总是如此,可接受的买方不会自动出现,反垄断局批准任何提议的买方,必须以三个基本测试为条件:一是剥离本身不会导致竞争损害;二是潜在买方必须有进入相关市场的动机;三是潜在买方拥有进入相关市场的合适的财务能力和专业技能。[④] 因此,实践中,美国司法部开始承认和少量适用买方前置制度,例如,在克林顿政府时期,司法部开始由更多关注资产剥离范围向更多关注资产剥离的效果转变,买方前置制度受到重视,这一时期,司法部大约有9%的案件适用了买方前置制度。[⑤]

随着实践经验的积累,美国司法部2011年《集中救济指南》明确认可了买方前置制度,并且认为这一制度对于集中当事人和反垄断执法机构均有益。对于集中当事人而言,不仅可以缩短资产剥离的过程,而且可以为交易带来更大

---

① See US Federal Trade Commission, Frequently Asked Questions About Merger Consent Order Provisions, 2003, p. 7.

② See Keith R. Fisher: "Transparency in Global Merger Review: A Limited Role for the WTO?" *Stanford Journal of Law, Business & Finance& Spring*, 2006, p. 349.

③ US Department of Justice, Antitrust Division Policy Guide to Merger Remedies, 2004, p. 30.

④ See Jessica C. Strock, "Setting the Terms of a Break-up: the Convergence of Federal Merger Remedy Policies", *William and Mary Law Review*, 2012, p. 2172.

⑤ See William J. Baer, "Deborah L. Feinstein & Randal M. Shaheen. Taking Stock: Recent Trends in U. S. Merger Enforcement", *Antitrust Spring*, 2004, p. 20.

的确定性，还可以避免反垄断局要求集中当事人剥离更大范围的资产。对于反垄断执法机构而言，反垄断局可以降低更高的调查成本和交易完成后出售过程的成本，还可以为资产剥离能够有效维护竞争带来更大的确定性。同时，反垄断局要求，包含买方前置的同意令必须同时包含备选救济方案，以防事先批准的买方退出这一制度安排。①

欧盟委员会认为在一些案件中，只有买方前置的建议，才会使欧盟委员会非常确信业务将会被有效地剥离给一个合适的买方。买方前置制度的具体适用情形包括：②(1)存在大量剥离困难和障碍的案件，例如，第三方权利或者找到一个合适买方的不确定性。在这些情况下，集中当事人可能在提出一个买方前置和一个替代剥离承诺之间作出选择。(2)存在可能引起维持剥离业务从过渡期到剥离期之间竞争性和可售性的大量风险的案件。例如，剥离业务贬值的风险非常高，特别是失去该业务的关键雇员的风险，或者集中当事人在过渡期不能承担分割过程使过渡风险增加。如果集中当事人结束剥离以完成集中的意愿不断增加，买方前置条款可能加快剥离业务的转让，以致承诺可能使欧盟委员会非常确信风险有限，剥离将被有效实施。

（八）皇冠宝石制度

皇冠宝石制度（Crown Jewels），是指在确定经营者集中救济方案时，反垄断执法机构可以要求集中当事人提出两套构成范围不同的方案，如果首选方案不能实施，则启动备选方案。由于备选方案比首选方案更严格，可以包括不同核心资产，比首选方案更优质，因此，通常被形象地称为“皇冠宝石”。皇冠宝石制度是在经营者集中救济实施过程中，为了确保剥离承诺批准后能够迅速有效地完成，减少剥离过程中的不确定风险，同时，激励集中当事人努力维护首选方案的可行性并积极寻找合适买方的一种制度安排，也是确保剥离成功的一项保障措施。

皇冠宝石制度也一直为美国联邦贸易委员会所采用。当集中当事人确定的业务范围过小，以致不能找到合适的买方时，联邦贸易委员会适用皇冠宝石制度，即在最初的剥离条款上附加更多优质业务，以保证剥离业务包的可售性并扩大潜在买方的范围。例如，当仅有一条产品线被要求剥离时，皇冠宝石制

① See US Department of Justice, Antitrust Division Policy Guide to Merger Remedies, 2011, p. 23.

② See Commission Notice on Remedies Acceptable under Council Regulation (EC) No. 139/2004 and Commission Regulation (EC) No. 802/2004, Official Journal of the European Union, 2008, p. 12.

度可能要求剥离生产该产品的整个部门。① 美国司法部则长期强烈反对适用皇冠宝石制度,在2004年《集中救济指南》中指出,反垄断局必须在剥离开始实施时就非常确信集中交易将不会损害竞争,而不是后来要求集中当事人增加更多的剥离资产。在2011年《集中救济指南》中,美国司法部对于皇冠宝石制度的态度发生了明显变化,认为在资产剥离中,如果集中当事人就剥离包的必要资产范围存在争议时,也可能会考虑适用皇冠宝石制度。如果不能找到剥离包的合适买方,集中当事人必须附加更高价值的资产,即皇冠宝石资产,从而增加合适买方出现的可能性。皇冠宝石制度将剥离失败的风险从反垄断执法机构转移给集中当事人,从而为成功剥离提供了保障。② 尽管美国司法部认为只是在复杂的剥离案件中会适用该制度,但相对于最初的强烈反对已经发生了显著变化。

皇冠宝石制度的价值在于:③第一,矫正剥离业务范围不成比例的结构性救济。在剥离业务范围确定的过程中,集中当事人为了避免市场上出现强大的竞争对手,倾向于剥离价值较低的业务甚至劣质业务。在剥离业务范围确定后,潜在的买方根据自身市场经验和商业判断便会拒绝购买,此时,剥离的实施便会陷入困境。皇冠宝石制度的适用可以为市场提供一个更具有可售性和吸引力的业务包。第二,增强剥离方促使剥离成功的动机。皇冠宝石制度的设计目的不是对剥离失败的惩罚措施,而是对剥离方施加一定的压力,使其尽量保持剥离业务的价值,并采取一定措施保证剥离的成功,以避免在规定期限内剥离失败后导致更优质业务被剥离。

皇冠宝石制度的不足在于:第一,可能产生矫枉过正的问题。因为,一项经营者集中救济的目标是恢复竞争而不是惩罚集中当事人,所以,同意令不应当要求剥离的皇冠宝石资产超过解决竞争问题所必需的资产范围。第二,可能为剥离资产买方操纵市场提供一个机会。因为,如果只有几个潜在的买方,并且他们知道同意令中的皇冠宝石条款,则他们可能故意拖延达成剥离业务的谈判,以便他们将来可能以一个具有吸引力的价格购买到皇冠宝石资产。④ 但是,

① See US FTC, A Study of the Commission's Divestiture Process, 1999, p. 31.

② See William Blumenthal, "Reconciling the Debate over Merger Remedies: A Discussant's Proposed Decision Rule", *George Washington Law Review*, 2001, p. 993.

③ See US FTC, A Study of the Commission's Divestiture Process, 1999, p. 30.

④ See US Department of Justice, Antitrust Division Policy Guide to Merger Remedies, 2004, p. 36.

由于市场的复杂性及认识的有限性，在最初确定剥离业务范围时就要求其能够完全维护竞争，只是一种理想状态。如果最初确定的剥离业务由于设计或者实施的原因而难以剥离，皇冠宝石制度可以成为解决问题的有效途径。

二、行为性救济的实施

由于行为性救济类型繁多，具体实施错综复杂，世界主要国家和地区的立法很少明确规定行为性救济的实施要求，而是采取受托人监督的方式来实施行为性救济。例如，欧盟委员会认为由于非剥离承诺的范围广泛，不可能规定实施非剥离承诺的一般且全面的要求。但是，如果这些承诺在欧盟委员会作出决定后必须实施，那么，适用于剥离承诺实施的许多原则也同样适用于其他类型的承诺。然而，由于非剥离承诺的长期性和复杂性，它们通常要求很高的监督职责和特别的监督工具，使欧盟委员会认为它们将会被有效实施。因此，欧盟委员会通常要求一个受托人参与监督这种承诺的实施，并且要求建立一个快速仲裁渠道，以提供一个争端解决机制和使市场参与者自己实施承诺。在过去的案件中，经常要求欧盟委员会任命一个受托人和一个仲裁条款。在这种情况下，受托人要监督承诺的实施，但也要支持仲裁程序，以在短期内完成这些仲裁条款。①

第三节 经营者集中救济的监督

经营者集中救济的监督，是指对经营者集中救济实施情况的检查和督促，是经营者集中救济具体运作的重要环节。经营者集中救济的监督是要掌握和控制经营者集中救济运作的正确方向，通过各种有效制度确保实现经营者集中救济实施的最佳效果；经营者集中救济监督是要确保经营者集中救济运作过程和运作结果的正当性、合法性与合理性，从而真正实现经营者集中救济的目标。因此，世界主要国家和地区的立法与实践都对经营者集中救济的监督给予了充分考虑和高度重视，根据各自国家和地区的法律传统、司法体制采取了不同的监督制度，以确保经营者集中救济制度的功能发挥和目标实现。

---

① See Commission Notice on Remedies Acceptable under Council Regulation(EC) No. 139/2004 and Commission Regulation(EC) No. 802/2004, Official Journal of the European Union, 2008, p. 27.

一、受托人监督制度

受托人监督制度，是经营者集中救济中广泛运用的一种监督机制，世界主要国家和地区经营者集中救济的相关立法均建立了这一制度。经营者集中救济中的受托人包括监督受托人和剥离受托人两种类型。监督受托人，是指受申报方委托并经反垄断执法机构同意，在自行剥离阶段负责对剥离进行监督或者对行为性救济进行监督的自然人、法人或其他组织。剥离受托人，是指受申报方委托并经反垄断执法机构同意，在受托剥离阶段负责出售剥离业务的自然人、法人或其他组织。他们根据具体案件中的经营者集中救济审查决定各自履行相应的职责，确保经营者集中救济的有效实施。

（一）受托人的法律定位

经营者集中救济实施中，通常需要受托人的参与，以确保经营者集中救济得以有效实施。为此，需要采取一种制度安排，使受托人可以融入经营者集中救济的运作过程。受托人委托协议正是现代反垄断法回应这种社会需要的制度创新，也是契约精神在经营者集中反垄断控制领域的充分展现。

1. 受托人委托协议的概念和特征

根据世界主要国家和地区的立法与实践，受托人委托协议，是指剥离义务人与监督受托人和剥离受托人签订的明确各自权利和义务的一种书面协议。这种协议涉及委托人（集中当事人）、受托人和反垄断执法机构三方当事人，其中，受托人是人为设计和构造的特定法律角色，是在反垄断领域生成的新型市场主体。

与一般的委托合同相比，受托人委托协议具有如下特征：

首先，受托人委托协议的生效是以反垄断执法机构的批准为前提。一般的委托合同是以双方当事人的相互信任为前提的，只要双方意思表示一致，合同即成立并生效。而受托人委托协议成立后，必须经反垄断执法机构的批准才生效，而且，受托人的任命、更换和解聘也必须经反垄断执法机构的批准才生效，这充分体现了国家对经营者集中这类经济活动的管制理念。

其次，受托人委托协议中的受托人按照反垄断执法机构的指示监督和处理委托事务。与一般的委托合同相比，虽然受托人委托协议中受托人监督和处理委托事务的费用由委托人承担，但委托人无权向受托人作出指示。受托人除了按照与委托人约定的标准和条件完成工作外，只接受反垄断执法机构作出的监督和处理有关事务的指示。

最后,受托人委托协议中的受托人具有相对独立性。与一般的委托合同相比,虽然受托人委托协议中受托人是接受委托人的委托,但受托人接受委托并经批准后具有独立于委托人的地位,并且不存在利益冲突。这是受托人履行职责的必要条件,也是反垄断执法机构批准受托人委托协议的重要因素。

2. 受托人委托协议的法律性质

从受托人委托协议的生成来看,其不是一种市场活动反复进行博弈调整的自然结果,而是一种人为设计的结果。因为,受托人委托协议是反垄断执法机构根据保障经营者集中救济有效实施的需要,人为设置的一种法律关系结构,并引入或者构造出“受托人”这一反垄断领域的市场主体角色。尽管世界各国和地区的反垄断法对受托人的称谓互有差异,但其基本内涵大致相同,都是指为确保经营者集中救济有效实施而监督和处理有关委托事务的自然人、法人或其他组织。在我国,由于反垄断法实施的时间较晚,受托人作为制度构造的市场主体的生成时间也较晚,对于其所居其中的各种法律关系、制度表述和学理分析均有不甚清晰之处。要明晰受托人所在法律关系的本质属性和基本内容,应当从制度构建的功能目标与实现方式,进行解析、归类、推导与判断。

(1)受托人委托协议的一般认定

正确认识受托人委托协议的法律性质,既需要我们运用合同性质的抽象识别标准从微观的视角全面考察,也需要我们运用系统论的方法,将分析问题的视角扩展至宏观领域,深入探讨受托人委托协议的内在价值和应有功能,这样才能还原受托人委托协议法律关系的本来面目,从而有助于我们准确地理解和科学地构建受托人监督制度。

从受托人委托协议当事人之间法律关系的建构目的、内在价值、制度功能、主体选择和主要内容来考察和分析,民事合同进路构建更合理和更可行,也更符合这一法律关系的本质。

第一,从受托人委托协议当事人之间法律关系的建构目的来看,其直接目的是为了委托人的利益,使委托人申报的集中交易最终获得反垄断执法机构的批准,并成功进行集中交易;其间接目的是维护市场竞争秩序,保障社会公共利益。

第二,从受托人委托协议当事人之间法律关系的内在价值来看,是追求通过平等协商的方式实现个案的公平正义。民事合同蕴含着交易各方地位平等的内在要求,受托人委托协议具有协议双方权利义务对等的基本特征,能够使受托人正确履行自己应当承担的职责,又不耗费大量的行政资源。

第三,从受托人委托协议当事人之间法律关系的制度功能来看,是通过指导、监督和管理等措施,使参与集中的经营者遵守向反垄断执法机构作出的承诺,由集中申报人转变成为成功的集中当事人。

第四,从受托人委托协议当事人之间法律关系的主体选择来看,其双方之间具有相当程度的自由选择性。委托人可以从适格的受托人名册中自由选择自己中意的受托人,受托人也可以自由选择自己愿意为其提供指导、监督和管理等服务的委托人。

第五,从受托人委托协议当事人之间法律关系的主要内容来看,两者之间主要是一种交易关系,受托人为委托人提供指导、监督和管理等服务,并因此从委托人处获得报酬,属典型的有偿服务。协议的内容主要包括受托人的职责和义务、当事人的职责和义务等事项,属于民事合同的范畴,实际上是民法上的权利义务内容。

综上所述,受托人委托协议当事人之间的法律关系本质上属于民事合同关系。受托人委托协议本质上是一种民事委托合同,委托人与受托人作为依法享有民事权利、独立承担民事责任的平等主体,二者之间就是建立在受托人委托协议基础上的民事委托合同关系。

(2)受托人委托协议的特殊认定

如何把公法的规范力适度地延伸到私法关系中,以调和现代社会管制与自治的矛盾是对立法、执法和司法的一项重大考验。① 在合同的成立和生效之间设置批准程序,是公法介入私法的惯用模式。② 我国《合同法》第 44 条规定:“依法成立的合同,自成立时生效。法律、行政法规规定应当办理批准、登记等手续生效的,依照其规定。”在此基础上,最高人民法院通过了系列司法解释,在确认行政审批为合同生效要件并将未经行政审批的合同定性为未生效合同的同时[1999 年《最高人民法院关于适用〈中华人民共和国合同法〉若干问题的解释(一)》第 9 条],明确规定当事人在合同成立后的报批义务以及违反该报批义务的法律后果[2009 年《最高人民法院关于适用〈中华人民共和国合同法〉若

① 参见苏永钦:《以公法规范控制私法契约——两岸转介条款的比较与操作建议》,载《人大法律评论》2010 年第 1 期。

② 参见汤文平:《批准生效合同报批义务之违反、请求权方法与评价法学》,载《法学研究》2014 年第 1 期。

干问题的解释(二)》第8条],进而要求各级法院在审理外商投资企业纠纷案件时,应将合同未生效与合同无效区别开来[2010年《最高人民法院关于审理外商投资企业纠纷案件若干问题的规定(一)》第1条]。[1] 根据上述司法解释,未经审批的合同由于尚未生效,故当事人不得主张合同所约定的权利,从而不同于已生效合同;同时,未经审批的合同虽然尚未生效,但可以产生报批义务,也不同于无效合同。

"依批准生效合同"是指以政府主管部门批准为生效要件的一种特殊类型的合同。即在没有获得批准之前,尽管当事人已经签订合同,但合同并未生效。这是政府对于特殊领域的合同实行管制的一种措施,常见于国内重要经济领域和涉外经济领域,例如,企业国有产权转让合同、土地使用权出让合同、技术进出口合同等是典型的这类合同。"依批准生效合同"具有如下主要特征:一是批准生效合同是满足国家管制需要的一种制度安排。二是批准生效合同主要发生在特殊经济领域。这些领域的相关合同不仅关涉当事人的利益,而且可能影响国家在相关领域的公共政策的实现。因此,国家需要通过对合同目的实现的控制体现该领域的相关公共政策。三是批准生效合同的公法政策考量具有优先地位。批准生效合同的政策考量复杂多样,往往涉及国家安全、国资保护等多方面因素。四是批准生效合同的效力具有特殊性。

综合我国法律、司法解释所明确的制度框架,受托人委托协议被界定为"依批准生效的合同"具有合理性。这种制度设计既可以满足当事人追求自身利益的合同安排,也可以实现政府对现代经济的适度干预,并以个案事实为基础平衡私人利益和公共利益。需要指出的是,反垄断执法机构对于受托人委托协议的干预面很广,这体现在对受托人人选、具体条款的审核、定期接受监督人的评估报告、有权对受托人下达监督指示等方面,这些权限是否超出了《合同法》上的附条件批准合同中"批准"的含义,可能值得探讨。尽管如此,结合目前我国现行的法律框架,笔者认为,将受托人委托协议定性为《合同法》上的"依批准生效合同",是比较合理、比较可行的解释路径。

---

① 参见吴光荣:《行政审批对合同效力的影响:理论与实践》,载《法学家》2013年第1期。

（二）受托人的主要职责

1. 监督受托人的主要职责

任命监督受托人已经成为欧盟经营者集中救济中的普遍做法。在2006～2010年期间，欧盟委员会作出的99起涉及经营者集中救济的案件中，就有91起案件包含监督受托人条款。[①] 2013年12月5日欧盟委员会发布最新的《向欧盟委员会的承诺示范文本》和《受托人委托协议示范文本》，使监督受托人制度规范更加清晰明确，运作更加成熟完善，因此，本部分主要以欧盟为例进行考察和阐述。

监督受托人职责制度是欧盟经营者集中救济中监督受托人制度的核心内容，在欧盟经营者集中救济中，权利和义务系基于监督受托人履行职责而产生。为了充分发挥监督受托人的作用，同时也为了有效制约监督受托人，欧盟对监督受托人的职责作出了比较系统完善的规定。欧盟《集中救济通告》概括列举了监督受托人的职责：监督受托人应当监督过渡期剥离业务的维持；在剥离案件中，监督受托人应当监督剥离业务和当事人保留业务之间的资产分离和人员分配，以及监督集中当事人先前提供的业务中的资产和功能的配置；监督受托人应当监督集中当事人努力寻找潜在的买方和转移业务的工作；监督受托人应当对第三人特别是潜在买方提出的有关承诺的任何要求充当联络人的角色；监督受托人应当定期向委员会报告上述问题，并应委员会的要求提交附加报告。[②] 欧盟《受托人委托协议示范文本》更加详细规定了受托人的职责，以作为所有案件集中当事人与受托人签订委托协议的范本。

（1）剥离业务的监督和管理

剥离业务的监督和管理是监督受托人在结构性救济中的核心职责。由于欧盟委员会不能直接参与救济承诺的日常监督，集中当事人必须提出任命一个监督受托人监督其遵守救济承诺，特别是遵守其在过渡期和剥离过程中的义务，以确保剥离业务存续性、可售性和竞争性。[③]

第一，监督过渡期剥离业务的维持。从集中当事人提出集中救济建议、欧

---

① See Jonas S Brueckner and Thomas, "Monitoring Compliance with Merger Remedies-The role of the Monitoring Trustee", *Competition Law International*, September 2010, p. 73.

② See EU Commission Notice on Remedies Acceptable under Council Regulation (EC) No. 139/2004 and Commission Regulation (EC) No. 802/2004, Official Journal of the European Union, 2008, p. 119.

③ See EU, Trustee Mandate, 2013, p. 7.

盟委员会接受建议直到买方接管剥离业务期间，通常有一个剥离期限，即过渡期。从过渡期开始，一直到资产和人员转移给新的持有者，需要维持剥离业务，以防止剥离业务贬值衰退，未来市场竞争力下降。理论上，依靠集中当事人和买方来维持剥离业务是不切实际的。因为，从主观意愿的角度来看，集中当事人具有降低剥离业务价值的天然倾向，其在与反垄断执法机构和其他市场主体博弈的过程中，总是尽可能地保留最有价值的业务，剥离质量较差的业务。买方的购买动机与反垄断执法机构未必一致，与集中后实体开展有效竞争未必是其主要目的，在对剥离业务的评估方面未必对相关市场的有效竞争具有建设性。因此，剥离业务的质量保证取决于反垄断执法机构。① 由于资源、人力和财力的诸多限制，欧盟委员会通过任命监督受托人来监督过渡期剥离业务的维持成为最佳选择。那么，监督受托人如何监督过渡期剥离业务的保护呢？《受托人委托协议示范文本》作出详细规定：根据良好的商业惯例，维持剥离业务的存续性、可售性和竞争性；尽可能降低剥离业务竞争潜力丧失的任何风险；集中当事人或其关联企业不实施任何可能对剥离业务的价值、管理或竞争性造成严重损害或可能改变剥离业务的经营活动性质及范围、产业或商业战略或投资政策的行为；集中当事人为剥离业务提供足够的资源，以保证其根据现有商业计划及其延续部分进行发展；集中当事人采取所有合理步骤，包括适当的激励机制（根据商业惯例），促使所有主要人员保留在剥离业务中。经过多年的实践，这些做法可以确保过渡期剥离业务的维持。

第二，监督过渡期剥离业务的独立性。集中当事人必须保护和维持过渡期剥离业务的独立性，这是为了尽可能地切断集中当事人对剥离业务的所有影响。《受托人委托协议示范文本》规定，监督受托人应当监督剥离业务和集中当事人保留的业务及其关联企业分离持有；监督剥离业务的主要人员不得参与其保留的任何业务；除承诺中允许的以外，剥离业务人员不得向剥离业务以外的任何个人报告。此外，监督受托人还应当尽力确保剥离业务作为独立的可出售的实体，与集中当事人或其关联企业的业务分离经营管理，且分离持有管理人为了剥离业务的最大利益独立地对剥离业务加以管理，并确保其独立性。

第三，监督资产分离和人员分配。在剥离案件中，监督受托人应当监督剥离业务和集中当事人保留业务之间的资产分离和人员分配，以及监督集中当事

① 参见金美蓉：《合并救济中剥离资产的选择》，载《法学评论》2014 年第 2 期。

人先前提供的业务中的资产和功能的配置。任何剥离业务的出售都会涉及一些分割要素,即便是法律上明确的资产剥离,通常也要依赖于某些核心支持设施,如IT、工资单、研发、销售、购买或者其他与保留业务共享的资产。在分割过程中,对共享资产的处理是难点。共享资产通常在所有分割情况下都会予以分离,其中,拟分离的业务事先被整合进一个更广泛的企业基础设施中,这可能包括管道或者网络通道,生产、交货、存储设施,或者企业核心部门的支持(如管理、营销或者采购部门)。分割共享资产通常面临的主要难题包括:一是不仅要对共享资产进行分离,而且还要对某些部分进行复制,而复制需要资源和重大的投资承诺;二是必须就原始共享资产(如涉及基础设施、软件、职能部门或者服务)是否应当分配给剥离业务或者应当留存在保留业务中作出艰难的选择;三是当重大经济指标或者范围丧失时,分离的成本将会很高;四是当网络资产被若干业务使用时,分离将变得不可能,此时,必须找出其他的解决方案。[①] 这些难题的产生和解决需要监督受托人进行有效监督。

第四,代替董事会成员。在集中当事人承诺剥离公司股权和公司结构严格分离的案件中,普遍做法是监督受托人在剥离期间有权行使股东权。当双方剥离了非控股权益或者他们在合营企业中的利益时,集中当事人应当在欧盟委员会通过批准决定后立即将其投票权转移给监督受托人。随着这种权利转移给监督受托人,监督受托人全面理解剥离业务非常重要,因为其职责可能包括在剥离期间采取一些重要商业决定。[②] 监督受托人有权更换剥离业务中代表该集中当事人任命的监事会成员或董事会非执行董事。在监督受托人的要求下该集中当事人应辞退董事会成员或促使这类成员从董事会辞职。这些规定把重要的决策权赋予监督受托人,因为其需要以合适的资格和经验评估并选择监事会成员或董事会非执行董事的代替,这些职责要求监督受托人具有商业洞察力和知识。

第五,采取绝缘防范措施。绝缘防范措施,是指监督受托人有权采取所有必要措施,以保证集中当事人在生效日后不会获得有关剥离业务的保密信息,尤其是在下列情形:在不损害剥离业务存续性的前提下,最大限度地切断剥离业务和中央信息技术网络的联系;决定集中当事人获得的有关剥离业务的任何

---

① See DG Competition European Commission. Merger Remedies Study,2005,p. 75.

② See Dorte Hoeg, *European Merger Remedies: Law and Policy*, Oxford and Portland, Oregon, Hart Publishing,2014,p. 140.

保密信息在生效日前被消除或者不被集中当事人使用；如果披露是集中当事人完成剥离合理需要的，或者披露是法律所要求的，决定是否向集中当事人披露信息或者被集中当事人保留。监督受托人在这些情形下需要承担重要的职责，例如，要求特定职员签署保密协议，尤其是将所属的保密义务以分离持有和绝缘防范措施条款的形式告知相关人员；分析企业的组织结构，在必要时切断报告途径，以保护敏感信息。

（2）剥离程序的监督

剥离程序的监督是监督受托人在结构性救济实施中的附属职责，主要是确保剥离业务迅速完整地交付给合适买方。在首次剥离期内，监督受托人应当履行下列职责：一是审查剥离程序的进展情况和评估潜在买方；二是根据剥离程序的阶段，核实潜在买方通过查阅档案室文件、备忘录和通过尽职调查程序获得有关剥离业务和人员的准确充分的信息，核实潜在买方可以合理接触的相关人员；三是对第三人，特别是潜在买方提出的有关承诺的任何要求充当联络人的角色，并同意将其联系详情发布在委员会竞争总局的网站。当集中当事人向欧盟委员会提交了买方提议书后，监督受托人在收到集中当事人文件齐全的提议后 1 周内，应向欧盟委员会提交一份论证充分的意见，说明提议买方的合适性和独立性，出售完成后剥离业务的存续性，以及剥离业务是否按照欧盟委员会决定和承诺规定的方式出售。

（3）定期提交有关报告

欧盟对监督受托人向欧盟委员会提交报告的内容和期限都有严格规定：在每月结束后 15 天内或委员会同意的其他时间，监督受托人应向委员会提交一份书面报告，同时向集中当事人出具一份非保密副本。报告应包含监督受托人对于委托协议所规定义务的履行以及集中当事人对承诺的遵守情况。报告具体内容应当包括：剥离业务在相关期间内的运营和财务状况；监督受托人履行义务时出现的任何问题或情况，尤其是集中当事人或者剥离业务未遵守条件和义务的任何情况；剥离业务保持经济存续性、可售性和竞争性以及集中当事人遵守分离持有和隔离义务的监督情况，以及剥离业务和集中当事人或其关联企业保留业务之间的资产分割和人员分配的监督情况；剥离程序的审查和评估，包括报告潜在买方以及从集中当事人获得所有其他有关剥离的信息；工作计划中列明的所有特别问题；预计未来的时间表，包括下次预计报告日期；首次报告中详细工作计划的建议以及后续报告中修订情况。欧盟委员会通过报告核查监督受托人对于委托协议所规定义务的履行是否合适。同时，欧盟委员会通过报告核查集中当事人是否遵守了经营者集中救济承诺以及遵守的程度。

2. 剥离受托人的主要职责

根据承诺的类型和案件事实,监督受托人与剥离受托人可以是同一主体,也可以是不同主体。在受托剥离阶段,剥离受托人主要负责为剥离业务找到买方并达成出售协议。受托剥离期开始后,集中当事人独家委托剥离受托人根据承诺和委托协议的规定向买方出售剥离业务。剥离受托人应在剥离期内有权以无底价方式和其认为合适的条款和条件出售剥离业务。尤其是,剥离受托人应在出售和购买协议(以及附属协议)中规定合理的惯例陈述、保证和赔偿条款,以有效实施出售。同时,在符合集中当事人在受托剥离期内以无底价方式出售剥离业务的无条件义务的前提下,剥离受托人应保护集中当事人的合法财务利益。

集中当事人可以授予剥离受托人全面合法的委托代理权,实施剥离业务的出售、交割以及剥离受托人认为完成剥离业务出售和交割所必需的任何行为和公告,包括委任顾问协助出售过程的权利。委托代理权还应包括向剥离受托人团队成员进行转委托的权利。如果对于完成出售是必要的,集中当事人应当依照合法程序,进一步授予剥离受托人委托代理权或者出具必备的文书,以使剥离业务的出售及交割按时完成。集中当事人所授予的任何委托代理权,包括相应的转委托代理权,将在委托协议效力终止或受托人解聘时失效。

二、公共利益测试制度

公共利益测试,又称公共利益判断、公共利益衡量,在经营者集中救济运作过程中引入公共利益测试制度是经营者集中救济监督的普遍做法。维护公共利益是现代反垄断法的基本价值目标,世界主要国家和地区的反垄断法中都有明确的关于保护公共利益的规定,但都没有关于公共利益的定义,甚至没有规定公共利益考量因素的范围。① 在这种情况下,把价值问题转换为程序问题不失为打破僵局的一个明智之举。因为,程序所具有的结构开放和过程紧缩的特性,一方面,可以限制行政官吏的裁量权,维持法的稳定性和自我完结性;另一方面,可以使法律系统具有更大的可塑性和适应能力。② 因此,在经营者集中救济运作中引入公共利益测试制度具有重要意义,公共利益测试是经营者集中救

---

① 参见蒋悟真:《反垄断法中的公共利益及其实现》,载《中外法学》2010年第4期。

② 参见季卫东:《法律程序的意义》,中国法制出版社2004年版,第15页。

济实施的合法性基础，也是经营者集中救济有效运作的重要保障。

经营者集中救济的确定过程绝不是反垄断执法机构与参与集中的经营者之间的私自安排，它自始至终都被限制在公共利益的框架内。尽管经营者集中救济制度在不同执法体制下表现各异，但实行严格的程序控制是世界各国和地区的共同之处。[①] 在这一程序控制中，社会公众是一个重要角色，不仅行政机关难以越俎代庖，司法机关也同样难以用判决代替社会公众的判断。任何排斥社会公众参与的公共利益判断都不具有正当理由。如前所述，美国《反托拉斯程序和处罚法》（《特尼法案》）明确规定公众评论要求，以确定是否符合公共利益。在微软案件中，美国司法部收到 3 万多份评论，其中，有 1.25 万人反对，1 万人赞同，9500 人未表示观点。在美国的司法实践中，法院在确定是否符合公共利益时，一般都会以是否经过民意代表审查作为标准，而极力避免自己另作判断。[②]

通过公共利益测试，可以确保将经营者集中救济控制在实质上带来的利益大于损害的范围内，从而实现多方利益共赢的结果。

三、司法审查制度

对经营者集中救济决定进行司法审查不仅是现代法治的基本要求，也是确保经营者集中救济合法性与合理性的必要手段。

根据司法审查在集中控制中发生作用的先后顺序，可以将集中控制划分为两种类型，一种是司法型[即事先司法审查型（Ex Ante Judicial Review）或称为控告型集中控制制度（Prosecutorial System of Merger Control）]审查制度；另一种是行政型[事后司法审核（Ex Post Judicial Review）]审查制度。[③]

美国奉行司法型集中控制制度，凡是要对一项集中加以禁止，司法部应向法院提起诉讼，由法院裁决。这就要求联邦反垄断执法机构说服法院禁止一项集中是合理合法的。在对集中进行审查时，对那些不可能减少竞争的集中，美国反垄断执法机构完全克制自己不对其提出异议；对那些涉嫌减少竞争的集中，可以通过谈判达成不向法院提起诉讼的条件，也可以直接向法院对该集中提起控告，只有法院才有权禁止一项集中。无论是否对一项集中提起控告或者要求集中

---

① 参见焦海涛：《反垄断执法和解中的利益平衡》，载《西南政法大学学报》2007 年第 4 期。

② 参见蒋悟真：《反垄断法中的公共利益及其实现》，载《中外法学》2010 年第 4 期。

③ 参见刘和平：《欧盟并购控制法律制度研究》，北京大学出版社 2006 年版，第 236 页。

当事人放弃该集中,司法部或联邦贸易委员会的决定都将接受独立的司法审查,即反垄断执法机构应向法院提交充分的证据,在独立事实认定人(法官或陪审团)面前接受交叉质证的严格检验(The Crucible of Cross-Examination),让法官相信该集中将实质减少竞争,从而作出禁止该集中的判决。

欧盟采取行政型集中控制制度,欧盟委员会对集中享有审批权。《集中控制条例》第21条规定:"除接受欧洲法院司法审查外,欧盟委员会享有根据本条例作出决定的唯一管辖权",[①]该条确立了欧盟委员会是欧盟集中控制的唯一行政执法机构。欧盟委员会作出集中审查决定后,尽管应接受司法审查,该诉讼不影响判决的执行力。由于欧盟的司法审查属于事后型,同时,由于司法审查时间较长,一般的案件平均需要3年的审理才有判决结果。集中交易对时间的高要求,使集中当事人无法将集中交易延迟到最终判决之际,因此,欧盟委员会对集中的反竞争效果判断直接决定着集中交易的命运。

在司法型集中控制制度下,当事人正当程序权利主要通过司法诉讼来保障,相比之下,欧盟行政型程序通过调查及诉讼程序来保障,体现出广泛的内部审核和平衡特征。

从世界主要国家和地区的立法与实践来看,为使主体间利益得到平衡保护,为使经营者集中救济有效运作,一方面,需要在实体上强调双方权利义务体系的制衡性,维持反垄断执法机构与经营者之间固有的张力;另一方面,应当更多地采取程序性控制的途径,使经营者集中救济的运作不仅需要利益相关者的参与,而且需要接受社会公众的评论。在这方面,世界主要国家和地区普遍存在的问题是经营者集中救济的监督不足,特别是对反垄断执法机构违反救济承诺时的责任追究制度往往处于真空状态。因此,要实现经营者集中救济的有效运作,必须建立健全监督制度,这种监督不仅来自参与集中的经营者和利益相关者,也应包括其他一切社会公众,甚至必要时应借助法院司法权的介入。

第四节　经营者集中救济的复审

经营者集中救济一经实施并非一成不变,在经营者集中救济实施过程中,随着市场环境的发展变化,经营者集中救济最初确定的反竞争效果也可能发生

---

① Council Regulation(EC) No. 139/2004 on The Control of Concentrations between Undertakings, 2004, p. 17.

变化,原先适用的经营者集中救济解决竞争关注的合适性和有效性受到质疑,因此,有必要进行相应的调整,以确保经营者集中救济持续有效地解决竞争问题,这就是经营者集中救济复审制度设计的初衷。

一、经营者集中救济复审的内涵

经营者集中救济复审,是指在经营者集中救济实施过程中,由于经营者集中救济所依据的客观条件发生了变化,可能出现原先确定的经营者集中救济不合适或者不必要的情形,反垄断执法机构按照一定的程序和标准对原先的经营者集中救济进行重新审查,并作出变更或者解除等决定的制度。由于在经营者集中救济确定时,反垄断执法机构和集中当事人一般把有关经营者集中救济复审的内容作为经营者集中救济承诺的一个具体条款,因此,该制度在许多立法文本中被称为复审条款(Review Clause)。不同案件所确定的经营者集中救济的期限有所不同。经营者集中救济持续的期限越长,面临市场环境显著变化以及其他因素影响的可能性就越大,就越有必要对这些经营者集中救济规定复审条款。

国际竞争网络(ICN)早在 2005 年的《集中救济报告》中就指出,反垄断执法机构和集中当事人均希望设置一些可以修改救济方案的机制,以反映条件的变化或者应对最初设计的救济存在的问题。救济持续的期限越长,这一机制就越重要。① 世界主要国家和地区大都确立了经营者集中救济复审制度。欧盟 2001 年《集中救济通告》并未规定经营者集中救济复审制度,但是,随着实践的发展,欧盟 2008 年《集中救济通告》指出,不管何种类型的救济,承诺中通常包含一个复审条款。该条款使欧盟委员会在收到集中当事人提出的具有正当理由的请求时,可以延长最后期限,或者在特殊情况下替换、变更或者解除承诺。② 美国 2011 年《集中救济指南》则指出同意令中应当包含许可条款,这既是为了监督同意令的遵守情况,也是为了审查同意令的可能修改或者终止情况。③

---

① See ICN Merger Working Group, Analytical Framework Subgroup, Merger Remedies Review Project: Report for the Fourth ICN Annual Conference, 2005, p. 16.

② See Commission Notice on Remedies Acceptable under Council Regulation (EC) No. 139/2004 and Commission Regulation (EC) No. 802/2004, Official Journal of the European Union, 2008, p. 16.

③ See US Department of Justice, Antitrust Division Policy Guide to Merger Remedies, 2011, p. 34.

二、经营者集中救济复审的启动

（一）经营者集中救济复审启动的主体

一般来说，经营者集中救济复审的启动是由集中当事人提出申请，特殊情况下，也可由反垄断执法机构依职权主动进行经营者集中救济的复审。

欧盟2008年《集中救济通告》指出，在作出审查决定时，如果欧盟委员会由于特殊原因不能预见到与承诺实施相关的所有情形，那么，集中当事人在承诺中设置一个允许欧盟委员会启动对承诺进行有限修改的条款是合适的。如果最初的承诺未能实现预期效果，因而不能有效消除竞争关注，那么，这种修改也是必要的。在程序上，为实现承诺的预期效果，集中当事人在这样的案件中可以提出修改承诺的建议，或者为此目的，欧盟委员会也可以在听取集中当事人意见后自行修改条件和义务。这类条款通常限于具体救济形式可能危及承诺实施效果的案件。例如，这些条款已经用于天然气输送项目的救济形式中。[①]

（二）经营者集中救济复审启动的期限

经营者集中救济复审应在经营者集中救济审查决定生效后至救济实施期限届满前启动。只有在这一期限内启动经营者集中救济的复审，才可以反映经营者集中救济市场条件的发展变化，确保经营者集中救济的继续有效实施。同时，只有在这一期限内启动经营者集中救济的复审，才能切实解决最初经营者集中救济设计中存在的问题，实现经营者集中救济的预期效果。在具体案件中，经营者集中救济复审的启动取决于反垄断执法机构和集中当事人对个案的判断和把握。

结构性救济与行为性救济的实施期限存在明显差异，相关主体启动经营者集中救济复审的时间也存在明显不同。一般来说，结构性救济的实施期限较短，有的几个月内就要完成业务剥离，因此，结构性救济的复审自反垄断执法机构作出的审查决定生效后不久即可能启动。欧盟2008年《集中救济通告》指出，剥离承诺有时需要延长期限，集中当事人必须在期限截止前提出延期请求。集中当事人在第一个剥离期申请延长时，必须在非因自身原因不能按期剥离、预计随后将会短期成功剥离业务并且提出正当理由的情况下，欧盟委员会才会

---

① See Commission Notice on Remedies Acceptable under Council Regulation (EC) No. 139/2004 and Commission Regulation (EC) No. 802/2004, Official Journal of the European Union, 2008, p. 17.

接受请求。否则,就应当安排剥离受托人进行剥离并且完成集中当事人所作的承诺。[①]

行为性救济的实施期限持续较长,有的可能持续几年,因此,行为性救济的复审自反垄断执法机构作出的审查决定生效后可能需要实施很长一段时间才启动。欧盟2008年《集中救济通告》指出,对于行为性救济承诺的替换、变更或者解除,只有在集中当事人首先证明市场情况发生重大持久变化时才可能被接受。因此,行为性救济复审的启动一般要求在欧盟委员作出审查决定和集中当事人提出请求之间有一个足够长的期间,通常至少7年。[②]

三、经营者集中救济复审的评估

无论是集中当事人提出的复审申请,还是反垄断执法机构依职权启动的复审,都需要由反垄断执法机构对复审进行评估,以作出是否批准复审的决定。欧盟2008年《集中救济通告》指出,如果集中当事人能够证明救济适用的经验表明救济形式的修改可以更好地实现救济目标,那么,替换、变更或者解除相关承诺是合适的。[③]

一般来说,反垄断执法机构评估经营者集中救济的复审时,主要考虑如下因素:(1)申请人必须证明其确实无法履行经营者集中救济承诺的相关内容,且救济承诺的替换、修改或者解除能够解决竞争关注。(2)相关交易事实情况是否发生了重大变化。例如,最初作出决定时的交易主体是否发生重大变化,所依据的基础交易是否发生了重大变化,最初作出决定时的市场竞争状况是否发生重大变化。(3)实施原先经营者集中救济承诺的必要性是否已经减弱或者消失。(4)替换、变更或者解除是否符合社会公共利益等。对于经营者集中救济承诺的内容变更过大的复审,反垄断执法机构可以通过正式的市场测试对变更后的经营者集中救济承诺进行实质性评估,特别是要充分重视利益第三方的意见。欧盟2008年《集中救济通告》指出,对于任何承诺的替换、变更或者解除,欧盟委员会将考虑第三方的意见和变更对第三方地位的影响以及对救济的全面影响。欧盟委员会还将考虑变更是否影响在救济实施后第三方已经获得的

---

① See Commission Notice on Remedies Acceptable under Council Regulation (EC) No. 139/2004 and Commission Regulation (EC) No. 802/2004, Official Journal of the European Union, 2008, p. 16.

② Ibid., p. 17.

③ Ibid.

权利。总之,反垄断执法机构必须审慎考虑这些因素,以确定经营者集中救济复审的结果。

四、经营者集中救济复审的决定

反垄断执法机构通过评估,最后作出相应的审查决定。如果认为经营者集中救济的复审具有合理性,则会作出批准复审的决定。如果认为经营者集中救济的复审不具有合理性,则会作出不予批准复审的决定。对于经营者集中救济复审的决定,反垄断执法机构可以通过正式的案件决定予以认可,也可以不再发布正式的案件决定。欧盟委员会对于救济承诺的替换、变更或者解除,可能作出正式决定,也可能只是就有关变动进行备案。不管采取何种方式,都应当向社会公布,以确保利益第三方的相关利益。需要指出的是,经营者集中救济复审的决定自反垄断执法机构正式发布后生效。因此,正式生效前违反经营者集中救济的,仍然需要承担相应的法律责任。

第五节　违反经营者集中救济的制裁

制裁是法律制度构成的一个重要部分,也是法律制度运作的一个关键环节。"一个法律制度,如果没有可强制实施的惩罚手段,就会被证明无力限制不合作的、反社会的和犯罪的因素,从而也就不能实现其在社会中维持秩序与正义的基本职能。"①制裁应当采取什么样的标准呢?有学者指出:"法律通过使从事违法行为变得成本高昂来阻止违法行为,一个关键的问题是:应当使其成本高到什么程度?惩罚水平的选择取决于违法的严重程度。一个首要的近乎是,对反托拉斯违法行为的惩罚应当计算到,它给违法者带来的成本,无论在财产方面还是非财产方面,等于其违法行为给社会带来的成本。"②违反经营者集中救济的行为是违法实施经营者集中的一种形态,对其制裁不仅是为了消除违法实施经营者集中产生的反竞争效果,而且是为了维护法律的严肃性并对潜在的违法行为加以警示。世界主要国家和地区对违反经营者集中救济的

---

① [美]E. 博登海默:《法理学:法律哲学与法律方法》,邓正来译,中国政法大学出版社 2005 年版,第 364 页。

② [美]理查德·A. 波斯纳:《反托拉斯法》(第 2 版),孙秋宁译,中国政法大学出版社 2003 年版,第 313 页。

行为，大都根据各自的立法规定和司法体制给予一定的制裁，以确保经营者集中救济的有效实施，主要制裁类型包括责令停止实施集中、责令恢复原状和罚款。①

一、责令停止实施集中

针对参与集中的经营者违反经营者集中救济审查决定未实施完成的违法集中，反垄断执法机构首先采取的措施是责令停止实施集中。只有先停止实施违法集中，才能进一步采取其他措施。建立责令停止实施集中的基本制度，不仅可以消除未来可能产生的反竞争效果，有利于恢复竞争秩序，而且可以为反垄断执法机构采取下一步措施奠定基础。

二、责令恢复原状

对于参与集中的经营者违反经营者集中救济审查决定未实施完成的违法集中，在大多数情况下，只是停止这种集中行为是不够的，市场竞争很可能因为这种违法的集中行为已经受到了破坏，这时，就需要反垄断执法机构责令相关的违法经营者采取一定的措施以恢复到集中前的竞争水平，从而保护市场有效竞争。在反垄断法上，责令违法集中恢复到集中前的状态是消除对竞争不利影响的最佳方式。这些恢复原状的措施主要包括责令限期处分股份或者资产、限期转让营业及其他必要措施。

责令恢复原状在世界主要国家和地区的反垄断法中都有类似规定。日本《禁止私人垄断及确保公正交易法》第 17 条之 2 规定："责令事业者处分全部或部分股份、转让部分营业以及采取其他为排除违反这些规定的行为所必要的措施。"我国台湾地区"公平交易法"第 13 条第 1 款规定，事业未履行对于结合所附加之负担者，主管机关得禁止结合、限期命其分设事业、处分全部或部分股份、转让部分营业、免除担任职务或为其他必要之处分。韩国《规制垄断与公平交易法》第 16 条对违法实施集中规定的纠正措施有：中止有关行为；处分全部或者部分股票；辞去高级管理人员；转让业务；取消债务担保；公布收到纠正令的事实；为防止因企业结合而产生竞争限制的不利后果而限制营业方式或营业范围；其他纠正违法行为的必要措施。

---

① 参见时建中主编：《反垄断法——法典释评与学理探源》，中国人民大学出版社 2008 年版，第 458 ~ 460 页。

需要指出的是,拆分经营者也属于这种恢复性措施,而且是一种最严厉的制裁措施。作为消除违法实施集中的消极后果的一种措施,拆分经营者使市场结构恢复到集中前的状况,是一种具有高度针对性的手段。同时,拆分经营者具有独特的威慑效果,人们并不期待直接执行它,而是希望经营者能够按照法律的规定,力求做到回避直接执行它,也就是说,期望它有如传家宝刀一样有效地规制弊端。但是,拆分企业违反了自由主义经济的基本精神,具有很大的执行难度,容易造成企业效益和社会效益的损失。① 因此,需要谨慎地适用拆分经营者的制裁手段。

目前,立法明确规定这种措施的典型是欧盟。欧盟《集中控制条例》第 8 条第 4 款规定,如果欧盟委员会发现经营者集中已经完成但违反了按照第 2 款规定所作决定的附加条件,在缺乏这一条件的情况下,该项经营者集中将符合第 2 条第 3 款的禁止标准,或者合资企业不符合《欧盟条约》第 81 条第 3 款的豁免标准的,则欧盟委员会可以要求相关经营者拆分该集中(Dissolve The Concentration),特别是通过拆分(Dissolution)参与集中的经营者或者出让所获得的股份或资产来分解该项集中,以恢复到集中前的市场状态;如果通过拆分经营者无法恢复的,欧盟委员会可以采取任何其他适当的措施以尽可能地恢复市场原状。例如,欧盟委员会还可以采取临时措施(Take Interim Measures),以恢复或者维持市场有效竞争的条件。具体而言,对于以下集中可以采取临时措施:(1)在等待期内,欧盟委员会还没有作出一项集中与共同市场相容的决定,便完成集中;(2)违反集中决定(包括第一阶段和第二阶段)所附的条件而完成集中;(3)已经实施的集中宣告为与共同市场不相容的。同时,欧盟委员会对于违反所附条件而实施的集中,可以重新依法做出相容、附条件或义务批准或不相容决定,而且,没有第一阶段 25 个工作日、第二阶段 90 个工作日的期限限制。②

三、罚款

罚款是指反垄断执法机构强制违法行为人承担金钱给付义务的一种制裁措施。对于违反经营者集中救济审查决定实施的集中,绝大多数国家和地区都

---

① 参见李国海:《反垄断法实施机制研究》,中国方正出版社 2006 年版,第 186 页。

② See Counsel Regulation (EC) No. 139/2004 of The Control of Concentrations between Undertakings, Official Journal of The European Union, 2004, p. 11.

规定了这种制裁手段。但是，各国和地区对罚款是否具有强制性的规定不同：有的规定对违法实施的集中必须处以罚款，例如，意大利《竞争与公平交易法》第19条的规定；绝大多数国家和地区是赋予反垄断执法机构处以罚款的自由裁量权，例如，我国《反垄断法》第48条的规定。各国和地区对于确定罚款数额依据的规定也有所不同：有的采取固定数额罚款，有的采取比例罚款，具体数额交由反垄断执法机构根据违法行为的性质、严重程度和持续的时间等因素自由裁量。

从世界主要国家和地区的实践来看，严重违反经营者集中救济审查决定的情况并不多见，制裁措施不是越严厉越有威慑力。实际上，大多数经营者集中救济案件，反垄断执法机构只有在调查后才能认定某一行为是否违法，而参与集中的经营者事先很难客观、清楚地认识到自己的行为是否违法。“威慑的目的首先在于预防不受欢迎的行为的发生。若想通过惩罚性的制裁阻止企业从事限制竞争行为，就必须使企业清楚地认识到，在何种特殊的情况下应当避免何种行为，以及它是否就处于这些特殊的情况下。如果那些因素不清楚、不客观，企业要么不会改变它的行为，因为它没有能力确定这些禁令是否对它适用，或者更多的可能是，它将避免从事法律事实上没有禁止的活动，以此不触发惩罚性的措施。如果企业回应惩罚性措施的方式是避免从事有利竞争的活动，那么总体上，消费者的福利和整个经济都会受到损害。换句话说，这样的惩罚制度会对合法的商业行为造成过度威慑。”①因此，我们在经营者集中救济实施过程中采用制裁措施时要尽力避免两种错误：威慑不足和威慑过度，这需要反垄断执法机构具有高超的执法能力和水平，在一定程度上，这也是一种执法艺术。

世界主要国家和地区对违反经营者集中救济的制裁措施不完全一致，而且，各国和地区总有一种最依赖的制裁措施，即存在核心制裁措施与非核心制裁措施的区别。世界各国和地区对核心制裁措施的选择反映了各国和地区对违反经营者集中救济制裁措施的取舍侧重。但是，不论怎样选择，我们必须承认这样一个事实：“一个法律制度之实效的首要保障必须是它能为社会所接受，而强制性的制裁只能作为次要的和辅助性的保障。一个合理的和令人满意的法律制度之所以会得到社会大多数成员的遵守，乃是因为它服务于他们的利

---

① ［美］斯图亚特·M. 切姆托勃：《应以相同惩罚与救济对待协同行为和单边行为?》，周牧译，载王晓晔主编：《反垄断法实施中的重大问题》，社会科学文献出版社2010年版，第379页。

益、为他们所尊重、或至少不会在他们的心中激起敌视或仇恨的情感。强制只能用来针对少数不合作的人，因为在任何正常并运行有效的国家中，须用制裁手段加以对待的违法者的人数远远少于遵纪守法的公民。”①

① [美]E.博登海默：《法理学：法律哲学与法律方法》，邓正来译，中国政法大学出版社2005年版，第364页。

第三章　经营者集中救济的产业适用

市场结构主要由市场内互相竞争的经营者的规模分布决定的。决定市场结构的三个主要因素是市场份额、市场集中度和市场进入壁垒，同时还有生命周期、网络经济、范围经济和公共政策等其他因素。理解某一具体产业的共同主题和趋势对该产业中的市场参与者、交易决策者和监管者具有一定价值和启示，同时促使我们把分析转向具体产业中占据主导的竞争过程，并理解这一过程与其他产业的不同。本章主要基于传统产业和高技术产业两分法，探讨经营者集中救济在两类不同产业的适用，试图揭示经营者集中救济与不同产业的内在关联，为反垄断执法机构在不同产业进行纷繁复杂的调查和执法提供一个可行的分析框架和选择路径。

第一节　传统产业经营者集中救济的适用

传统产业主要是以产品价格、种类、位置和服务为基础展开竞争，反垄断执法机构在审查传统产业经营者集中时相对比较容易，因为经营者集中反垄断控制规则最早产生并应用于传统产业。传统产业经营者集中的竞争关注首先是横向问题，主要包括单边效果和协调效果；其次是纵向问题，主要为封锁效果。结构性救济是解决传统产业经营者集中产生的竞争问题的优先选择，原因在于横向竞争问题主要被限制在具体重叠部分。

同时,不扩张条款、终止排他纵向协议、不使用商标条款、不竞争条款、不歧视条款等行为性救济也有所适用。

一、传统产业经营者集中救济适用的思路

传统产业在国民经济中占有重要地位,为经济建设和人民生活提供大部分商品和服务,体现国家经济实力和人民生活水平。传统产业是一个相对历史的概念,主要指劳动密集型的、以制造加工为主的产业。传统产业具有如下特征:一是传统产业市场需求大而且持续购买力大,因为传统产业多与人民生活息息相关;二是传统产业利润率较低,因为传统产业进入门槛低,厂商多;三是传统产业品牌集中度偏低,地方品牌仍占主导;四是传统产业营销水平较低,缺乏先进的营销策略和经验;五是传统产业融资能力较差,规模经济效率不高。这些产业特征在经营者集中救济时需要予以充分考虑,以选择适合于产业发展的经营者集中救济类型。

企业通过兼并竞争对手而扩大规模是现代经济史的重要发展。没有哪一个大型美国企业不是或多或少通过兼并成长起来的,并且极少有企业通过内部扩张而迅速成长。[①] 经营者集中是传统产业提高生产集中度和专业协作程度的重要途径,也是传统产业进行结构调整和技术升级的重要形式,但也可能产生排除或者限制竞争的效果,损害消费者利益。经营者集中救济对于解决传统产业经营者集中可能产生的竞争问题发挥着重要作用。传统产业经营者集中救济适用的基本思路主要包括三个步骤:相关市场界定、竞争效果评估和经营者集中救济的商谈。

首先,要进行相关市场界定,这是经营者集中反垄断案件分析的前提要素,也是经营者集中反垄断案件分析的基本背景。相关市场界定主要包括相关商品市场、相关地域市场和相关时间市场三个维度。在经营者集中反垄断执法中,相关市场界定的实质是考察目标企业所处的竞争环境以及竞争对目标企业的约束作用,从根本上解决竞争与集中之间的作用和反作用的比例。相关市场的划定,是有效地实施反垄断法,尤其是经营者集中控制制度所不可或缺的,并且是判断该经营者的行为是否将会产生排除或者限制市场竞争的违法性效果

---

① 参见[美]乔治·J. 斯蒂格勒:《产业组织》,王永钦、薛峰译,上海三联书店2006年版,第124页。

的最基本的前期作业。[①] 总之,相关市场的界定,实际上就是确定竞争边界和明确市场竞争者的过程,对确定参与集中经营者的产业属性、市场份额、市场地位、竞争压力等内容具有重要意义。

其次,要进行竞争效果评估,这是经营者集中反垄断案件分析的核心内容,也是经营者集中救济适用的前提条件。世界主要国家和地区对经营者集中竞争效果的分析,经历了从注重结构的形式分析到注重集中后竞争效果的分析。[②] 一般来说,经营者集中可能产生的反竞争效果分为单边效果和协调效果。单边效果,是指集中后的经营者加强了市场地位,可能通过采取单方面涨价或减少产量来谋取利益,从而减少竞争。单边效果产生于各种不同的背景。在各个不同的背景下,相关市场的特定因素会影响单边效果。影响单边效果的因素包括但不限于如下因素:市场集中度、市场份额、生产能力、市场进入难易度、需求变化、买方力量等。协调效果,是指集中可能促使相关市场上的经营者进行危害消费者的相互协调,从而减少竞争。因为集中减少了竞争者的数量,可以使经营者在相关市场更容易、更成功或者更全面地相互协调损害消费者。分析集中是否产生协调效果,可以考察市场环境、监督效果、威慑效果以及外部反应等因素。总之,经营者集中竞争效果评估是经营者集中救济适用的前奏,经营者集中救济的确定和实施都离不开经营者集中竞争效果评估。在经营者集中救济的确定阶段,只有反垄断执法机构进行竞争效果评估并确认存在竞争问题后才有可能适用经营者集中救济制度。集中当事人向反垄断执法机构提出救济承诺也是为了消除集中可能产生的竞争问题,使集中交易获得批准。在经营者集中救济实施阶段,反垄断执法机构要监督救济实施、批准相关协议和人员。反垄断执法机构进行监督和批准的目标和标准,主要是救济能否恢复和维护相关市场的有效竞争。反垄断执法机构对竞争效果评的估构成了确定经营者集中救济内容的基础,经营者集中救济的确定和实施就是为了消除集中存在的竞争问题。[③]

最后,要进行经营者集中救济的商谈。反垄断执法机构对可能产生竞争问题的经营者集中进行竞争效果评估后,存在三种处理结果:禁止经营者集中、无

① 参见王为农:《企业集中规制基本法理》,法律出版社 2001 年版,第 64 页。

② 参见吴振国、刘新宇:《企业并购反垄断审查制度之理论与实践》,法律出版社 2012 年版,第 123 页。

③ 同上书,第 436 页。

条件批准经营者集中和附条件批准经营者集中。经营者集中救济制度是集中当事人和反垄断执法机构商谈的结果。在经营者集中救济商谈过程中,反垄断执法机构首先提出集中具有或者可能具有的反竞争效果,然后基于对经营者集中救济能否实现经营者集中救济目标的判断,对所选择的经营者集中救济类型的有效性、可行性和及时性作出评估,最后作出具有法律约束力的经营者集中救济审查决定。虽然经营者集中救济审查决定已经作出,但集中当事人和反垄断执法机构的任务并未完成,还要进行经营者集中救济承诺的实施和监督。因此,经营者集中救济是经营者集中审查阶段的重要组成部分和自然延伸。不同的产业,市场环境和市场条件各不相同,竞争和垄断的程度千差万别,就维护市场有效竞争而言,经营者集中救济制度实施是一个非常重要而复杂的过程,需要根据产业组织的结构、行为和绩效的典型模式来设计不同产业经营者集中救济的类型。

二、传统产业经营者集中救济适用的考察——以零售业为例

零售业是国民经济中非常重要的产业,是个体消费者非常关注的产业,是反竞争效果非常及时和敏感的产业。在这个产业,积极的反垄断执法对于维护有效竞争和保护消费者利益至关重要。有研究指出,在世界各国和地区经营者集中救济案例中,零售业数量最高。① 探讨零售业经营者集中救济的具体适用有助于揭示传统产业经营者集中救济适用的特点和规律。

(一)零售业的市场特征

每个市场都有自己特定的结构、行为和绩效。如果没有同时注意每个市场阶段的特殊框架条件,就不能充分评估相关市场中经营者集中的竞争效果。因为在市场扩张的进程中,特别是在扩张的后期,竞争政策的最重要任务是阻止竞争性市场过程化为一个与竞争为敌的寡头化过程,特别是这种寡头化大部分通过集中进行。而在萎缩的市场上,又出现了这个市场阶段典型的、对集中很重要的事实关联,即更多出现过剩的生产能力。② 因此,在具体案件中,经营者

① See Thomas Hoehn, Suzanne Rab & Grant Saggers, "Retail Therapy: A Cross-Country Comparison of Merger Control Remedies Practice and Experience in The Wholesaling and Retailing Sectors of France, Germany, Italy, the Netherlands, Spain and the United Kingdom", *European Competition Law Review*, 2009,30(4),p. 155.

② 参见[德]何梦笔主编:《秩序自由主义》,董靖等译,中国社会科学出版社2002年版,第113页。

集中救济的设计必须考虑相关市场的特征。

考察世界主要国家和地区零售业的发展,与经营者集中救济相关的零售业特征主要包括:①

第一,零售商的主导地位明显。零售商直接面对最终消费者的需求。由于消费者的支出和零售商的销售总额都很小,他们通常被认为是数量小的;由于消费者不愿意行走长距离去购买更便宜的商品,他们被认为是固定的;由于消费者不可能知道所有产品的报价或者不能轻易区分不同商品的质量,他们被认为是消息相对不灵通的。因此,零售商一般位于消费者附近,并主要以价格、质量和服务为基础进行竞争,体现了传统产业竞争的基本特征。

第二,零售业的市场集中度偏高。世界各国和地区由于经济发展阶段和经济发展水平各不相同,零售业的市场集中度也各不相同。一般来说,市场经济发达的国家,零售业市场通常高度集中,特别是在百货部门。例如,在欧盟的成员国中,5 个最大的百货零售商联合占市场份额 50% 以上,3 个最大的百货零售商联合占市场份额 40% 以上,其中,英国、法国和德国超过这个平均水平。② 发展中国家由于市场经济起步较晚,零售业市场集中度虽不像发达国家普遍那样高,但整体上仍然偏高。有的国家某些地区大型零售商快速扩张,导致地区零售业市场集中度过高,甚至出现了大型零售商垄断地区零售市场的现象。

第三,零售业买卖双方的市场力量等量齐观。高市场集中度和主导零售商的最佳规模为其提供了与供应商谈判的优势地位。只要较低的供应价格以较低的零售价格传导到消费者,大型零售商行使买方力量就有益于消费者利益。买方力量也激励供应商更有效率、更有竞争力。然而,零售商也可能把过多的风险或者意想不到的成本转移给其供应商,这可能降低供应商投资新产能和新产品的动力。

第四,零售业跨国经营日益扩展。由于国内市场相对集中,许多大型零售商日益寻求把跨国经营作为发展战略。例如,在 1986 年,世界前 100 名零售商

① See Thomas Hoehn, Suzanne Rab & Grant Saggers, "Retail Therapy: A Cross-Country Comparison of Merger Control Remedies Practice and Experience in the Wholesaling and Retailing Sectors of France, Germany, Italy, the Netherlands, Spain and the United Kingdom", *European Competition Law Review*, 2009,30(4),p.156.

② See Department for Environment, Food and Rural Affairs (Defra), "Economic Note on UK Grocery Retailing" (2006), Accessed March 28, 2015. https://statistics. defra. gov. uk/esg/reports/Groceriespaper May 2006. pdf.

平均在不超过3个国家经营业务,到2004年,便已经上升到10个国家。其中,美国的零售业巨头沃尔玛在2004年已拥有2133家沃尔玛商店,469家山姆会员商店和248家沃尔玛购物广场,分布在美国、中国、英国、巴西等14个国家;欧盟的家乐福、乐购、阿尔迪和利德是跨国经营的主要零售商,其都在不断扩展自己在国际舞台的商业空间。①

第五,零售业折扣店的地位不断提升。大型折扣店连锁在零售业日益占有一席之地。这些店铺有时提供比普通的独立超市更低的价格,它们的主要利润来自于包括采购、配送、销售方面的规模经济效益,也包括简化的店铺形式,通常对每一种商品提供狭窄的选择范围,主要是折扣店自己品牌的产品,因此,比同类商标产品的价格更低。随着一些国家和区域市场经济的纵深发展,折扣店的地位和大型折扣店的市场份额可能不断提升。

(二)零售业经营者集中的经济动因

零售业经营者集中的动因非常广泛,正确理解和把握零售业经营者集中的经济动因有助于反垄断执法机构综合权衡集中的积极效果和消极效果,从而对集中可能产生的竞争问题作出全面正确的判断和评估。零售业经营者集中的经济动因可以概括为以下几个方面:

第一,买方力量。与两个独立的经营者相比,一个较大的集中后经营者可能具有较强的与其供应商谈判的地位。谈判能力的增强可以为这个较大经营者节省成本,可以为市场提供大量折扣产品。这样,较大的集中后经营者不仅能够为自己维持成本节省的状况,而且能够把一些成本节省传递给消费者从而获得市场份额,最终提高自己的利润水平。较大规模可能增强集中后经营者谈判能力的另一种方式,是可以首次展示自己的品牌产品。随着规模的扩大,生产效率的提高,获得的利益越多,较大的集中后经营者实行自己的品牌战略就越有望成功。

第二,成本协同效益。成本协同效益是指两家经营者在集中后,通过互补长短而能够节省的运营开支。大多数产业的经营者集中,集中后经营者都可能通过消除一些重复支出而获得成本节省。然而,这种成本协同效益在零售业特别是推销、广告、配送和行政成本等比重大的部门可能尤其显著。集中当事人可能希望从消除或者减少重复服务中获得重大的成本节省。集中当事人也可

---

① See Dawson, "Retailer internationalisation: What is being internationalised?" Accessed March 28 2015. http://www.som.surrey.ac.uk/res-earch/groups/globalizingretailseminar/Dawson.pdf.

能通过关闭重叠的部门或者撤销一方当事人的行政职能来获得成本节省。

第三,开放必要基础设施和品牌。获得客户和开展竞争的能力可能受到开放基础设施和配送网络的影响,特定品牌也可能是特殊客户群体入门的重要原因。因此,一个经营者可能力求收购已经具有完善的基础设施和大量忠诚客户的目标经营者。例如,1999 年法国的两家公司德斯和杜米迪(Cie Des Sains Du Midi,CSME)和阿尔萨斯钾肥矿务公司(les Mines Des Potasse d'Alsace,MDPA)组建滚石(ROCK)合营企业,创建了一个全国范围的融雪盐配送网络。由于融雪盐不能长距离运输,因此,在关键位置开放仓储间对于任何一家公司的竞争能力至关重要。法国反垄断执法机构最后附条件批准了该合营企业,救济承诺要求剥离大量仓储间,滚石仓储间根据一定的条件向竞争者供应融雪盐。①

第四,多元化发展战略。零售业经营者集中一直呈现跨国性,致力于把经营者的业务延伸至其他国家。例如,在 1999 年美国零售业巨头沃尔玛收购英国零售业领导者阿斯达公司,以扩展其在欧洲的商业存在。这种交易能够使经营者实现跨产品和跨地域的组合,从而在不成熟的市场获得发展。

(三)零售业经营者集中的相关市场界定

相关市场界定是经营者集中控制的重要步骤,因为界定了相关商品市场和相关地域市场,基本上就可以确定参与集中的经营者所面对的竞争者,从而可以评估集中对市场竞争可能产生的影响。② 界定相关市场的方法不是唯一的,根据实际情况,可能使用不同的方法。界定相关市场时,可以基于商品的特征、用途、价格等因素进行需求替代分析,必要时进行供给替代分析。在经营者竞争的市场范围不够清晰或不易确定时,可以按照"假定垄断者测试"的分析思路来界定相关市场。反垄断执法机构鼓励经营者根据案件具体情况运用客观、真实的数据,借助经济学分析方法界定相关市场。

遵循相关市场界定的基本原理和分析思路,零售业经营者集中相关市场界定呈现出两个显著特征:一是零售业经营者集中相关商品市场仍然是其本身,其具体界定也比较容易;二是零售业经营者集中相关地域市场具有典型的地区性。下面以美国典型的超市经营者集中案件的相关市场界定加以说明。

---

① See Cie Des Sains Du Midi (CSME)/MDPA-SCPA-ROCK, Decision of September 1, 1999 (France).

② 参见王晓晔:《反垄断法》,法律出版社 2011 年版,第 86 页。

1. 超市经营者集中相关商品市场的界定

与美国其他产业相像,超市经历了急剧集中并出现历史上的大型超市。虽然绝大多数超市集中案件没有引起竞争问题,但在1995~1999年,美国联邦贸易委员会接受的157起超市集中申报中,有14起最终通过发布同意令结束案件。① 在这些案件中,美国联邦贸易委员会始终认为超市经营者集中的相关商品市场就是超市本身。因为超市价格主要与其他超市价格相比较,并且内部文件显示,超市通常把其他超市作为其主要竞争对手。其他专业食品百货公司或者大众商人并不提供一站式的同等范围的商品,因而并不被认为构成显著的竞争约束。超市通常只能通过价格控制其他超市。

同时,超市是一个群市场,因为它们在同一个区域集聚一系列产品和服务。它们与医院、银行、百货公司等群市场相像,因为,一系列产品和服务以某种方式聚集在一起可以减少交易成本。美国反托拉斯判例法认为,在现实中,虽然有时某一商品集合内的每个单一商品或者服务并不具有构成相关市场的可能性,但是,属于该商品集合的所有商品或者服务作为一个整体是否可以形成一个相关市场,却是应该予以认真考虑的。美国联邦最高法院在审理费城国民银行案(Philadelphia Nation Bank)等一系列的商业银行集中案中,最终确认商业银行所提供的一群服务作为一个整体已经构成了一个相关商品市场。所谓"群",是指能够从有效竞争中同别的其他商品集合隔离开来的那部分商品和服务的集合体。② 群市场具有一些必要的特征:一是重复购买是销售渠道的主要特征;二是群中任意一个单一部分的平均价格与相对不属于群的价格相比低;三是商品不需要重大搜索成本。③ 超市符合所列举的每一个特征,因此,超市是典型的群市场。

2. 超市经营者集中相关地域市场的界定

超市经营者集中的相关地域市场通常是地区性的,尽管有时可能由全部市区范围构成。在确定地域市场时,反垄断执法机构通常考察单一店铺的竞争区域。竞争区域通常取决于消费者愿意行走多远去购物。如果要旅行的不是货

---

① See David A. Balto, "Supermarket Merger Enforcement", *Journal of Public Policy & Marketing*, Vol. 20, No. 1, *Competition Policy and Antitrust Law*, *Spring* 2001, pp. 38-50.

② 参见尚明主编:《中国企业并购反垄断审查相关法律制度研究》,北京大学出版社2008年版,第17页。

③ See Blumenthal, William and David A. Cohen, "Channels of distribution as Merger Market: Interpreting Staples and Cardinal", *Antitrust Report*, 1998, pp. 2-22.

物或供应商而是客户，则地域市场就会小一些，而且更难界定。因此，超市的地域市场相对很小，因为，超市的消费者一般只愿意开车12～15英里去购买这些东西。[①] 确定重叠的交易区域后，相关地域市场扩展到服务于相同客户的其他超市，因为如果原先拟议集中的超市在集中后提高价格，这些替代卖方就是集中当事人的客户可能转向的供应者。这个分析过程通常产生确定重叠市场范围的结果，在这一延长的区域市场价格彼此相互竞争。这一较大的市场可能与整个市区一样。

有些因素可能导致市场试验的中断，产生一个较小的市场。这些因素包括交易的人为障碍和自然障碍，例如，水路、高山、公园、土地储备和军事设施或者缺乏开放。较小的地域市场也可能来自交通密度、城市密度和专业人口统计等因素。总之，在具体案件中，超市经营者集中的相关地域市场可能相对大一些或者相对小一些，但总体上都具有地区性的特征。

（四）零售业经营者集中的竞争效果评估

零售业经营者可以通过集中实现重大的成本节省和效率收益，使其在集中后能够成为一个把更低的价格和更多的选择传递给消费者的强大竞争者。但是，在某些国内市场高度集中和纵向一体化的案件中，反垄断执法机构自然非常关注一些集中交易损害竞争和消费者的可能性。考察和评析世界各国和地区已经审查的零售业经营者集中案件，展现零售业经营者集中可能面临的竞争问题，是进一步研究零售业经营者集中救济的重要前提。

1. 零售业经营者横向集中产生的竞争问题

（1）单边效果

零售业市场的地域范围通常非常狭窄，因而消费者往往不愿为购买少量商品而花费搜索和路途成本。例如，百货市场的界定一般很狭窄，通常根据受影响部门或者百货店的等时线测量，或者根据里程或者驾车或者步行时间衡量。这种地域市场可能被认为易于产生竞争问题，因为，消费者在百货店的选择上可能受限，并且新进入者可能在可获得新开业百货店的位置上受限。

零售业集中的一个竞争关注是集中后经营者可能进一步通过掠夺性定价扭曲市场竞争。如果集中当事人在集中前是紧密竞争者，并且在集中后很少能有替代供应商仍然为客户存在，那么，在这种地域市场进行竞争的经营者之间

① 参见［美］赫伯特·霍温坎普：《联邦反托拉斯政策：竞争法律及其实践》，许光耀等译，法律出版社2009年版，第122页。

的集中可能提高集中后经营者的市场力量,由此产生的竞争关注就是集中后经营者可能进一步通过掠夺性定价扭曲市场竞争。这些行为可能排除现存较小的竞争者,并可能扩大进入障碍。在这种地域市场,横向一体化的大企业可能利用的另一种进入障碍是减少新店可获得的土地。这种进入障碍部分可能产生于规划制度,大企业容易吸收与场地集聚和提交规划申请相关的成本,也容易防范规划申请遭拒的风险。它们也可能比新进入者具有更丰富的规划制度经验。现存零售店所有者也可能购买对新进入者具有吸引力的地块,直接阻碍它们进入市场。例如,2007 年在德国的两个超市收购案①中,反垄断执法机构适用剥离救济要求集中当事人向竞争者转让租约、商誉和几个建筑的经营许可,阻止其在相关地域市场获得支配地位。

零售业集中的另一个竞争关注是大型零售商与其供应商相比具有显著的买方力量。这种竞争关注的逻辑在于,大型零售商的规模可以从供应商购买大批产品,因而谈判获得更低价格的产品。这些经营者可以将更低的价格传递给消费者,同时仍然保持良好的利润水平,这将使其较小的竞争者因不能以这种较低的价格销售商品而被迫退出市场。从短期来看,低价可能有益于消费者;然而,从长期来看,由于较小的零售商退出市场,消费者可能面临更少的选择和更高的价格。大型零售商也可能运用其优势的谈判地位通过严格合同把过多风险和意想不到的成本转嫁给其供应商。如果这些经营者拥有供应商客户的通道,那么,供应商可能没有接触客户的其他替代选择。这可能减少供应商投资新产能、新产品和新工艺的动机。对于消费者,这最终可能意味着更低的质量和更少的选择。

(2)协调效果

寡头市场结构可能增加经营者彼此协调的可能性。在只有几个大型经营者的市场也会产生竞争关注,因为几个竞争者可能认识到它们的价格和销售的相互依赖,它们可能寻找共同利益,避免毁灭性竞争。在这种环境下,即使没有明示的协调,共同利益关系也可能足以导致价格上涨。有些因素表明协调效果是零售业集中的特殊风险:相对较少的企业需要达成和实施任何有关协调的协议;市场相对无弹性,例如,只有相对较少的消费者会转向其他渠道购物作为对超市涨价的反应;相对稳定的市场条件和相对持续的市场需求;通过相互的间

---

① See Globus/hela Profizentren, Decision of December 5, 2007 (Germany).

隔监督易于获得价格信息，使企业易于标明价格变化；相互依赖使所有的企业认识到更激烈的价格竞争将减少整个产业的利润，但不会显著增加总产业的销售量；协调效果可以实现净利润的显著增加；减少对任何默示协议欺诈的监督，因为每家企业的价格都处于公开状态；通过报复脱离协议的企业制约欺骗的能力。①

支持协调效果的关键因素是市场集中度，因为零售业市场中的价格和市场集中度是相关的。例如，在食品零售业，虽然市场进入比较容易，但显著的集中度的提高将导致显著的价格上涨。因此，集中度越高，导致通过协调提高价格的风险越高。1988 年美国加利福尼亚诉美国百货案（California v. American Stores）表明，中度集中的市场可能产生显著的竞争问题。②

寡头市场的集中有时也可能因潜在的协调效果受到审查。2000 年，西班牙的两家啤酒生产商的集中交易被西班牙反垄断执法机构提出了集体支配的竞争关注。③ 在该案中，集中后经营者和另一个竞争者达姆（Damm）公司联合控制西班牙酒店业市场 80% 以上的份额。由于市场中较低的需求价格弹性、产品的同质性和进入障碍的存在，例如，啤酒生产商和酒店业销售者之间存在排他合同，西班牙反垄断执法机构认为该集中交易将使集中后经营者和达姆（Damm）拥有实质的联合定价能力。西班牙反垄断执法机构最终附加限制性条件批准了该集中交易，救济承诺要求促进市场进入和提高集中后经营者积极与达姆（Damm）竞争的动机。

高度集中市场可能导致协调的同样关注是英国竞争委员会 2003 年评估西夫韦零售连锁投标案④。西夫韦是英国第四大百货零售商，一直业绩不佳，面临被其他大型零售商阿斯达、塞恩斯伯里、威廉莫里森和乐购收购的局面。乐购是英国全国零售连锁前三名经营者，威廉莫里森被认为是强有力的地区经销商而不是全国经销商。英国竞争委员会分别评估其与西夫韦的可能联合，认为由于高度集中的市场、零售业的高进入障碍、竞争者价格的高水平监督和每一个大企业提供的非价格领域的报价，如果西夫韦与乐购、塞恩斯伯里和阿斯达进

---

① See David A. Balto, "Supermarket Merger Enforcement", *Journal of Public Policy & Marketing*, Vol. 20, No. 1, *Competition Policy and Antitrust Law*, *Spring* 2001, p. 43.

② California v. American Stores Co. (1988), 697 F. supp. 1125 (C. D. Cal.).

③ See Mahou/San Miguel, Decision of October 10, 2000 (Spain).

④ See Tesco / WM Morrison Supermarkets, Decision of 17 October, 2004 (UK).

行集中将显著提高全国协调行为的可能性。因此,英国竞争委员会最终附加剥离救济批准了西夫韦和威廉莫里森之间的集中交易。

2. 纵向问题——封锁效果

由于从生产到销售不断加强对产品的控制,零售业的纵向一体化有许多优点超过其非纵向一体化的竞争者。纵向一体化通常会将效率传递给集中当事人,可能为消费者生产更低价格和更好质量的产品。然而,在有些案件中,集中当事人在特定的生产链拥有强大的市场力量,其可能利用这种力量战略性地通过封锁竞争对手或者促进协调来减少竞争从而引起反垄断执法机构的竞争关注。例如,2000 年法国零售商卡斯诺(Casino)拟议收购莫诺普瑞克(Monoprix)超市连锁店。① 法国反垄断执法机构认为,卡斯诺可能利用莫诺普瑞克与下游中心购买代理商弗兰凯普(Francap)的关系和其自己与另一个中心购买代理商(Opera)欧普洛的关系减少与其他零售商的竞争,这种与竞争者的间接紧密关系可能导致集体支配巴黎市场。最后,集中当事人提出放弃对弗兰凯普行为限制的救济承诺。

(五)零售业经营者集中救济的具体适用

1. 结构性救济的适用

结构性救济在零售业的适用非常普遍,这很大程度上是由于零售业市场的地区性特征,也是由于零售业经营者集中产生的横向竞争问题主要限于具体重叠部分。剥离已经成为零售业典型的经营者集中救济类型,包括食品零售、药品零售、汽车零售、手工品零售和其他消费品零售。

2000 年,家乐福收购普罗莫代斯案(Carrefour/Promodes)是零售业经营者集中救济适用的经典案例。涉案的两家公司都在几个欧洲国家的大卖场、特级超市、折扣店积极从事日用品零售业务。欧盟委员会认为,该交易与共同市场相容,附加限制性条件批准了该交易。应法国反垄断执法机构的申请,欧盟委员会将该集中交易移交给法国反垄断执法机构审查确定 99 个地域市场。法国反垄断执法机构认为,该集中交易将导致家乐福在相关地域市场拥有市场支配地位,因此要求集中当事人通过出售或者终止特许经营协议进行剥离,同时,承诺限制集中当事人已经剥离的百货公司所在地区新百货店的开业和现有百货店的扩张。② 该集中交易也受到西班牙反垄断执法机构的审查,最终附加限制

---

① See Casno/Monoprix, Decision of October 2, 2000 (France).

② See Carrefour/Promodes, Decision of July 5, 2000 (France).

性条件批准了该集中交易，要求剥离17个地域的特级超市和普通超市。[①]

虽然剥离相关市场的重叠部分可能是恢复集中前竞争水平的最有效方法，但合适剥离救济的方法和范围可能会有区别，这取决于现有市场集中度、集中增强市场竞争的程度和集中后市场的竞争程度。在2007年，德国反垄断执法机构附加限制性条件批准了道格拉斯收购赫拉案（Douglas/Hela），[②]要求剥离在达姆施塔特（Darmstadt）的店铺。该集中交易涉及香水和化妆品的零售供应，相关地域市场为围绕达姆施塔特30公里半径范围内。德国反垄断执法机构认为，该集中交易将加强道格拉斯在达姆施塔特地区的市场支配地位，其市场份额几乎高于最紧密竞争者的3倍。该案中的救济非常清晰，限制在具体的重叠部分。

在乐华梅兰收购欧倍德案（Leroy Merlin/OBI）[③]中，法国经济部适用剥离救济和承诺不扩张新销售区域的行为性救济批准了该集中交易。在该案中，为了消除在两个零售区域市场的重叠，集中当事人承诺剥离欧倍德拥有的店铺。在第三个地域市场，集中当事人承诺剥离一个店铺，因此，相应减少竞争重叠。集中当事人也承诺在第四个地域市场不扩展它们的零售业务区域，这部分地域剥离后重叠部分仍然重大。

英国博姿收购联合化学工业公司联盟案（Boots/Alliance UniChem）[④]表明了需要广泛的剥离救济消除地域市场的竞争关注。法国公平交易局审查了零售药业、美容产品和个人护理产品，认为在38个区域重叠部分实质减少竞争，集中后将不会有其他竞争者；61个区域仍然只有两个竞争者。法国公平交易局接受剥离95个联合化学工业公司拥有的店铺的承诺，以避免提交到竞争委员会。塞拉西集团公司（Celesio AG）申请法国竞争上诉法庭司法审查公平交易局的决定。最后，法国竞争上诉法庭驳回了司法审查申请，公平交易局的决定生效。

2. 行为性救济的适用

除了结构性救济最普遍适用外，在零售业还适用行为性救济，它们通常是

---

① See Carrefour/Promodes, Decision of May 4, 2000 (Spain).

② See Douglas/Hela, Decision of March 8, 2007 (Germany).

③ See Leroy Merlin/OBI, Decision of February 10, 2003 (France).

④ See Celesio AG v. Office of Fair Trade, Decision of May 9, 2006, Competition Appeal Tribunal (UK).

辅助结构性救济的实施。

(1)不扩张条款

在零售业案件中,反垄断执法机构通常认为,有必要通过承诺不扩张集中当事人集中后在相关市场的现有地位来增强剥离救济效果,例如,承诺不开设新的店铺或者不扩张现有店铺营业面积,这种行为性救济一直被法国所适用。但是,反垄断执法机构也一直非常审慎适用这种类型救济,因为它可能阻碍经营者为促进竞争和保护消费者利益而扩张其经营行为。

(2)终止排他纵向协议

在2002年,法国反垄断执法机构审查了零活先生收购塔比尔案(Mr Bricolage/Tabur),①两家公司从事手工艺品销售和配送业务,在零售业都拥有特许经营网络。该集中交易影响11个地域市场,在其中一个特殊地域市场,集中当事人的市场份额合计超过80%。为了解决这一市场的竞争关注,集中当事人承诺塔比尔将终止其与受许人在这一市场的特许经营协议。

同样,在2000年西班牙附加限制性条件批准了两个啤酒制造商马胡(Mahou)和生力(San Miguel)的集中交易,②要求集中当事人终止生产和配送第三方外国品牌啤酒的许可协议,该救济旨在减少市场集中,促进新竞争者进入市场。

(3)撤销商标

在极少数情况下,在位者公认的值得信赖的商标代表着一种进入障碍,其他经营者想要吸引在位者的客户很难。1999年在法国的两家公司组建滚石(ROCK)合营企业案③中,法国反垄断执法机构试图减少竞争者进入法国融雪盐的障碍,救济承诺要求集中当事人撤销它们的商标。

(4)终止实施不竞争条款

有些集中交易可能包括在特定时期的不竞争条款,限制被收购经营者的核心人员在集中后离开集中后经营者,创建它们自己的竞争性公司。这种类型的条款在雇员的专业技术或者联系网络为最终产品关键投入的市场中具有特殊相关性。然而,在维护集中后实体利润的同时,这些条款可能限制这种市场的

---

① See Mr Bricolage/Tabur, Decision of September 29, 2002 (France).

② See Mahou/San Miguel, Decision of October 10, 2000 (Spain).

③ Cie Des Sains Du Midi (CSME)/MDPA-SCPA-ROCK, Decision of september 1, 1999 (France).

竞争发展,因而,可能引起反垄断执法机构的竞争关注。在2002年,两个建筑材料零售商点P(Point P)和阿尔迪(Ardi)之间的集中交易涉及不竞争条款的救济。[①] 在该案中,法国反垄断执法机构认为,技术能力可能是进入市场的障碍,集中当事人承诺终止实施与阿尔迪职员不竞争条款被认为是合适的救济,可以给予新进入者雇佣有资质和有经验职员的机会。

(5)无歧视条款

承诺不从事有利于集中后实体的行为一直在零售业集中救济中广泛适用。在2004年,法国反垄断执法机构批准了一项纵向集中交易,[②]该案涉及一家大型餐具制造商阿克国际集团(Arc International group)收购4家专业餐具产品配送公司。法国反垄断执法机构认为,该集中交易在法国饮用玻璃杯市场产生竞争关注。阿克承诺与其他批发商客户维持两年现有商业关系,并承诺以公平无歧视条件向其他竞争者供应预订数量的产品。

在2005年,西班牙反垄断执法机构处理一起类似案件,涉及壳牌西班牙和西班牙石油公司两家公司拟组建合营企业SIS,为民用飞机提供煤油和润滑油。[③] 西班牙反垄断执法机构认为,SIS提供给集中当事人的服务可能被用于封锁竞争,损害了第三方的利益。最终,西班牙反垄断执法机构附加限制性条件批准了该集中交易,要求SIS不提供有利于集中当事人的歧视性服务。

(六)零售业经营者集中救济适用的评析

考察零售业经营者集中救济的实践,我们可以发现,这一产业经营者集中救济的适用具有一些鲜明特征。

首先,结构性救济的适用通常优先并且非常普遍,特别是在相关市场非常狭窄而且竞争问题非常清晰的地域市场。有研究指出:在所选取的43个案件中,有25个是适用剥离品牌折扣店。[④] 如果重叠是清楚的,剥离业务可以独立经营,那么,独立经营者身份的丧失可以通过剥离具体店铺获得补偿。剥离业务的范围包括从单一店铺到100个店铺等各种情形,这表明从竞争视角事先确

---

① See Point P/Ardi, Decision of December 13, 2002 (France).

② See Arc International group/Callens Lesage Laurent Vachaud Piffaut, Decision of November 24, 2005 (France).

③ See Shell España/CEPSA, Decision of March 9, 2005 (Spain).

④ See Thomas Hoehn, "Structure Versus Conduct – A Comparison of the National Merger Remedies Practice in Seven European Countries", *International Journal of Economics of Business*, February 2010, p. 16.

定非常重要的地域市场的重要性,也表明为解决地域市场重叠的剥离救济核心分析框架提供有力支持的经济分析的重要性。

其次,行为性救济的适用通常是辅助性的而不是独立性的,目的是增强结构性救济的效果。这类行为性救济主要有不扩张条款、终止排他性协议、撤销商标、不实施不竞争条款和无歧视条款。在2004年,乐禧瑞收购联合利华百仕福案(Lesieur/Unilever Bestfoods)①是一例证,该案涉及橄榄油制造商乐禧瑞收购法国联合利华百仕福的一系列橄榄油商标。为了消除集中交易引起的竞争关注,乐禧瑞承诺剥离"Oli"和"Jardin D'Orante"两个橄榄油商标。同时,法国反垄断执法机构附加了两项行为性救济:一是终止乐禧瑞和法国食油销售商卡拉佩利(Carapelli)之间签订的排他性协议;二是乐禧瑞承诺停止采用为使其产品更好地延伸到超市柜台的惯用商业政策。

再次,跨国经营增加了经营者集中救济适用的复杂性和多样性。跨国经营导致集中交易需要在不同国家和地区进行跨辖区多次申报。如果集中当事人在较小的地域范围内进行竞争,那么有必要考虑跨辖区申报和国内市场分析的关联性。另外,零售业跨国集中交易可能要求在几个国家进行救济,可能看到适用不同的救济类型。例如,法国反垄断执法机构可能倾向于适用行为性救济,而德国反垄断执法机构可能倾向于适用结构性救济,这可能影响交易申报战略。例如,在欧盟,如果一项交易至少需要在3个国家进行申报,而不是在每个国家由不同的反垄断执法机构以不同的方式救济各自确定的竞争关注。

最后,经营者集中救济的适用需要考虑特殊的政治环境。零售业集中交易常常发生在高度紧张的政治环境中。在一般条件下,每一个消费者需要购买的包括食物、车辆、衣服、运动鞋和手工艺品等每一件产品,都可能引起强烈的情感和利益。反对集中交易可能来自竞争对手、供应商、客户和消费者。在英国百货领域,许多主要经营者为西夫韦超级市场连锁店激烈投标是一例证。集中当事人需要研究周密的沟通战略,以确保能够考虑到所有利益相关方的关注,并且确保能够找到解决这些相关第三方关注的合适的救济。

(七)零售业经营者集中救济适用的改进

不同产业的市场结构状况不同,不同产业影响市场结构的因素不同,经营者集中救济的适用也应当有所不同。产业规模、特定产业中的公司数目、产业

---

① See Lesieur/Unilever Bestfoods, Decision of November 18, 2004 (France).

的集中及获利情形等因素，在反垄断执法机构作出经营者集中救济决定时更具影响力。[①] 在零售业经营者集中救济适用中，还需要重点关注以下因素，改进反垄断执法机构的执法思路和方法。

首先，针对具体的集中交易类型采取不同的政策。零售业的发展史表明，随着零售业市场的成熟，零售业集中交易日益增长，这一领域的集中可以分为三种类型：一是大型跨国公司跨国经营的手段；二是一国范围内中型竞争者横向集中；三是一国范围内主导者之间的集中。每一类型的集中将产生不同的竞争问题。第三种类型由于市场集中度的显著增长，将是反垄断执法机构严格审查的重点。在1963年的布朗鞋案中，除了集中对特定市场可能产生的影响外，对当初国会立法所欲保存的经济生活方式的可能影响也应纳入考量。本案中，法院所担心的影响就是未来寡头垄断市场的产生，基于这些理由，法院禁止布朗鞋案中的纵向集中。[②] 前两种类型需要不同的分析框架，单独的集中度分析将不能解决产生的所有竞争关注。其他潜在的问题，包括跨国联盟的影响、更强中型经营者的产生对在位者的挑战、跨界零售形式而不是单一零售形式对消费者选择的意义（如较大的百货零售商收购便利店）等问题。这些问题表明像其他任何部门一样简单的"一揽子"政策并不适合零售业集中交易，剥离被认为是优先的救济，经常需要权衡效率和潜在市场支配地位的行使，并且经常需要从本地区和更广泛区域竞争的视角审查每一起集中交易案件。

其次，关注零售业集中交易中的买方力量。百货领域的集中交易涉及生产产品的产业和向最终消费者销售产品的零售业，日益增长的百货公司规模可能会使集中后经营者成为强大的买方。集中交易案件不断提出的竞争关注和集中控制范围之外的竞争调查，表明零售商的买方力量对于生产者具有负面影响。在芬兰两家主要的超级市场凯斯科收购图寇案（Kesko/Tuko）[③]中，欧盟委员会第一次全面分析了集中交易中的买方力量。欧盟委员会认为，由于两家企业的市场份额非常大，集中后的企业将在芬兰零售市场上产生支配地位，最终认定这一集中交易与共同市场不相容，从而予以禁止。因此，需要进一步深入评估这一领域的问题。一方面，制造业的日益集中趋势对强大的零售买方在短

---

① 参见范建得、庄春发：《公平交易法——独占、结合、联合》，台北，汉兴书局有限公司1999年版，第178页。

② 同上书，第185页。

③ See Case No. IV/M. 784, Kesko/Tuko, OJL110, 26/04/1997.

期内可能具有积极影响。因为中间产品价格的降低将会导致更低的零售价格。另一方面,对零售商买方力量在产品选择和零售价格减少方面是否具有长期损害效果的问题,这可能需要关注零售业的进入障碍。有些案件表明,由于规划制度和战略原因,市场进入障碍不可能低。因此,在零售业经营者集中案件中,反垄断执法机构需要对买方力量的积极效果和消极效果进行综合考虑,根据具体个案情况采用评价买方力量的不同方法,以便对竞争问题作出正确的判断和评估。①

最后,零售业集中交易对消费者福利的影响。零售业领域的集中交易案件表明零售商私人品牌增多,这与买方力量相关,因为它们改变了品牌产品生产商和零售买方之间相对的谈判地位。在飞利浦—莫里斯收购纳贝斯克案(Philip Morris/Nabisco)②中,欧盟委员会指出,生产商的产品在很大程度上依赖于大型零售店进行销售,并且,消费者一般也不会因为超级市场缺少某一个品牌或者某一种产品,就不到那里购物,因而,大型零售店具有很强的议价能力。从短期来看,它们为消费者提供了更多的价格选择,在评估零售业集中交易时是应当予以考虑的一种约束。而且,有些零售业经营者集中救济案件还表明市场集中度和买方力量的增加存在内在平衡问题。例如,法国的一起经营者集中救济案件涉及承诺不扩大产量。③ 有关案例研究可以根据消费者选择和价格降低情况来仔细考察这种救济的效果,但是仅采取反垄断执法行动并不能确保消费者的利益不受侵害。反垄断执法机构应当特别关注零售业的经营者集中救济,及时、有效、全面地恢复产业竞争。反垄断执法机构不断面临新挑战,需要持续调整其分析工具和救济方法,以在迅速变化和融合的产业中有效保护竞争。

第二节　高技术产业经营者集中救济的适用

高技术产业主要是以技术创新和产品集聚为竞争过程的重要动力,反垄断执法机构在审查高技术产业经营者集中时比传统产业面临更多的困难和挑战。

---

① 参见吴振国、刘新宇:《企业并购反垄断审查制度之理论与实践》,法律出版社 2012 年版,第 141 页。

② See Case COMP/M. 2072, Philip Morris/Nabisco, 2000.

③ See Mr Bricolage/Tabur, Decision of September 29, 2002 (France).

高技术产业经营者集中的竞争关注非常复杂，考虑的因素非常多，包括集中产生的效率和节省成本的动机、集中发生在迅速的和革命性的技术变革环境中、产业监管机构发挥的作用。世界主要国家和地区的反垄断执法实践反映了高新技术产业的特点和规律，即反垄断执法机构倾向于接受包括结构性救济和行为性救济的"一揽子"救济包，同时，在设计和选择经营者集中救济方案时，反垄断执法机构必须努力实现潜在冲突的政策之间的平衡。

一、高技术产业的界定

1. 高技术产业的概念

高技术产业，是指用当代尖端技术生产高技术产品的产业群，是研究开发投入高、研究开发人员比重大的产业。高技术产业由于重大创新而不断发展，也称为高新技术产业、创新密集型产业、新兴产业、新经济产业。[①] 1971 年，美国国家科学院在《技术和国家贸易》中首先提出高技术（High Technology，High-Tech）的概念，英国政府在撒切尔执政期间把高技术列为国家发展纲要。

我国的高技术产业分为两类：高技术制造业和高技术服务业。高技术制造业，是指国民经济行业中 R&D[②] 投入强度（即 R&D 经费支出占主营业务收入的比重）相对较高的制造业，包括医药制造，航空、航天器及设备制造，电子及通信设备制造，计算机及办公设备制造，医疗仪器设备及仪器仪表制造，信息化学品制造 6 大类。[③] 高技术服务业，是采用高技术手段为社会提供服务活动的集合，包括信息服务、电子商务服务、检验检测服务、专业技术服务业中的高技术服务、研发设计服务、科技成果转化服务、知识产权及相关法律服务、环境监测及治理服务和其他高技术服务 9 大类。[④] 我们将根据这一分类选取国内外经典案例进行重点分析。

2. 高技术产业的市场特征

一般认为，高技术产业的主要特征表现为知识产权和网络效应的重要性，从反垄断法的视角考察，还具有其他显著特征，对于研究高技术产业的竞争问

---

① See OECD，Merger Review in Emerging High Innovation Markets，2002，p. 19.

② R&D 即 Research and Development，研究与研发。国际上通常采用 R&D 活动的规模和强度指标反映一国的科技实力和核心竞争力。一国的 R&D 水平体现着一国的政治经济实力。一个企业的 R&D 水平，体现着一个企业的竞争力。

③ 参见国家统计局，高技术产业（制造业）分类，(2013)。

④ 同上。

题有一定意义。2002 年经济合作与发展组织(OECD)对高技术产业的市场特征作出了全面的描述:(1)研发比重高,高度依赖知识产权,高度依赖人力资本;(2)迅速的技术变革和较短的产品周期;(3)不断增加的规模效益;(4)重要的网络效应;(5)相容性和有关标准可能在竞争过程中发挥重要作用;(6)高度的技术复杂性。① 这些特征对于高技术产业的竞争模式具有显著影响,使这一产业的竞争高度关注产品绩效而不是产品价格,技术创新成为相关市场上经营者之间竞争的核心手段,使市场上的领导者面临不断被替代的趋势,其竞争也呈现出“赢者通吃”的态势,因而,在位的领导者也只有不断地持续创新才能维持其市场地位。② 有些高技术产业,由于网络效应、转换成本或者其他因素甚至可能导致市场具有支配地位或者垄断地位;另外,由于经营者需要为了市场而战,在这样的市场的早期阶段就会产生竞争问题。

在考虑技术创新时,传统的经营者集中反垄断审查标准将发生显著改变。第一,创新可能显著影响集中前的市场地位和集中后的可能状态之间的关系,即使关注传统的产品市场绩效措施,如静态价格效率,技术变革也可能根本改变合适的分析方法。例如,市场份额通常被用作市场力量的指示器,但至少在理论上,重大创新将会导致根据传统的当前市场份额方法分析可能具有市场支配地位的供应商的快速替代。我们可以把创新对集中分析的这种影响称为“创新影响效果”。第二,创新可能从根本上影响集中政策,创新本身可能是集中潜在产生的市场绩效的一个重要维度。通过影响创新,除对短期产品市场的任何直接影响外,集中还可能产生较高效率和消费者福利效果。集中当事人经常认为集中交易将使其参与更大的创新,而反垄断执法机构可能反对集中交易,因为其将导致激励创新的竞争的损失。为了全面评估创新对市场绩效的影响,反垄断执法机构必须考察拟议的集中交易如何改变市场参与者投资创新的动机和能力。我们可以把创新对集中政策的这种影响称为“创新动机效果”。③

为了考察创新动机效果,我们需要清楚通过影响可以减少成本或者创造新产品的程度和性质,一项集中产生的市场结构和竞争的变化将怎样影响消费者福利。为了考察创新影响效果,我们需要清楚创新如何影响市场结构和竞争的

① See OECD, Merger Review in Emerging High Innovation Markets, 2002, p. 20.

② 参见刘武朝:《经营者集中附加限制性条件制度研究》,法律出版社 2014 年版,第 138 页。

③ See Michael. Katz and Howard A Shelanski, “Mergers and Innovation”, *Antitrust Law Journal*, 2006, p. 13.

发展。创新可能是一种使静态的市场结构不可靠或者不相关的力量,但是,创新效果可能与一项集中是否应当受到质疑和反垄断执法机构选择何种救济类型高度相关,我们把创新纳入集中分析的两种方式具有重要的政策意义。在一定程度上,创新本身就是一个重要目标,反垄断执法机构需要理解在具体案件中创新和市场结构的关系,并且,能够区分关于集中是有益于创新动机还是损害创新动机的合法主张和机会主张。同时,创新可能以难以预测的方式影响集中后的市场,反垄断执法机构需要区分是集中当事人自己主张面临潜在的以创新为基础的竞争与潜在竞争进入者现实存在的两种情况。此外,创新动机的重要性提出,传统的旨在促进更低价格和更好产品的竞争目标是否与促进效率创新的目标相一致。在一定程度上,创新和集中政策的静态经济目标之间存在一种张力,经营者集中反垄断执法机构必须发展一种框架以决定如何在这些政策目标之间进行平衡。

二、高技术产业经营者集中救济适用的思路

(一)高技术产业经营者集中相关市场界定的调整

1. 技术市场的合理适用

技术进步、文化创新以及市场营销的改进在世界范围内持续地发生。个人、公司和国家都竭力发展商品、服务或市场的新思想,以便创造新的财富资源、刺激经济增长及改善进出口贸易差额。① 随着科学技术的进步,技术因素特别是知识产权对于市场竞争的影响越来越明显,技术市场的竞争状况也成为反垄断法关注的问题。② 在涉及知识产权的反垄断执法工作中,有时就需要界定相关技术市场。高技术产业的经营者集中通常涉及在技术市场的支配地位,从而引起竞争关注。因此,在具体案件中,有必要合理适用技术市场,以确定经营者集中的反竞争效果。

(1)技术市场的历史演进

究竟何为相关技术市场,世界主要国家和地区经历了一个从简单到复杂、从实践到理论和从司法到立法的认识过程。美国最早提出了界定相关技术市

---

① 参见[美]Jay Dratler,Jr.:《知识产权许可》(上),王春燕等译,清华大学出版社 2003 年版,第 5 页。

② 参见时建中、王伟炜:《论反垄断法中相关市场的含义及其界定》,载《重庆社会科学》2009 年第 4 期。

场的问题。尽管美国有关专利技术的商业市场可以追溯到 19 世纪上半叶,但是,反垄断技术市场界定却是晚近的一种现象。[①] 一般认为,美国联邦法院对专利联营协议的反垄断分析的判例法是现在的技术市场分析的前兆:第一,它们对包括技术的知识产权交易适用反托拉斯审查;第二,它们提出了可以与使用该技术生产的商品的市场势力相区分的技术市场势力的潜在重要性。[②] 尽管早期判例没有明确界定相关技术市场,但提出了技术市场势力的潜在重要性,并为后来进行技术市场界定奠定了观念基础。

1988 年,美国司法部发布的《国际经营反托拉斯执法指南》是最早和最详细的关于技术市场分析的官方文件,[③]把技术市场从默示的和辅助的地位上升到明示的和主要的地位。该指南把确定相关技术市场而不是相关商品或者服务市场的竞争者和竞争效果作为分析知识产权许可协议的起点。该指南指出,在分析知识产权许可安排时,司法部首先确定与许可包含的一项技术或者一组技术进行竞争的所有技术。技术市场界定在司法部执法政策中出现后,并没有给知识产权许可安排提供一个全新的分析模式,而只是从传统的相关商品市场分析向知识产权市场交易的正式转换。但是,该指南明确划分与相关商品或者服务市场相区别的概念上独立的技术市场,迈出了完全承认技术市场分析的重要一步。

1995 年,美国司法部和联邦贸易委员会联合发布的《知识产权许可反托拉斯指南》是最权威的技术市场分析文件。[④] 该指南明确列举了可能受到许可安排影响的三类市场:商品市场、技术市场和创新市场。该指南对技术市场的定义是:技术市场包括被许可知识产权(被许可技术)及其紧密替代品,即实质上足以限制有关知识产权市场势力行使的紧密替代品。该指南中的技术市场不

① See Joshua A. Newberg, "The Emergence of Technology Markets in Antitrust Analysis", *Antitrust Fall*, 1999, p. 13.

② 对专利联营安排适用反垄断分析的先例有:United States v. Singer Mfg. Co. ,374 U. S. 174 (1963);United States v. New Wrinkle, Inc. ,342 U. S. 371 (1952);United States v. Line Material Co. , 333 U. S. 287 (1948);Nat'l Lead Co. ,332 U. S. 319 (1947);Hartford-Empire Co. v. United States, 323 U. S. 386 (1945);Standard Oil Co. v. United States, 283 U. S. 163 (1931);Roger B. Andewelt, Analysis of Patent Pools Under the Antitrust Laws, 53 Antitrust L. J. 611(1984)。

③ See US Dep't Of Justice, Antitrust Enforcement Guidelines For International Operations, November 10, 1988, p. 3.

④ See US Dep't Of Justice & Federal Trade Comm'n, Antitrust Guidelines Forthe Licensing of Intellectual Property, April 6, 1995.

仅包括受被许可知识产权保护的技术,而且包括不受被许可知识产权保护的替代商品和技术。例如,一个“剃刀刀片技术”的市场可能包括对剃刀刀片生产方法保护的知识产权(被许可授权的技术),还有通过没有授予知识产权的方法生产的剃刀刀片(商品)。这里,通过没有被授予知识产权的方法制作的刀片,如果与专利技术生产的刀片非常相似并能互相替代(具备了限制专利技术拥有者行使市场支配力量的能力),那么,它们将会被包含在“剃刀刀片技术”市场中。该指南是实现技术市场分析的最重要一步。

欧盟委员会1997年12月发布的《关于相关市场界定的通告》首次提出了相关技术市场的概念,指出对于技术转让协议的当事人,一般需要界定商品市场、技术市场,在少数情况下还需要界定创新市场。2004年4月发布的《技术转让协议适用欧共体条约第3款的第772/2004号条例》和《关于技术转让协议的指南》沿用了相关技术市场的概念,并明确指出技术市场由许可技术及其替代技术构成。欧盟关于相关技术市场的定义与美国基本相同。

我国《国务院反垄断委员会关于相关市场界定的指南》只是提出了需要界定相关技术市场的可能性,但没有明确的相关技术市场定义。2015年4月7日,国家工商总局的《关于禁止滥用知识产权排除、限制竞争行为的规定》进一步明确了相关技术市场,其是指由行使知识产权所涉及的技术和可以相互替代的同类技术之间相互竞争所构成的市场,我国正式确定了相关技术市场在涉及知识产权许可反垄断执法中的地位。

(2)界定技术市场的标准

经济分析表明,由于无弹性衍生需求,一项技术可能成为一个相关市场。标准石油案[Standard Oil (Indiana) v. United States]①提供了技术市场适用的最佳标准。标准石油关注可以增加汽油产量的裂解石油工艺的专利池,裂解技术是20世纪早期精炼技术的主要创新。尽管美国司法部主张,被告的交叉许可安排等于固定价格卡特尔,但美国最高法院认为,裂解技术专利池不可能具有反竞争效果,因为,增加使用费并不能提高汽油价格,被告汽油生产的联合份额在汽油供应领域不足以获得支配地位。

经济分析表明,②如果满足四个标准,相关技术市场可能存在:第一,使用

---

① See 283 U. S. 163(1931).

② See Joshua A. Newberg, "Antitrust for the Economy of Ideas: The Logic of Technology Markets", *Harvard Journal of Law & Technology*, Fall 2000, p. 108.

技术的商品的需求无弹性。汽油的低需求弹性有益于裂解技术市场的生存，即使高使用费也不会限制汽油产量，并且，总体提炼操作和许可费用两者都可以得到保持。这意味着，精炼者在考虑转移技术时的压力较小。汽油需求非常可能相对无弹性，因为，燃料只是机动运输总成本的相对较小部分，对汽油的需求就是从机动运输中派生出来的。即使把所有裂解技术虚拟专利者多收的重要费用加到汽油的价格中，该费用也只会对总体汽油的产量产生相对较小的影响。

第二，使用费是商品或者活动总成本或者价格的一小部分。即使用费只是生产裂解汽油技术的价格或成本的一小部分。即使把增加的使用费加到价格中，该增加的使用费也只会对每单位裂解汽油生产成本产生较小比例的影响，因而，可能会较少地限制裂解汽油生产，这可以保持使用费收入上升。在1917年，主导裂解技术——印第安纳“滑轮组”程序（Standard Oil of Indiana's “Burton”Process）——的使用费大约是每加仑汽油1.41分，或者是当时汽油批发价格的6.75%。10%使用费的增长，每加仑只占0.141分，或者是汽油批发价格的0.0675%。这样的增长不可能使被许可人更多地从裂解汽油或者裂解技术转移。鉴于这一事实，非裂解汽油生产者没有增加生产的动机，这将进一步削弱对虚拟裂解技术专利者的约束。使用费收入的损失可能相对较少，被告更可能通过维持价格高于竞争水平之上以获利。

第三，没有节约成本的替代技术。替代技术（非裂解技术）不能节约成本。裂解比它替代的过时技术提供了更高的汽油产量。虚拟的裂解技术专利者所收取的高使用费一般不会导致裂解技术需求大批转移，因此，这种转移不会阻止高使用费。

第四，被许可人的转换成本高。每一个精炼设施专门使用特殊的裂解技术。至少在该设施的生命周期内，超过竞争水平的使用费可能不会减少许可，但可能减少被许可人的利润。只要精炼者经济上缺少有活力的替代技术，超竞争水平的裂解技术使用费不会被转移裂解汽油生产所免除。由于重要的补充投入品专门使用特殊的裂解技术，许多裂解汽油精炼者对较高的使用费只能接受较低的回报。他们别无选择，并且将会慢慢放弃专业的工厂和设施。当可获得潜在节约成本的替代技术时，精炼的被许可人不得不在可以转移之前进行巨额投资，以重新设计或者建设工厂。随着时间的推移，产生了大量的替代技术从最初市场的领先技术转而支持其他裂解程序，这一替代技术可能是技术市场和后续技术市场中不断的技术竞争的指示器。

(3)技术市场适用的实践

美国两家大型石化企业蒙特爱迪生收购壳牌石油案(Montedison/Shell)①是现有商品技术市场适用的范例。在该案中,美国联邦贸易委员会认为,聚丙烯技术许可市场是高度集中的市场,除了聚丙烯技术市场,还存在两个现有商品市场,即由使用聚丙烯技术制造的两种聚丙烯树脂。美国联邦贸易委员会认定,聚丙烯技术是聚丙烯树脂生产的关键投入。鉴于同意令附件中的材料展现的事实,应用技术市场分析该案似乎具有坚实的基础。蒙特爱迪生公司是许可聚丙烯技术用于建造和经营制造聚丙烯树脂工厂的领导者。在美国联邦贸易委员会控诉之前的4年中,蒙特爱迪生公司和其共同许可人(三井公司)大约占在技术许可条件下建成和计划建设的聚丙烯产能的一半。壳牌石油公司和共同许可人(联合硬质合金公司)是聚丙烯技术的第二大许可人,大约占同期在技术许可条件下建成和计划建设的聚丙烯产能的30%。尽管在北美制造聚丙烯的商品市场在拟议集中时是中度集中的市场,但聚丙烯技术市场是高度集中的市场,并且,如果该集中继续进行而没有修改将成为更加集中的市场。因此,事实表明聚丙烯技术许可交易是一种独特模式,技术市场和现有商品市场之间存在紧密联系,可能通过提高必需技术许可的价格或者限制必需技术许可的产量来行使市场力量。

1997年,在质疑两家瑞士制药公司西巴—盖吉公司收购山德士案(Ciba-Geigy/Sandoz)②时,美国联邦贸易委员会认为,基因治疗技术市场以及其他几个创新市场将受到交易的负面影响。拟议的集中交易联合了两个强大的专利组合,涵盖了基因治疗技术研究和临床应用各个阶段的重要领域。因为,在集中申报时,还没有任何基因治疗产品被食品药品监管局(Food and Drug Administration,FDA)所批准销售,1997年的基因治疗技术市场可以被划分为未来商品技术市场。尽管最早的基因治疗技术直到2000年才得到食品药品监管局批准,但美国联邦贸易委员会认为,包含在两个公司专利组合中的联合基因治疗技术可能被用于排除未来开发基因治疗产品的竞争者,因而阻碍了新兴产业的竞争。特别是美国联邦贸易委员会认为,西巴—盖吉和山德士两家公司将控制开发基因治疗产品的关键投入,集中交易产生了对于基因治疗产品商业化

---

① See Montedison, S. p. A., 119 F. T. C. 676, 681 (1995).

② See In the matter of Ciba-Geigy Ltd., et al., Decision and Order, FTC Docket No. C－3725, March 24, 1997.

所必需的不匹配的知识产权组合。美国联邦贸易委员会在西巴—盖吉公司收购山德士集中交易案中主张的基因治疗技术市场由知识产权构成,对其需求来源于对尚未商业化的未来基因治疗产品的需求。事实证明,在该案中采用技术市场分析是合适的。基因治疗技术是未来基因治疗产品的关键投入。对于独立许可相关基因治疗专利权在西巴—盖吉和山德士各自的组合中存在独特的需求,而且,集中后的公司可能通过控制两家公司的联合基因治疗技术组合行使市场力量。

2. 创新市场的适时引入

随着高技术产业在各国经济发展中地位日益重要,创新对于推动技术进步、促进经济发展和提高消费者福利也越来越重要。创新和竞争之间的矛盾成为反垄断的政策难点,由此产生的创新市场界定,不仅是分析创新效率的必要步骤,而且成为相关市场界定在实践发展中的一个突出问题。①

创新市场的思想起源于 1984 年美国《国家合作研究法》中的研发市场概念。该法首次将相关市场界定与经营者的研发活动联系起来,并提出相关市场界定的范围应该包括研究开发、产品、生产工艺以及服务市场。之后,在 1988 年的《国际经营反托拉斯指南》中,再次对研发合资进行了规定。1995 年的《知识产权反托拉斯指南》正式确立了创新市场的概念。② 1995 年,理查德·盖尔博特和史蒂文·顺赛恩(Richard Gilbert and Steven Sunshine)首次提出了比较具体和完整的创新市场分析框架。③ 创新市场方法将减少研发活动支出的动机和能力作为认定经营者具有市场力量的一种表现。借鉴商品市场和地域市场的分析思路,所谓创新市场,是指某一地理区域内的一系列研发活动,在这个范围内,一个假定垄断者可以持久地、小幅地减少研发活动支出仍然可以获利。创新市场是研究和开发的市场,而不是商品的市场。它包括了所有与新产品或者新工艺开发有关的研发项目和所有与这些研发具有替代效果的活动,还包括了限制他人行使市场力量的研发、技术和产品。例如,两家企业集中之后关闭

---

① 参见尚明主编:《中国企业并购反垄断审查相关法律制度研究》,北京大学出版社 2008 年版,第 52 页。

② See Keke feng, "Patent-Related Mergers and Market Definition under the 2010 Horizontal Merger Guidelines: The Need to Consider Technology and Innovation Markets", *Thomas Jefferson Law Review* Fall 2011, p. 212.

③ See Richard Gilbert and Steven Sunshine, "Incorporating Dynamic Efficiency Concerns In Merger Analysis: The Use of Innovation Markets", *Antitrust Law Journal* Winter 1995, pp. 569 – 601.

已有两个研究设施中的一个，将导致技术进步的速率放缓，此时，就可能形成市场力量。创新市场这个概念的提出就是为了能够更好地描述这种市场力量对企业创新动力的影响，相比传统的市场界定方法，其能创造更多更好的可能性来分析涉及产品创新的问题。[①] 创新市场已经被应用于反垄断执法实践中。1990 年，美国联邦贸易委员会对罗氏控股收购基因泰克案（Roche Holding v. Genentech）[②]的调查是创新市场的最早应用。1993 年，美国司法部在美国诉通用汽车公司案（United States v. General Motors）[③]中也采用了创新市场的分析方法。创新市场分析方法还不够完善，一直受到各种批评，反对观点主要认为，某一市场的市场集中度、研发支出和市场创新的进展速度之间的关联是较弱的，因而，尚不能就研发活动的变化对创新所产生的影响得出任何明确的结论。[④] 但是，创新市场分析无疑是探索市场界定动态标准过程中的一个重大进步。除美国外，欧盟、日本和我国台湾地区也在各自的知识产权反垄断执法实践中明确引入了创新市场概念。

我国《国务院反垄断委员会关于相关市场界定的指南》虽然没有明确提到创新市场的概念，但在第 3 条第 5 款规定："在技术贸易、许可协议等涉及知识产权的反垄断执法工作中，可能还需要界定相关技术市场，考虑知识产权、创新等因素的影响。"这可以看作为引入创新市场界定方法埋下了伏笔。随着我国反垄断法实施经验的不断积累，特别是涉及高技术产业知识产权许可反垄断实施活动日益增多，我国也必然面临着如何认识和对待创新市场的问题。在适当的时机，引入创新市场分析还是非常必要的。

（二）高技术产业经营者集中竞争效果评估的难点

经营者集中的竞争效果评估是经营者集中救济适用的前提和基础。高技术产业经营者集中竞争效果评估的侧重点与传统产业有所不同，需要考虑的因素更广泛，具体个案分析更困难和更复杂。

首先，必须考虑可能产生的重大效率。效率已经成为评估经营者集中的一

---

① 参见[德]乌尔里希・施瓦尔贝、丹尼尔・齐默尔：《卡特尔法与经济学》，顾一泉、刘旭译，法律出版社 2014 年版，第 112 页。

② See Roche Holding Ltd.，[1987 – 1993 Transfer Binder] Trade Reg. Rep.（CCH）¶ 22,879 at 22,563（1990）.

③ See United States v. General Motors Corp.，Civ. No. 93 – 530（D. Del. Filed Nov. 16, 1993）.

④ 参见[德]乌尔里希・施瓦尔贝、丹尼尔・齐默尔：《卡特尔法与经济学》，顾一泉、刘旭译，法律出版社 2014 年版，第 113 页。

个重要考虑因素，但这种效率很难识别。在具体经营者集中案件中，对效率进行量化是不可能的，[①]在高技术产业尤其如此。配置效率、生产效率、交易效率和创新效率是经营者集中反垄断审查中较为重要的四种效率，在不同的产业中，这四种效率类型受到的重视程度不同。[②] 在高技术产业中，创新效率在经营者集中反垄断审查中的地位凸显。创新效率属于动态效率，涉及降低创新成本和开发新的更好产品的市场过程，需要通过实践、研究、开发和可行产品的配套优化等方法，经过一段时间才能实现的效率，这是高技术产业经营者集中效率的分析和确定本身的困难。同时，反垄断执法机构还要权衡这种效率能否抵消集中可能产生的反竞争效果，就更增加了反垄断执法机构评估高技术产业经营者集中竞争效果的难度。

其次，必须考虑节省成本的动机。在互联网业、通信业等高技术产业中，对信息的持续投资，不仅可以获得一般的投资报酬，还可以获得信息增加的累积报酬。即在信息成本几乎没有增加的情况下，信息的重复使用、信息使用规模的不断扩大、信息用户的不断增加也可以使收益不断增加，这种传递效应使高技术产业呈现边际收益递增的趋势。正是基于这一规律，高技术产业经营者为谋求产业的领导者和获取更多的收益，通过经营者集中进行规模上的扩张，这种节省成本的动机是反垄断执法机构在作出决定时需要额外考虑的。

再次，必须考虑快速的、革命性的技术变革环境，预测市场的未来发展趋势。高技术产业是以技术创新和技术竞争为特征的产业，高技术产业经营者垄断地位的形成可能基于技术创新和技术竞争。即使是拥有垄断地位的经营者也必须时刻关注技术创新，否则，市场竞争优势将很快丧失。因此，技术创新和技术竞争已经成为决定高技术产业经营者兴衰成败的首要因素。“在信息社会里，各种新技术层出不穷，能否确保通过竞争来促使技术创新一直向前发展成为美国反垄断执法机构所考虑的一个重要问题。”[③]

最后，必须考虑产业监管机构的作用。高技术产业需要监管机构对经营者行为进行事前引导。监管机构由于自身所处的地位，掌握着有关产业的经营、

---

① 参见[美]赫伯特·霍温坎普：《联邦反托拉斯政策：竞争法律及其实践》，许光耀等译，法律出版社2009年版，第555页。

② 参见吴振国、刘新宇：《企业并购反垄断审查制度之理论与实践》，法律出版社2012年版，第204页。

③ 胡铁：《关于美国横向并购反垄断审查政策最新发展的述评》，载《河北法学》2011年第10期。

技术和安全等方面的丰富信息，对产业的竞争状况会有更深入的了解，对有关产业经营者集中可能产生的竞争效果有更广泛的理解。因此，反垄断执法机构在作出决定时有必要征询监管机构的意见。在高技术产业，例如，互联网业、电信业，监管机构的专业性和技术性与反垄断执法机构相比优势更加突出。例如，在2010年年底，我国互联网市场爆发的著名的"3Q事件"，反垄断执法机构并没有实质性地介入该事件。最终，在国家工信部介入后，奇虎和腾讯两家公司均遵守了工信部的要求，"3Q之战"尘埃落定。因此，在评估高技术产业经营者集中竞争效果时，反垄断执法机构与监管机构的商议有助于得出更全面、更客观的评估结论。

（三）高技术产业经营者集中救济适用的挑战

如果一项拟议的集中交易被确定为具有反竞争效果时，反垄断执法机构或者集中当事人可能会考虑适用经营者集中救济。经营者集中救济的合适性是反垄断执法机构面临的重要问题。

在高技术产业，经营者集中救济是否需要进行规则修改以增强适应性？美国反托拉斯现代化委员会认为："不必修改反托拉斯法以在创新、知识产权和技术变化为核心特征的产业适用不同的规则；这些产业就像其他产业一样，反托拉斯执法者在评估竞争效果时应当认真考虑市场动力，并且应当根据具体事实适当考虑可能与有效的反托拉斯分析具有重要关系的具体产业的经济和其他特征。"①有学者认为："反托拉斯规则是足够灵活的，也借助经济学理论获得了足够的依据，完全能够有效地解决新经济提出的那些貌似特殊的反托拉斯问题。"②有学者则认为："反托拉斯标准具有一般适用性，但是它们的复杂性和多维度使它们适应于特别的市场特征，结果是每一个产业可能同样具有独立的指南。"③高技术产业经营者集中救济的设计将会更加困难和更加复杂，困难在于，精心设计的救济是否可以解决具体交易产生的特殊竞争问题，复杂在于，需要考虑的因素比传统产业多得多。认清、理解和把握经营者集中救济与高技术产

---

① United States Antitrust Modernization Commission (2007): Report and Recommendations. Accessed September 7, 2015. http://govinfo.library.unt.edu/amc/report_Recommendation/amc_final_report.pdf.

② [美]理查德·波斯纳：《反托拉斯法》(第2版)，孙秋宁译，中国政法大学出版社2003年版，第302页。

③ Bruce M. Owen, "Antitrust and Vertical Integration in 'New Economy' Industries with Application to Broadband Access", *Rev Ind Organ* (2011) 38, p. 378.

业之间的内在关联性是设计合适的经营者集中救济的关键。

高技术产业经营者集中救济应当秉持什么样的理念和原则？考察世界主要国家和地区经营者集中救济的立法与实践，还没有设计专门针对高技术产业经营者集中救济的立法及政策指南，而是在传统经营者集中救济的基本思路和分析框架下，积极应对高技术产业经营者集中带来的挑战并作出一系列调整。其实，任何经营者集中救济的适用都是注重事实的。根据具体案件的具体事实谨慎适用法律和经济原则的救济，可以避免只是复制过去的救济建议，并且最可能产生有效保护消费者福利的救济。由于高技术产业经营者纵向集中案件居多，行为性救济又是解决纵向集中的有效方法。因此，无论是在美国，还是在欧盟，复杂的行为性救济的广泛适用表明高技术产业经营者集中救济已经远远超出传统产业的结构性救济偏好。

高技术产业经营者集中救济的设计比传统产业更加困难，因为，高技术产业具有如下特征：①第一，技术的快速发展意味着新产品或者服务会定期出现。新产品或者服务可能替代旧产品或者服务，因而，相关市场界定可能不断改变。而且，在许多这类产业中，经营者面临高风险，或者因为它们自己无法认识到何种市场战略将可能成功，或者因为它们的成功和失败取决于创新。通信业是这类产业的典型例子。不同类型的电视服务（免费、付费、计次付费）和不同类型的电视服务传输（有线、卫星、数字地面和网络）正在发生日益深刻的变化。它们在过去是完全分离的，越来越变得彼此可以替代和纵向一体化，各方面正在飞速发展。虽然这一市场几年之后可能不再是相关的，除非反垄断执法机构对该产业的发展具有清晰的洞察力，否则，它可能通过保护所谓的相关市场上的短期竞争弄错指控对象。第二，创新是竞争过程中的重要因素。创新通常会受到知识产权保护。在许多高技术产业中，有形业务剥离将不足以产生集中当事人的一个竞争者，新进入者也必须使用知识产权。但是，在许多案件中，这种知识产权剥离或是不可能的，或是不可行的。例如，在西巴—盖吉公司收购山德士案（Ciba-Geigy v. sandoz）②中，美国联邦贸易委员认为存在对竞争的潜在风

① See Francois Leveque and Howard Shelanski, *Merger Remedies in American and European Union Competition law*, Cheltenham, UK · Northampton, MA, USA, Edward Elgar Publishing Limited, 2003, p. 167.

② See In the Matter of Ciba-Geigy Ltd., et al, Decision and Order, FTC Docket No. c – 3725, March 24, 1997.

险,因为,集中当事人是基因疗法研究领域的领导企业,并且是唯一的捆绑这一领域开发产品需要的专利权和技术的企业。不过,美国联邦贸易委员会也认为,强迫企业剥离其知识产权太复杂并不切实际,因而,以西巴—盖吉向其他企业许可一定的知识产权为条件接受了该项集中。在许多案件中,由于只有复杂的许可安排是可能的,所以,可能存在集中当事人会参与购买剥离业务的竞争者之间的策略行为的风险。第三,高技术产业的网络效应可能增加另一层复杂性。当存在这种效应时,反垄断执法机构需要审慎权衡保护竞争和集中产生的效率之间的关系。

实践表明,美国和欧盟的反垄断执法机构在高技术产业通常适用更复杂的行为性救济。例如,在美国在线收购时代华纳案(AOL/Time Warner)①中,反垄断执法机构认为,由于与波特斯曼的协议安排,美国在线和时代华纳集中的结果将会控制欧洲音乐发行的主要来源。集中当事人商谈了一系列救济,提出切断它们与波特斯曼的联系,以确保美国在线与波特斯曼保持合适的距离直到波特斯曼退出,从而保证美国在线与时代华纳将不会采取行动,造成通过美国在线可以排他性地获得波特斯曼的音乐。最后,“因为这个合并有利于提高美国在线和时代华纳的经济效益,而且被视为传媒业的数字化革命,有利于推动美国信息技术的发展,拓宽传媒的渠道。美国司法部当然就不应当干预这个合并”。②

在美国硅图公司、阿里斯和波峰案(Silicon Graphics/Alias/Wavefront)③中,反垄断执法机构采取了更复杂的行为性救济。在该案中,具有支配地位的娱乐平台提供者提出收购在这些平台经营的三个具有支配地位的娱乐图片和动画软件开发者中的两个,具体救济包括:美国硅图公司将促进一个被收购企业的节目同其竞争者的平台相互经营的协议;阻止竞争者的专利信息流向美国硅图公司的防火墙政策;美国硅图公司承诺不歧视外部软件;维持一个开放的平台建设样式的承诺。

---

① See In re Am. Online, Inc. and Time Warner Inc, before Fed. Trade Comm'n, No. C – 3989, December 14, 2000.

② 王晓晔:《王晓晔论反垄断法》,社会科学文献出版社 2010 年版,第 324 页。

③ See Francois Leveque & Howard Shelanski, *Merger Remedies in American and European Union Competition law*, Cheltenham, UK · Northampton, MA, USA, Edward Elgar Publishing Limited, 2003, p. 169.

宝蓝公司收购安信达案(Borland/Ashton-tate)①是行为性救济在快速变化市场有效的又一个范例。该集中的竞争损害来自知识产权和技术标准控制之间的相互作用,即网络外部性和知识产权。这样,极有可能存在一个企业因创造一个封闭标准而实现垄断,不管事实上替代技术可以获得或者容易开发。一方面,知识产权允许企业排除其他企业使用保护技术,但不能先采取行动阻止引进以替代技术为基础的竞争产品。另一方面,网络外部性促使几个企业参与的市场聚焦于一个单一的技术标准。当这两种市场力量的来源相互作用时,市场可能指出一个单一的供应者成为标准基础的知识产权所有者,而不是转向几个企业参与的单一技术标准,即单一企业运用市场力量的能力可能被知识产权和网络外部性扩大。同意令要求宝蓝公司承诺:放弃实施对安信达销售的数据库软件仿冒的可能版权主张,并且,尽最大努力与安信达就根据这些主张提起的版权侵权诉讼进行和解。这一行为性救济等于部分知识产权剥离,比当时所能想象到的任何救济都更有力。

三、高技术产业经营者集中救济适用的考察——以通信业为例

通信业是构建国家信息基础设施,提供网络和信息服务,全面支撑经济社会发展的战略性、基础性和先导性行业。通信业具有技术起点高、产业链长、渗透性强、引导效果明显等特点,是推动传统产业转型升级、促进经济结构战略性调整、提升国家信息化水平和全面建设小康社会的重要力量。在经营者集中控制中,业务、资产和第三方关系的分离或者改变可以使所有当事人的愿望都能实现是一个巨大的挑战,对于通信业的集中案件,这种挑战更大。由于这一产业快速的技术变革、网络效应的出现和开放基础设施及内容的监管规定,使合适的剥离救济范围的确定、确保防范潜在封锁效果救济的设计和服务水平与竞争性定价的监督都明显不同。考察世界主要国家和地区通信业经营者集中救济适用的实践,我们发现,反垄断执法机构对于通信业经营者集中救济倾向于接受包括结构性救济和行为性救济的"一揽子"救济包,这种做法与零售业展现的对于结构性救济的强烈倾向形成鲜明对比。

(一)通信业经营者集中反垄断审查的特征

通信业经营者集中产生的竞争问题通常具有以下四个显著特征:第一,网

---

① See OECD Policy Roundtable, Merger Remedy, 2003, pp. 25, 38.

络效应的地位促使任何分析考虑在物理设施和通信服务方面的纵向和横向联系；第二，正如新开放的产业一样，通信业市场的结构相当不稳定和不对称，大的在位经营者经常保持支配地位，新的服务正在形成寡头垄断；第三，在一定程度上，通信业仍然是一个受管制产业，将产生具体的竞争问题，使标准的反垄断分析更加复杂，因为，涉及第二个更大更强的政策目标，即放松管制过程和竞争发展的成功实施；第四，创新和技术变革不断影响相关市场的范围。① 这些特征增加了通信业经营者集中反垄断审查的复杂性，极大地影响了反垄断执法机构及时作出合适的审查决定。因为，通信业经营者集中提出了反垄断执法机构在决策过程中必须权衡的许多问题。反垄断执法机构必须权衡集中产生的强大效率和节省成本的动机之间的关系。反垄断执法机构的审查决定不得不在迅速的，有时是革命性的技术变革的环境下作出。这使如何理解市场发展成为一个巨大挑战。例如，从地区、全国到国际社会整个通信业领域变革的主要动力一直是为生产和传送文本、声音、视频等数字技术的发展。这一融合趋势为企业积极参与各个环节和相关价值链创造了可能性；生产、录制电影或者音乐，不仅通过传统接口，而且通过电话甚至有线和卫星平台。由于技术创新和技术融合环境，许多企业一直寻求跨媒体集中。

由于集中前经营者之间没有横向重叠，通信业领域的跨媒体集中通常很少引起竞争问题。然而，反垄断执法机构有时担心与纵向因素相关或者涉及具有支配地位企业的集中交易，因为，这些集中交易会产生市场力量传导或通过网络效应侵害在位者的风险。在评估这些集中交易的竞争效果时，反垄断执法机构也需要注意产业监管的作用。最后，如果集中交易涉及表达自由，包括影响消费者珍爱的产品，反垄断执法机构还需要关注高度敏感的氛围产生。通信业经营者集中反垄断审查除了面对通常的横向竞争问题外，纵向竞争问题也受到明显关注，这可能与通信业出现的选择、开放和多元化等公共利益的观念相关。

（二）通信业经营者集中的相关市场界定

通信业经营者集中的相关市场界定的难点在于涉及标准必要专利。我国《反垄断法》以及《国务院反垄断委员会关于相关市场界定的指南》虽然对相关市场的定义和界定方法作出了指导性的规定，但其基本思路主要适用于传统产

---

① See Francois Leveque & Howard Shelanski, *Merger Remedies in American and European Union Competition law*, Cheltenham, UK · Northampton, MA, USA, Edward Elgar Publishing Limited, 2003, p. 184.

业中的限制竞争行为,对于高技术产业中广泛存在的知识产权相关市场界定只是加以原则性规定,并未作出具体说明和解释。这一立法不足给实践中知识产权相关市场的界定带来极大困难,特别是在通信业经营者集中涉及标准必要专利的案件中,由于标准必要专利固有的需求交叉弹性较低,相关地域市场弱化以及进入障碍高等特点,如果继续沿用传统产业的相关市场界定方法,必将不利于专利许可交易中对于潜在竞争者、市场份额以及竞争效果等问题的合理判定,从而无法为限制竞争行为的认定提供准确依据。因此,如何在传统的相关市场界定方法基础之上作出适当调整和改进,对于通信业经营者集中涉及标准必要专利反垄断纠纷案件的处理具有重要意义。

1. 通信业经营者集中相关商品市场的界定

通信业是技术突飞猛进的产业,随着"技术专利化"趋势的发展,越来越多的先进技术被申请为专利。基于先进性和科学性的要求,在标准的制定过程中,标准制定组织会将标准所必不可少的专利技术纳入其中,即标准必要专利,它是指实施该项标准所必不可少的专利。标准必要专利具有自身的特殊属性:第一,技术和知识产权本身的无形性,决定了被调查者可以以任意的方式进行组合或者分割,而这样的组合或者分割后的产品很难被人们从物理上进行直接的感知,并且难以直观地认为是一个还是若干个独立的商品。第二,技术进步和市场变化会导致产品处于不断的整合和融合的过程,过去属于相对独立的产品,可能会不断整合为一个独立的产品,例如,智能手机的发展就是一个典型例证。标准与专利的结合使传统专利许可的交易环境和竞争态势发生了极大改变,因而,标准必要专利相关市场界定具有自身的特殊性。

由于标准具有一定的市场强制性,这一强制性或来自官方即自上而下的推动力(法定标准),或来自市场即自下而上的自发力(事实标准),一旦一项专利技术成为标准必要专利技术,就意味着市场的产品制造商想要让产品符合标准的要求就必须获得专利技术的授权。换言之,标准与专利的结合会显著增强和放大专利原有的垄断性,使标准必要专利对于标准产品的制造商具有唯一性和不可替代性。标准必要专利相关商品市场的专属性可从需求替代和供给替代两个方面进行证实:从需求替代来说,由于没有其他技术可以替代标准必要专利,标准必要专利的权利人对于专利许可费用价格的提高,并不会或很少会影响产品制造商的需求;从供给替代来说,由于专利权具有专有性特点,在法律意义上并不存在拥有与标准必要专利相同专利的权利人,以对标准必要专利进行供给替代。正是因为标准必要专利非常低的需求交叉弹性,从而决定了很多标准必要专利可以单独构成一个独立的相关技术市场。欧盟委员会在谷歌收购摩托罗拉移动案(Google/ Motorola Mobility)[①]中指出,“标准必要专利的特殊性在于,要符合某一标准就必须实施这一标准下的必要专利,无法去进行设计规避。也就是说,标准必要专利的定义决定了每一个必要专利都没有替代物。因此,欧盟认定,每一标准必要专利都构成一个单独的相关技术市场”。但是,根据本国、本地区的具体情况,通信业经营者集中的相关市场界定也可以只进行整体考察,不必进行细分。例如,我国商务部在微软收购诺基亚案[②]中指出:“通信技术标准必要专利众多,往往由专利持有人进行“一揽子”许可,而且为满足消费者需求,智能手机往往需要同时具备2G、3G或4G的标准。从需求替代角度看,通信技术标准必要专利存在根据不同标准进一步细分的可能,但就本案而言,是否细分并不影响反垄断审查结论。本案反垄断审查对通信技术标准必要专利的许可市场进行了整体考察。”

2. 通信业经营者集中相关地域市场的界定

虽然技术的运输基本不需要成本,其地域范围往往由技术许可的范围决定,但由于专利权具有严格的地域性,其效力仅限于本国境内,因此,专利技术的地域市场一般为专利权被授予的国家或地区。一般来说,在一国范围内,往往不需要考虑一项专利技术的地域市场,只有在国际贸易中,专利技术的相关地域市场才有考量的意义。对于标准必要专利而言,为了使标准在国际市场得以有效地推行和实施,虽然标准必要专利权人极有可能就相同的技术方案在多个国家申请专利权,但是,由于专利权的权利来源不同,决定了权利本身的基础和行使范围也会存在差异,不同国家授予的专利技术不具有同等的竞争条件,不同国家专利权之间并不能形成实质的竞争替代关系。因此,某个标准必要专利的相关地域市场通常为专利授权的国家或者地区。而对于标准必要专利权人将不同国家的标准必要专利进行组合打包许可的情况,其专利许可的相关地域市场则为权利人持有的各项标准必要专利的国家或地区的集合。[③]

---

① See Case No COMP/M. 6381 – Google/ Motorola Mobility, Commission Decision of 13/02/2012, §54,61.

② 参见《中华人民共和国商务部公告[2014 年]第 24 号》,载商务部网站:http://fldj.mofcom.gov.cn/article/ztxx/201404/20140400542415.shtml,最后访问日期:2014 年 4 月 8 日。

③ 参见郑伦幸:《标准必要专利反垄断纠纷中相关市场的界定》,载《南京理工大学学报》2015 年第 5 期。

(三)通信业经营者集中的竞争效果评估

1.通信业经营者集中的横向竞争问题

在通信业经营者横向集中案件中,产生的竞争问题与其他产业一样,涉及运用传统分析框架即市场份额、集中度和进入障碍评估潜在市场力量。在大多数案件中,进入障碍具有重要的经济性质,但它们也可能采取其他形式。通信业特别值得关注的是网络效应,其可能导致更高的市场集中度。当监管作为进入障碍提供有关专属权利的确定时,例如,只有数量有限的许可时,监管的作用也值得关注。

横向集中产生的主要竞争关注是同一交易阶段市场支配地位的产生或者加强。2004 年在首都电台收购威尔特无线电集团案(Capital Radio/GWR Group)①中,两家无线电经营者的集中交易可能导致集中后实体在英国东中部地区市场份额的增加,从而削弱从该电台购买广告的本地广告商的地位。广告商将不得不接触更少的独立电台,从而使集中后实体有能力提高价格或者向广告商提供质量和服务更差的产品。

横向集中产生的竞争问题也可以根据集中当事人之间的纵向联系确认,2002 年的法国电影电视集团收购斯特姆案(Group Canal +/Stream)②是典型的例证。在该案中,法国电影电视集团是法国维旺迪环球集团公司(Vivendi)控制的一家公司,斯特姆(Stream)是意大利电信控制的一家公司。由于斯特姆和法国电影电视集团的全资子公司是意大利付费电视的唯一提供者,该集中交易在意大利几乎产生垄断。法国电影电视集团在整个通信产业都是积极的经营者,包括有线和卫星付费频道的制作和输送、故事片和视听作品的输送、电视节目与运动项目的播放权和转播权等。意大利反垄断执法机构展开了进一步审查,分析了该集中交易可能产生的横向竞争问题和纵向竞争问题。最终,意大利反垄断执法机构附加限制性条件批准了该项集中交易。后来,该集中当事人放弃了该项交易,重新进行战略调整后,向欧盟委员会申报了集中交易,欧盟委员会最终作出附加限制性条件批准了集中交易,具体有:开放内容;优质内容批发报价;不从事数字地面电视播放业务和剥离相关频道;开放平台,欧盟委员会

---

① See Capital Radio/GWR Group, Decision of December 22, 2004(UK).

② See Group Canal +/Stream, Decision of May 13, 2002(Italy).

认为这些救济承诺足以消除相关市场的反竞争效果。[①]

在通信业经营者横向集中案件中,产生竞争问题的同时需要考虑集中可能产生的重大效率超过反竞争效果的情况。例如,在英国全球公司收购英国数字电台案(Global/GCap radio)[②]中,效率证据被作为公平交易局考虑是否接受承诺并向竞争委员会提交的重要因素。英国公平交易局指出,该案是效率因素对于横向集中案件结果具有重要意义的第一案,集中产生的效率可能有益于消费者,并且可能对竞争对手产生压力。该案表明只要事实清楚,效率也可以具有重要意义,即使在市场份额非常高的横向集中交易中也是如此。

2. 通信业经营者纵向集中的竞争问题

反垄断执法机构评估通信业经营者纵向集中,通常关注市场力量在纵向产业链上向相邻市场的传导和潜在封锁效果。竞争损害是纵向一体化可能改变特殊接口或者输送平台的所有者或者控制者以竞争性条件向第三人提供服务,或者直接拒绝向任何第三人提供服务,或者采取价格战略,或者采取非价格战略,包括可能产生排他效果的搭售或者捆绑。这些行为也可能具有促进竞争和提高效率的效果。例如,付费电视、高技术接口和电话的捆绑被称为三网融合。

通信业经营者纵向集中可能产生开放内容和开放基础设施两个方面的问题。在特殊情况下,也可能会产生不断增加的进入障碍和潜在的封锁效果。

(1)开放内容

根据产业经济学的一般原理,在价值链上游经营的企业可能控制下游企业产品的关键投入。在通信业,这主要表现为控制视听产品(包括电影、音乐或者电视节目)及其复制权。从战略视角来看,如果产品的数量或者规模与知识产权允许经营者通过向消费者提供唯一具有吸引力的产品或者服务以获得竞争优势时,那么,来源控制就与反竞争效果具有明显的相关性。

2007年,在索格有线电视收购视听运动传媒公司案(Sogecable SA/Audiovisual Sport)[③]中,西班牙付费电视市场具有支配地位的经营者索格有线电视拟议收购视听运动传媒公司。由于索格有线电视具有向电视经营者转售

① See Case No COMP/M. 2876 – Newscorp/Telepiu, Commission Decision of 02. 04. 2003, § 55 – 61.

② See Office of Fair Trading, Global/GCap Radio Merger: OFT Seeks Remedies and Relies on Efficiencies for the First Time, Press Release, August 8, 2008.

③ See Sogecable SA/Audiovisual Sport(AVS), Decision of February 26, 2007(Spain).

足球播放的排他权，该集中交易引起西班牙反垄断执法机构的竞争关注，认为集中后索格有线电视可能通过阻碍其竞争对手获得足球播放权而具有提高控制西班牙付费电视市场的能力，最终西班牙反垄断执法机构作出了附加限制性条件的批准决定。

（2）开放基础设施

通信业经营者可能拥有特定的基础设施，使其可以对特定客户进行重大控制。如果该基础设施的所有者或者控制者的市场力量显著或者基础设施被认为是市场的关键入口，那么，拥有特定的基础设施就与反竞争效果具有明显的相关性。

2002 年，在西班牙两家付费电视卫星平台公司索格有线电视收购威盛数字公司案（Sogecable SA/Via Digital）①中，西班牙反垄断执法机构认为，该交易将使集中后实体限制竞争对手获得集中后实体的平台，从而为自己的电视频道公司获得更多的市场份额。2003 年在意大利电信公司收购麦格皮姆公司案（Telecom Italia/Megabeam Italia）②中，该集中交易在 Wi-Fi 场所和服务的供应领域产生严重的竞争关注。意大利反垄断执法机构认为，集中交易完成后，Wi-Fi 服务供应者麦格皮姆公司将获得意大利电信公司的 Wi-Fi 场所基础设施，意大利电信公司将封锁第三方 Wi-Fi 服务供应者获得这些场所基础设施。最终，两个案件的反垄断执法机构都是附条件批准了集中交易，救济承诺的目标是促进开放基础设施。

（3）传导效果

通信业经营者集中的主要特征是，一家公司在许多相关市场和整个价值链都进行经营活动。这样，在相关市场或者整个价值链的集中，不管是否具有纵向关系，都可能产生更高进入障碍和潜在封锁效果。

由于经营者在许多相关市场和整个价值链都存在经营活动，它们在一个相关市场具有支配地位就可能传导到相邻市场，这种传导经常通过一种产品在商业上或者技术上搭售另一种产品实现。在通信业经营者集中领域，许多案件需要处理这种传导关注。2001 年在斯特—帕基恩—加勒公司收购格里高瑞电信公司案（SEAT Pagine Gialle/Cecchi Gori Communications）③中，意大利电信在位

---

① See Sogecable SA/Via Digital, Decision of November 13, 2002 (Spain).

② See Telecom Italia/Megabeam Italia, Decision of August 7, 2003 (Italy).

③ See SEAT Pagine Gialle/Cecchi Gori Communications, Decision of February 28, 2002 (Italy).

者电信集团公司的子公司斯特—帕基恩—加勒收购两个免费地上电视频道(TCM 和 TCM2)的所有者格里高瑞电信公司,斯特是一个多平台电话簿和商业信息提供者。意大利反垄断执法机构认为,集中后实体可能使用 TCM 和 TCM2 的广告控制消费者使用斯特的电话簿。2003 年在法国安迪列斯公司收购科玛瑞案(Frances Antilles/ Comareg)①中,法国的两家地区报纸和免费报纸供应商的集中交易产生同样的竞争关注。法国反垄断执法机构认为,集中后实体可能通过捆绑在地区报纸和免费报纸上的广告价格提高其在已经高度集中的市场的支配地位。

(四)通信业经营者集中救济的具体适用

在通信业经营者集中救济适用中,反垄断执法机构必须考虑实现可能冲突的政策关注之间的平衡,这些平衡考虑因素包括:导致通信业经营者寻求集中的动机是效率还是技术创新;有些集中可能产生的严重竞争问题,例如,封锁风险;积极干预的竞争政策提高消费者福利的效果。通过考察世界各国和地区通信业经营者集中救济适用的典型案例,我们可以揭示反垄断执法机构是如何实现在这一领域的竞争目标和其他政策目标之间的适度平衡,既实现经营者集中救济的目标,又促进产业的健康持续发展。

1. 结构性救济的适用

在通信业经营者集中案件中,对于清晰的横向重叠的集中交易,反垄断执法机构发现恢复有效竞争的最有效方法是为新的竞争性实体的出现创造条件,或者通过剥离或者分割结构性联系为加强现有竞争者的力量创造条件。考察世界各国和地区通信业经营者集中救济适用的典型案例,我们发现,结构性救济和行为性救济保持着适当的平衡,反垄断执法机构通常支持行为性救济,这与传统产业经营者集中救济的适用明显不同。

由于剥离通常具有永久性和相对的侵害性,反垄断执法机构必须确信它们的建议与确定的竞争损害是成比例的,剥离业务是切实可行的,剥离业务买方本身不会使用业务威胁竞争过程。因此,通信业经营者集中存在许多不同类型的剥离救济。

2006 年荷兰反垄断执法机构在荷兰皇家电信收购诺泽玛案(KPN Telecom BV/Nozema Services)②中接受了向第三人剥离许多高广播桅杆的救济承诺,该

---

① See Frances Antilles/ Comareg, Decision of April 29, 2003(France).

② See KPN Telecom BV/Nozema Services, Decision of March 6, 2006(Netherlands).

剥离寻求解决在传送无线电信号市场产生的竞争关注。反垄断执法机构附加的限制性条件包括已批准的买方和剥离必须在反垄断执法机构作出决定起两年内完成。在2007年4月的决定中，荷兰反垄断执法机构批准将桅杆出售给法国的一家电视公司，[①]从而促进外国公司进入荷兰电信市场。

2006年英国付费电视广播和零售公司英国天空广播（BSkyB）宣布其已经收购电视生产和广播公司英国独立电视（ITV）17.9%的股份。在集中交易产生公共利益问题时，2003年的《英国通信法》允许商业、企业和监管改革国务大臣干预特定媒体交易。国务大臣发出第一份有关媒体多元化的公共利益干预通告，在与通信局和公平交易局协商后，集中交易在2007年5月移送给竞争委员会。竞争委员会认为，该集中交易将在所有电视服务市场产生实质性减少竞争，这种竞争损害本身将引起公共利益关注。[②] 竞争委员会认为，两项救济方案都可以有效解决该集中交易产生的竞争损害：一是完全剥离英国天空广播公司的所有股份；二是部分剥离英国天空广播公司持有的7.5%以下的股份，同时，承诺不寻求或者不接受英国独立电视公司董事会的代表和不再收购英国独立电视的股份。竞争委员会认为，第二种方案足以消除集中交易产生的竞争损害，与完全剥离同等有效，而且侵害性较少，比完全剥离更成比例。国务大臣遵循了竞争委员会的建议，在2008年1月29日发布了对该集中交易附加剥离和行为性救济的决定。英国天空广播公司上诉到竞争上诉法庭，维珍传媒（Virgin Media）公司作为利益第三方也申请审查竞争委员会和国务大臣有关媒体公共利益的决定和救济。竞争上诉法庭于2008年9月28日作出决定，支持了竞争委员会的救济决定，但指出竞争委员会错误地解释了有关媒体多元化的公共利益条款。尽管这一解释不正确，但竞争上诉法庭于同年10月30日指出，由于竞争委员会附加的解决竞争问题的最初救济，在消除任何多元化关注方面令人满意，因此，不必要重新考虑救济决定。该案展现了通信业经营者集中结构性救济适用的特殊类型，对其他国家和地区的类似案件具有借鉴意义。

2. 行为性救济的适用

通信业经营者集中案件特别倾向接受行为性救济，而且，这一领域行为性救济的主要特征是关注开放，包括开放相关市场和开放竞争对手在市场确立地位需要的关键投入。因此，通信业经营者集中行为性救济承诺通常关注减少进

---

① See KPN Telecom BV/Télédiffusion de France, Decision of April 20, 2007 (Netherlands).

② See BSkyB/ITV, Decision of January 29, 2008 (UK).

入障碍和竞争者的扩张,以产生或者维持它们对集中后实体的竞争约束。

(1)开放内容

行为性救济适用的典型案例是2006年法国两家卫星广播和电视服务供应商TPS和Canal Sat之间的集中交易。① 法国反垄断执法机构最终附加59项承诺批准了该集中交易,绝大多数承诺旨在使非卫星经营者获得播放权、节目和频道。

在2007年索格有线电视收购视听运动传媒公司案(Sogecable SA/Audiovisual Sport)②中,西班牙反垄断执法机构认为,集中后索格有线电视公司可能通过阻碍其竞争对手获得足球播放权而具有提高控制西班牙付费电视市场的能力,最终作出了附加限制性条件的批准决定,索格有线电视公司保证第三方能够以公平、透明和无歧视的条件获得足球比赛内容。

(2)开放基础设施

2003年在意大利电信公司收购麦格皮姆公司案(Telecom Italia/Megabeam Italia)③中,意大利反垄断执法机构认为,集中完成后,Wi-Fi服务供应者麦格皮姆公司将获得意大利电信公司的Wi-Fi场所基础设施,意大利电信公司将封锁第三方Wi-Fi服务供应者获得这些场所基础设施。最终,意大利反垄断执法机构作出附加限制性条件批准决定,确保其他Wi-Fi服务供应者直接或间接获得意大利电信公司的Wi-Fi场所基础设施。

在2003年阿尔伯提斯电信公司收购雷特电视公司案(Albertis Telecom/Retevisión)④中,西班牙反垄断执法机构认为,该集中交易将产生封锁效果,因为只向加泰罗尼亚两个地区范围的地面广播网开放第三方播送设备。雷特电视公司拥有一个网络,同时,一个长期供应合同使阿尔伯提斯电信公司的全资子公司阿尔伯提斯——卓迪亚(Abertis Tradia)控制加泰罗尼亚政府拥有的第二个网络。由于在地区安装竞争性的广播网成本太高,因而,不能使竞争对手与集中后实体拥有的广播网进行有效竞争。西班牙反垄断执法机构调查了两个结构性救济方案:一是终止卓迪亚与加泰罗尼亚政府的长期协议;二是剥离加泰罗尼亚地区的雷特电视公司网。然而,部长理事会无视反垄断执法机构提

① See Sogecable SA/Audiovisual Sport (AVS), Decision of February 26, 2007 (Spain).

② Ibid.

③ See Telecom Italia/Megabeam Italia, Decision of August 7, 2003 (Italy).

④ See Albertis Telecom/Retevisión, Decision of October 17, 2003 (Spain).

出的第二个救济方案,而是建议了一套替代性的行为性救济承诺,旨在给予第三方获得集中后实体的网络。这个“一揽子”的救济承诺包括:在法律上和经营上使网络的所有和管理独立于阿尔伯提斯电信公司的其他活动;以公平、透明和无歧视的条件许可第三方;在1个月的申请期内提供许可;每6个月向电信监管部门提供包括位置和收费幅度等许可条件的变更。所有这些承诺有效期为10年,集中当事人接受了这个救济包。该案表明通信业经营者救济适用中,行为性救济比结构性救济更受青睐、更加可行。

(3)放弃新进入者可以获得的权利

2002年,法国反垄断执法机构附加限制性条件批准法国电台电视传输服务公司(TDF)和布依格电信公司(Bouygtel)之间的集中交易,[①]要求给予第三方运动经营者获得基础设施的权利。同时,反垄断执法机构审查了集中交易附加的合同安排,给予布依格电信公司优先购买权,其可以在2006年12月末之前租回其已经出售给法国电台电视传输服务公司的广播站,这种安排将对相关市场上的其他移动通信经营者产生进入障碍,布依格电信公司最后放弃了救济包中的这些权利。

(4)保证向其他市场参与者供应条款

2008年,英国竞争委员会在一项集中交易中接受了行为性救济而不是结构性救济,涉及麦考瑞广播投资公司(Macquarie Broadcast Ventures)的子公司阿齐瓦(Arqiva)和英国电网的无线(National Grid Wireless)集团公司,[②]这是英国拥有的唯一两个广播和无线电输送网络公司。为了消除该集中交易在相关市场可能的支配地位,竞争委员会不是强迫剥离潜在竞争者的部分网络,而是接受客户提出的观点,优先选择折扣和服务保证而不是结构性救济。建议也包括支持少数条款,如确保新公司以公平价格获得其网络。作为承诺的一部分,确定的判决方案将任命一个独立监督人作为英国通信监管者。该独立监督人由阿齐瓦支付报酬,决定广播站和阿齐瓦不能协商一致的有关新合同争议以及现有合同变更争议。同时,要求阿齐瓦任命一个合规总监,其必须是阿齐瓦的运营董事会成员。合规总监负责处理合规的监督和应对公平交易局、通信局以及独立监督人。该案表明,尽管英国反垄断执法机构通常倾向于选择结构性救济,但在合适的案件中,如果行为性救济的理由充分并得到第三方的有力支持,

---

① See TDF/Bouygtel, Decision of August 26, 2002(France).

② See Macquarie/National Grid Wireless, Decision of March 11, 2008(UK).

它们也愿意批准行为性救济。该案的解决方案是新颖和复杂的，原因在于集中当事人的客户数量有限，因而能够获得它们对行为性救济的同意。

(5)限制捆绑销售条款

在通信业经营者集中案件中，产品捆绑通常会有益于消费者。然而，在广告销售领域，反垄断执法机会审慎对待这类行为，反思在有些情况下捆绑可能被用于扩大进入障碍和提高市场力量。

(五)通信业经营者集中救济的评析

在过去20多年中，全球通信业发展迅速，给监管结构带来革命性的变革。世界主要国家和地区通信业经营者集中典型案例表明，反垄断执法机构必须努力解决这一领域中问题的丰富和多样。

首先，为理解特殊产业经营者集中救济的性质有必要回顾和考察经营者集中的经济动机。通信业经营者集中主要有两个方面的因素：一是通信业经营者集中是对外部技术和政策或者法规变化引起的产业结构变化的反应，这些力量为经营者联合经营创造了机会。二是通信业经营者集中的发展战略是一个持续的动力，这一产业的经营者致力于通过规模经济、范围经济和聚合效应来改善经营和提高效率。在某一具体案件中，所有这些因素或者某一因素对于评估经营者集中和产生的竞争问题提供了重要的衡量因素。

其次，在通信业经营者集中救济中，产业监管机构在经营者集中救济的设计和实施中具有和可能保留一定地位。反垄断执法机构在通信业领域尽管关注合规监督问题，但并没有回避行为性救济。通信业经营者集中一直关注开放问题，包括开放投入品、开放基础设施和开放客户，旨在保护消费者选择自由。这种做法不同于传统产业非常倾向于激烈的结构性救济的做法。开放内容和基础设施等行为性救济通常可能很难控制，可能实施缓慢并要求复杂的监督。产业监管机构的参与可以提供更广范围的救济和为监督救济提供更多的机会。例如，在麦考瑞广播投资公司收购国家电网无线集团公司案(Macquarie/National Grid Wireles)[①]中，英国通信监管机构被任命为一个由集中当事人阿齐瓦支付报酬的独立监督人，主要承担支持监督遵守承诺实施的职责。

再次，通信业经营者的显著差异在于影响协调的速度和程度。许多国家和地区通信业的结构反映了国内市场的历史。不同国家和地区通信业的技术水

① See Macquarie/National Grid Wireless, Decision of March 11, 2008(UK).

平和发展程度不同,每个国家都致力于保护本国和本地区通信业的持续健康发展和国际竞争力,所采取的救济自然存在不可避免的差异甚至出现冲突,需要彼此进行有效的沟通和协调,既保护本国和本地区的通信业发展,又不影响通信业的跨国集中交易,确保经济全球化背景下通信业的持续快速发展。

最后,竞争和多元化是两个不同的概念,不应被混淆。它们代表两个不同问题,但它们的评估通常纠缠在一起。有效竞争和集中控制可以促进多元化。然而,有时我们可以预见,单独干预竞争的理由不足以保护多样化和选择自由。通信业经营者集中案表明,救济通常旨在解决竞争问题,对多元化发挥作用较小。例如,在前述英国天空广播公司收购英国独立电视公司案(BSkyB/ITV)中,多元化是一个主题,但是,即使在该案中为解决竞争问题所附加的救济,也被认为足以解决任何的多元化关注。因此,问题是多元化对于救济设计的意义和反垄断法干预本身是否足以保证多元化。以多元化为基础的集中监管是一个多余的形式,我们预期,根据通信业经营者所处的监管、经济、社会和技术背景,这种情况将会逐渐减少。

(六)通信业经营者集中救济适用的改进

通信业具有明显不同的市场特征,通信业经营者集中救济展现出与其他产业特别是传统产业的不同面貌。技术、创新和效率等因素增加了反垄断执法机构竞争效果评估的困难性和经营者集中救济适用的复杂性。在通信业经营者集中救济适用中,还需要重点关注以下因素,改进反垄断执法机构的执法思路和方法。

第一,虽然反垄断执法机构倾向于适用行为性救济,但结构性救济仍然具有一定的作用。反垄断执法机构需要考虑任何剥离包的组成并确保其可行性。反垄断执法机构的传统方法是审查剥离正在独立运营的业务和买方作为有效竞争者的可行性。然而,在通信业经营者集中案件中的关键因素是必须拥有专业知识、专业技能、经济实力和可行的商业计划。由于通信业的易变性,这些与相对静态的市场相比更加取决于市场环境。

第二,新兴产业可能面临的一些特殊挑战。在电子商务和品牌服务发展中,高技术开放、网络开放、互联互通以及许多集中当事人一直是电信在位者,所有这些因素逻辑上将促进比传统和成熟的产业更深入地调查支配和传导等竞争问题。集中当事人需要事先作大量的经济分析,以说服反垄断执法机构批准集中交易。例如,2006 年,在意大利雷迪电视公司收购雷迪欧洲电视公司案

[Reti Televisive Italiane (RTI)/Ramo di Azienda di Europa TV][1]中,意大利反垄断执法机构认为,雷迪电视公司将拥有意大利广播网的显著份额,经过调查发现,雷迪电视公司的目标是排他性地使用收购的输送产能发展数字视频网,以提供移动电话电视内容,这个市场当时在意大利是尚不成熟、急需投资的。意大利反垄断执法机构最终批准了该交易,因为集中后实体并不是为牢固确立自己的支配地位或者控制新兴的市场。

第三,通信业结构在放松管制后仍然没有达到平衡,对于这一领域的经营者集中构成了挑战和机会。因为,这可能导致快速的市场份额波动、经营者频繁地进入和退出以及极端的经济脆弱性,使经营者集中的竞争效果评估非常困难。由于网络泡沫,关键问题可能被低估,因此,在确定通信业经营者集中的反竞争效果时,反垄断执法机构必须审慎考虑各种相关事实。例如,在前述麦考瑞广播投资公司收购国家电网无线集团公司案(Macquarie/National Grid Wireles)中,英国反垄断执法机构在审查集中交易对未来事件的影响时,数字转换并没有发生。

第四,反垄断执法机构经常可能费尽心思地考虑集中当事人面对的信息不对称问题。反垄断执法机构必须预见市场结构的可能变化,并且考虑反竞争效果发生的可能性,也必须预见拟议的救济足以抵消反竞争效果。这使反垄断执法可能出现两类错误:干预过度或者干预不足。干预过度,是指一项没有反竞争效果的集中交易被禁止或者被附加不值得的侵犯性救济。干预不足,是指一项具有反竞争效果的集中交易被无条件批准。在干预过度情况下,消费者福利损失取决于较低价格的范围、创新产品的可获得性、先前的高质量和选择的可获得性。在干预不足情况下,消费者福利损失取决于集中后实体拥有显著的市场力量和滥用市场力量的范围。由于通信业的特殊性,“当缺乏对整体产业竞争状况的实证了解时,缺乏对特定行为是否普遍存在于市场之中,是否通常具有限制竞争性质的明确结果时”,[2]反垄断执法机构应当尽量采取谦抑性执法,避免干预过度。

第五,由于通信业的性质,限制竞争行为很难评估和证明。一方面,由于信息难题,评估一项集中交易的长期利益比其他更稳定的产业可能更困难,这可

① See Reti Televisive Italian (RTI)/Ramo di Azienda di Europa TV, Decision of April 10, 2006 (Italy).

② 李剑:《中国反垄断法实施中的体系冲突与化解》,载《中国法学》2014 年第 6 期。

能导致干预过度的错误。另一方面，很难确定拒绝网络开放是由于战略原因还是其他技术原因，这可能导致干预不足的错误。这并不意味着，反垄断执法机构应当侧重批准通信业经营者集中交易或者对整个产业适用严格的方法，而是指出它们在作出决定时由于很高的不确定性，因而，有必要更多地关注一项集中可证明的利弊。

总之，反垄断执法机构在通信业除了关注结构性救济外，一直运用灵活的方法平衡结构性救济和行为性救济。这一过程的透明度、可预见性和集中当事人与反垄断执法机构之间协商的有效性，取决于竞争问题和非竞争问题之间微妙的相互作用。展望未来，我们并不是要提出两极化建议：要么结构性救济或者要么行为性救济。我们支持以证据为基础的政策和实践发展的方法，一种以已决案例和发展变化为基础的方法。

第四章　经营者集中救济的实施效果

法律制度的实施效果既是每个国家和地区法治建设必须面对的现实问题,也是每个法学学者应当思考的理论问题。经营者集中救济的实施效果不仅取决于其自身的科学、合理、规范、健全,而且取决于其所处的不同国家和地区的整体法律环境和社会条件。本章通过确立合适的经营者集中救济效果评估指标,在此基础上,考察世界主要国家和地区经营者集中救济的实施效果,并分析影响经营者集中救济有效实施的诸多因素及其克服路径,以提升经营者集中救济的实施效果。

第一节　经营者集中救济实施效果的评估指标

构建科学合理的评估指标体系是任何一项法律制度实施效果评估的首要前提。经营者集中救济实施效果的评估同样需要通过建构系统而科学的评估指标体系来实现。同时,由于经营者集中救济具有其自身的特殊性,世界各国和地区在型构其实施效果的评估指标时,既以法律制度评估的一般理论和原则为基本的理论前提,又结合本国、本地区经营者集中救济实施中所具有或反映出的具体特点,采取合适的评估指标体系进行客观可行的评估。任何有益的经营者集中救济效果评估必须以具体案件事实的仔细分析为切入点,结合案件的实际发展状况作出全面客观的评估。经营者集中救济效果评估研究已经成为美国、欧盟等国家和地区的普遍做法。美国、欧盟先后发布本国经营者集中救济实施效果研究报告,展现各自不同的研究指标、重点和结论。

一、美国经营者集中救济实施效果的评估指标

美国联邦贸易委员会曾指出:"虽然剥离救济在经营者集中控制中广泛应用,但是却很少有人研究剥离救济能否有效解决竞争问题。"①为了弥补这一领域的研究空白,美国联邦贸易委员会于1999年发布《剥离程序研究》报告,对过去实际案例进行了广泛的实证分析和深入的理论阐释,开创了经营者集中救济实施效果研究的先河,该报告直接影响了包括欧盟在内的其他国家和地区的结构性救济制度。美国联邦贸易委员会在综合考虑效果与时间等因素的基础上,选择了1990~1994年的37个经营者集中案件作为研究样本,在经过4年的大量调查研究与实证分析后,于1999年正式发布《剥离程序研究报告》。该报告包括四个部分:一是《哈特—斯科特—罗迪诺法》施行后的剥离;二是剥离的研究结果;三是最近案例中的创新;四是结论。该报告的内容主要是对剥离适用的总体情况、影响剥离成功的因素和提高剥离成功率的措施的分析和阐述。该报告主要分析了结构性救济中的剥离救济的实施效果。

从剥离方来看,剥离方总是倾向于实施某些行为削弱买方拥有的剥离业务的竞争性,具体包括:

第一,刻意限制剥离业务的范围。美国联邦贸易委员会发出的同意令所规定的剥离业务范围是由美国联邦贸易委员会与集中当事人协商确定的。有些案件中剥离业务范围不充分,不能实现同意令的救济目标。例如,在某一案件中,根据同意令的要求,剥离方需要将三种产品的生产线和相应设备出售给合适的买方。某公司在商谈过程中认为,剥离业务的范围应当包括第四种产品,这样才能给予买方一个完整的生产线以参与相关市场的有效竞争。虽然某公司与剥离方就购买第四种产品进行了商谈,但剥离方予以拒绝,因为同意令中没有这样的要求。

第二,故意寻求较为软弱的买方。剥离方必须在规定期限内找到合适的买方并向联邦贸易委员会推荐。由于法律没有要求剥离方所寻求和选择的买方

① US FTC, "The Success of Divestiture in Merger Enforcement Evidence from the J&J-PFIZER Transaction", *Working Paper* No. 296, April, 2009.

必须最强大,因此,剥离方选择买方的考虑主要是希望他们不会成为自己的有力竞争对手。例如,某公司购买了剥离业务后,最终并没有在相关市场成功地进行产品销售。该公司认为,剥离方选择其作为合适的买方主要因为它是一个没有运营经验的新设企业。

第三,策略性地阻碍买方成功运营剥离业务。剥离方有动机采取策略性行为阻碍、延缓,甚至破坏买方对剥离业务的有效运营。例如,某剥离业务的买方在购买了相应的剥离业务后,虽然剥离方在形式上按照美国联邦贸易委员会的要求向其提供技术支持,但是,剥离方委派的职员并不具有操作相关设备的熟练经验,这样的技术支持是无益的。

从剥离业务买方来看,以下因素会在不同程度上影响剥离的成功实施:

第一,买方缺乏有关信息。一般来说,买方对剥离业务的重要信息缺乏全面了解,这样,它们在获得运营业务、转让选择业务和转让技术时可能犯错。不仅没有收购经验的中小企业会犯错,而且,在收购方面拥有经验的大型公司也会犯错。例如,一家知名中等企业收购了剥离方的商标、产品配方和大批关键原材料后发现,这些机器与其生产过程不相容,并且如果不加以修正,则不符合联邦监管标准。其不能获得某种产品生产的关键原材料,剥离方不会供应这些原材料,因为同意令没有要求这样做。没有销售其他产品的能力,该企业将无利可图。最终,该企业完全放弃这个项目。

第二,买方缺乏商谈能力。一般来说,买方与剥离方相比处于弱势商谈地位。虽然要求剥离方在规定期限内以无底价方式出售剥离业务,但是,由于通常存在很多对剥离业务感兴趣的买方或者单个买方总是认为有其他对剥离业务感兴趣的企业。在这种情况下,剥离业务的销售价格和销售条件将根据投标者的报价,而不是根据以无底价出售业务的理论要求。有些买方明确表示,剥离业务中的所有业务或者条件并不都符合其自身利益。许多买方接受剥离方的"一揽子"出售,是因为它们担心如果坚持更有利于自己的条件时,剥离方将把剥离业务出售给其他投标者。

第三,买方与美国联邦贸易委员会缺乏沟通。买方在与剥离方交易的过程中常常会遇到剥离方给它们造成的各种困难,买方不愿向美国联邦贸易委员会抱怨这种情况的主要因素是担心剥离方将提供更差的服务。

第四,买方与美国联邦贸易委员会目标不一致。买方购买剥离业务的目标与美国联邦贸易委员会并不是天然一致的。美国联邦贸易委员会的目标是希望买方购买剥离业务后与剥离方展开有效的市场竞争,但是,买方购买剥离业务的目标归根结底是为了获得更多利润，它在获得更多利润的途径上可能选择与剥离方进行竞争，也可能选择进行合作。因此，美国联邦贸易委员会明确指出，剥离程序设计在最大程度上应当使买方在获得剥离业务后与剥离方形成竞争关系，而不是合作关系。

这些经验对于美国的经营者集中救济实践具有重要的理论价值和应用价值。如何运用这些经验，美国联邦贸易委员会表现出积极态度。在该剥离研究的早期阶段，美国联邦贸易委员会就明显地进行反思和修改其经营者集中救济规则。实际上，在该项研究还在进行中，美国联邦贸易委员会已经把上述经验融入其经营者集中救济规则中。在1996年美国联邦贸易委员会基于剥离报告的最初结果采纳了几项改革：一是更多地适用买方前置制度；二是适用较短的剥离期以减少过渡期损害的风险和资产价值的浪费；三是更多地适用结构性救济；四是运用过渡受托人，特别是在涉及技术转让时。其中，效果比较好的是买方前置和较短的剥离期两项措施。①

此后，美国理论界采取了各种方法进行经营者集中救济的效果评估研究。联邦贸易委员会前主席科瓦契奇（Kovacic）结合自身的执法经历明确指出，反垄断执法机构可以运用事后评估（Ex Post Evaluation）执法决定、运作机制和组织设计的方法提高其执法水平，并详细分析了事后效果评估的两种模式。他认为，反垄断执法机构可以通过两种基本模式评估自身的执法绩效：一是评估反垄断执法机构的贡献，例如，经营者集中救济是否实现了各个司法辖区反垄断法确立的经营者集中救济目标。二是评估反垄断执法机构的执法过程，包括评估反垄断执法机构内部运作的各个方面，特别是反垄断执法机构如何配置和使用其资源的管理方法和组织选择。② 事后效果评估方法对所有的组织机构都非常重要，但对于反垄断执法机构尤其重要，因为，反垄断政策非常依赖于试验和渐进调整，以确保原则和实施政策能够在有益的和危险的商业行为之间划出明晰的界限。这种事后效果评估的方法不仅对联邦贸易委员会的未来执法具有直接的指导意义，而且对国际竞争网络、经济合作与发展组织、联合国贸易和发展会议与一些较小的地区组织促进反垄断执法机构绩效评估的形成和应用具

① See David Balto, "Lessons from the Clinton Administration: The Evolving Approach to Merger Remedies", *George Washington Law Review*, 2001, p. 960.

② See William Kovacic, "Using Ex Post Evaluations to Improve the Performance of Competition Policy Authorities", *The Journal of Corporation Law*, 2006, p. 506.

有积极影响。

二、欧盟经营者集中救济实施效果的评估指标

欧盟 2005 年发布的《集中救济研究》报告①是依据救济实施过程中重要参与者所提供的访谈调查和数据对以往案例实施效果的分析整理，着重审查了以下可供测评的参数：剥离业务是否还在市场中运营、剥离业务的市场份额变化、保留业务的市场份额变化、剥离业务与保留业务市场份额变化的比较、集中当事人的自我评估。这些指标能够说明目标市场中经营者集中救济产生的影响。

第一，仍然在市场中运行的剥离业务。虽然剥离业务仍然在市场中运行这一事实，并不能必然证明买方在市场中实现了真实有效的竞争，从而达到恢复有效竞争的目的，但是，最初的或者后续的买方经营的剥离业务的持续运行是保证救济有效的必要参数。

第二，剥离业务的市场份额变化。对于剥离业务的绩效，市场份额发展数据能够提供较好的指标，因此，也能较好地反映经营者集中救济的有效性。但是，这种指标并不能反映外部因素，某些外部因素仍然会对市场份额发展产生重要影响。另外，即使暂时失去一定的市场份额，一项剥离业务仍然可能产生有效的竞争性。

第三，保留业务的市场份额变化。对于保留业务的绩效，市场份额发展数据也能够提供较好的指标，因此，也能较好地反映经营者集中救济的有效性。研究报告对保留业务的市场份额的变化情况进行了探讨，其中，收集到 30 项剥离业务的救济的可靠数据（36%），而且，研究结果表明：业务剥离后 3 ~ 5 年，保留业务的市场份额呈上升的趋势（47%）多于呈下降的趋势（33%），业务保持稳定的情况则占 20%。

第四，剥离业务与保留业务市场份额变化的比较。根据所采取的剥离业务与保留业务的 30 项救济（占所有救济的 36%）的市场份额变化的比较发现，业务剥离后的 3 ~ 5 年，保留业务所占的市场份额往往高于剥离业务所占的市场份额（此类情况占 57%），而相反的情况则不常见（此类情况只占 23%），另外，17% 的救济对市场份额变化的影响也很类似。

第五，集中当事人的自我评估。研究报告充分考虑了集中当事人对其自身

---

① See DG Competition European Commission, *Merger Remedies* Study, 2005, p. 13.

业务表现的评估,以及对是否再次进行集中这一问题进行量化分析,即它们是否应该再次集中所剥离的业务。研究结果表明,集中当事人对自身是否再次进行集中的评估远比市场份额所显示的评估积极。

欧盟《集中救济研究》根据上述数据,再结合大量的案例资料,对集中当事人的情况、受托人以及个别利益相关方的跟踪访谈,初步形成了对各项救济整体效果的评估体系。欧盟《集中救济研究》更规范、更先进、更可行、更有效,研究成果被2008年欧盟《集中救济通告》所吸收,并为世界其他国家和地区所效仿,甚至美国司法部在2011年修订《集中救济指南》时,也借鉴了欧盟的一些先进做法,两大司法辖区经营者集中救济呈现日益融合趋势。

此后,欧盟理论界也从不同的角度展开对经营者集中救济实施效果的研究,例如,从竞争关注的视角进行效果分析、从产业适用的视角进行效果分析和从集中后市场集中度的视角进行效果分析。其中,从竞争关注的视角进行效果分析对于反垄断执法机构的执法具有指导意义。该研究将经营者集中的反竞争效果分为单边效果、协调效果、封锁效果和混合效果,试图寻找不同的反竞争效果与不同的经营者集中救济类型之间的关联性。该研究发现,不同的竞争关注经营者集中救济的设计是不同的:横向效果更多地要求剥离业务或者退出相关市场等结构性救济;纵向效果更多地要求开放救济和供应救济;混合效果很少适用结构性救济,行为性救济可能已足够。① 这可以为反垄断执法机构的快速高效执法提供切实可行的路径衡量和方法选择。

第二节　经营者集中救济实施效果的宏观考察

美国和欧盟的经营者集中救济制度经过多年的实践和完善,已经发展成为一项比较完备而精良的制度,形成了一套严密而复杂的实体标准和程序规则,取得了良好的实际效果,积累了丰富的经验教训,对我国经营者集中救济的有效实施具有重要启示和借鉴意义。

一、美国经营者集中救济的实施效果

关于经营者集中救济的实施效果,美国历来存在肯定和否定两种观点:

---

① See Wei Wang & Matti Rudanko, "EU Merger Remedies and Competition Concerns: An Empirical Assessment", *European Law Journal* 18, July 2012, p. 575.

(一)肯定说

该说认为,自1976年的《哈特—斯科特—罗迪诺法》正式确立经营者集中事先申报制度以来,经营者集中救济是促进美国经营者集中的重要工具。有学者认为:"《哈特—斯科特—罗迪诺法》是一个如此有力的实施工具以至于诉讼相对稀少,大多数集中当事人在诉讼前就已经与反垄断执法机构达成了和解协议,通常是通过剥离解决交易的反竞争效果部分。因此,大部分竞争问题通过协商而不是诉讼得以解决。"①美国联邦最高法院法官布冉南在1961年的美国诉杜邦案(United States v. E. I. du Pont de Nemours & Co.)中指出:"剥离是经营者集中救济中最重要的救济方式,它简单、明确并且易于监督。对违反《克莱顿法》第7条时,法官总是最先想到剥离救济。"②还有学者指出,美国经营者集中控制政策多年来一直保持基本稳定,③表1反映了美国1968～2000年经营者集中和剥离救济应用的情况:

表1　美国1968～2000年发生的集中案件和剥离救济数目

年份	集中案件总数(件)	剥离总数(件)	剥离所占比例(%)
1968	4462	557	12.5
1969	6107	801	13.1
1970	5152	1401	27.2
1971	4608	1920	41.7
1972	4801	1770	36.9
1973	4040	1557	38.5
1974	2861	1331	46.5
1975	2297	1236	53.8
1976	2276	1204	52.9
1977	2224	1002	45.1
1978	2106	820	38.9

① OECD Policy Roundtable, Merger Remedy, 2003, p. 237.

② United States v. E. I. du Pont de Nemours & Co., 366 U. S. 316, 326, 1961.

③ See Francois Leveque & Howard Shelanski, *Merger Remedies in American and European Union Competition Law*, UK · Northampton, MA, USA, Edward Elgar Publishing Limited, 2003, p. 30.

续表

年份	集中案件总数(件)	剥离总数(件)	剥离所占比例(%)
1979	2128	752	35.3
1980	1889	666	35.3
1981	2395	830	34.7
1982	2346	875	37.3
1983	2533	932	36.8
1984	2543	900	35.4
1985	3001	1218	40.6
1986	3336	1259	37.7
1987	2032	807	39.7
1988	2252	894	39.6
1989	2366	1055	44.6
1990	2074	940	45.3
1991	1877	849	45.2
1992	2574	1026	39.9
1993	2663	1134	42.6
1994	2997	1134	37.8
1995	3510	1199	34.2
1996	5848	1702	29.1
1997	7800	2108	27.0
1998	7809	1987	25.4
1999	9278	2353	25.4
2000	9566	2501	26.1

资料来源:Francois Leveque & Howard Shelanski, *Merger Remedies in American and European Union Competition law*, Edward Elgar Publishing Limited, 2003.

从表1可以看出,在20世纪七八十年代,剥离救济一直是美国反垄断执法机构控制经营者集中的有效工具,在1975年发生的2297起集中案件中,就有

1236 起是通过业务剥离解决的，比例高达 53.8%。在 1976 年发生的 2276 起集中案件中，也有 1204 起是通过业务剥离解决的，比例达 52.9%。20 世纪 90 年代以后，剥离救济比例有所下降，但仍然是促进经营者集中的重要方式。

还有实务界人士指出：反垄断执法机构已经日益熟悉经营者集中救济程序，并且在以高度的成功可能性理解和坚持在经营者集中救济方面已经积累的丰富经验。在当代，经营者集中救济比以往更成功，这一程序已经非常合适、非常健全，因为，参与这一过程的任何集中当事人很容易证明。①

（二）否定说

在 20 世纪 90 年代中期到末期之间，美国经营者集中救济实施成为理论界和实务界广泛讨论的主题，内容涉及分析何种救济类型对于解决集中可能产生的竞争问题是合适的，许多学者对经营者集中救济的实施提出了各种观点和看法。2001 年美国举行关于经营者集中救济的专题研讨会，主题是：付出巨大代价的胜利？反思反托拉斯救济在恢复竞争、威慑违法行为和解决集中控制中竞争问题的有效性。有学者指出，尽管各方态度和结论有所不同，但是，研讨会参与者对解决集中救济的许多关键问题达成了一致。②

第一，1976 年《哈特—斯科特—罗迪诺法》的颁布实质性地改变了美国解决经营者集中控制中的竞争问题的程序，以致现在这一程序主要是一个监管程序，这是经营者集中控制政策的一个重要创新。西姆斯和麦克福尔斯（Sims and Mcfalls）认为，由于《哈特—斯科特—罗迪诺法》的颁布，经营者集中救济实施已经转变为一种全面的集中监管框架。③ 贝尔（Baer）和瑞德凯（Redcay）认为，在国会制定《哈特—斯科特—罗迪诺法》之前，经营者集中救济没有引起人们广泛的注意，它为反垄断执法机构禁止反竞争的集中交易或者商谈有效的救济提供了法律基础。《哈特—斯科特—罗迪诺法》把经营者集中审查的中心从法院

---

① See Robert A. Lipstein & Werner Berg, *Merger Remedies in the US and Europe*, London, Global Legal Group, 2009, p. 15.

② See William Blumenthal, "Reconciling the Debate over Merger Remedies: A Discussant's Proposed Decision Rule", *George Washington Law Review*, 2001, pp. 978 – 983.

③ See Joe Sims & Michael McFalls, "Negotiated Merger Remedies: How Well Do They Solve Competition Problems?", *George Washington Law Review*, 2001, p. 932.

转移到反垄断执法机构。[①]

第二,经验证据无法指导救济的成败。学者们普遍认为,美国联邦贸易委员会的剥离研究报告是非常不完全的,它既没有考察所有正确的问题,也没有提出所有正确的问题。贝尔和瑞德凯认为,剥离研究没有对发生剥离的市场进行全面的竞争分析。它只是调查了剥离业务买方是否能够进入市场和维持经营。判断救济是否成功的方法主要是通过访谈买方和集中当事人。[②] 戈茨(Gotts)指出了剥离研究报告研究方法方面的几个缺陷:一是研究只考察了4年,而且不包括这一期间的所有同意令;二是美国联邦贸易委员会在剥离研究涉及的期间仍然适用非传统的剥离,剥离研究的教训应当是修改非结构性救济的条件和发展新的替代救济;三是研究仅限于可能进一步影响结果的一种方式,推定剥离业务买方是一项救济是否或者为什么有效或者无效的最好信息来源;四是虽然研究具有局限,但美国联邦贸易委员工作人员仍然认为2/3以上的救济是成功的,不成功的救济可能归因于救济的范围或者实施,剥离业务买方的存续性和有效性告诉我们一项经营者集中救济是否必要和有效。[③] 总之,剥离研究是片面的、选择性和缺乏说服力的。

第三,经营者集中救济程序不适用判例法。学者们普遍认为,判例法对于经营者集中救济的先例作用不大,原因在于:一是判例法表述的原则对于今天的标准已经是如此的平淡无奇;二是偏好于剥离的表述今天看来已不是必要的;三是近年来许多纵向集中案件都是通过防火墙条款、透明度条款和无歧视条款以及其他行为性救济解决的;四是判例法在一定程度上强调了剥离研究的具体结果,其支持最终是脆弱的。因此,判例法对于解决集中控制问题很少能够提供指导。

第四,经营者集中救济的确定受制于反垄断执法标准的不一致。由于缺乏公告这一程序的事实和法律,他们认为,经营者集中救济的确定应当受一定标准的制约,但是,目前这一标准并不是精确的和一致的。学者们提出了许多分歧问题:何时要求买方前置?应当有一个假设支持全部剥离(包括知识产权、制

---

① See Francois Leveque and Howard Shelanski, *Merger Remedies in American and European Union Competition Law*, Cheltenham, UK · Northampton, MA, USA, Edward Elgar Publishing Limited, 2003, p. 50.

② Ibid., pp. 56 – 60.

③ See Ilene Knable Gotts, "The FTC's New Divestiture Policy: One Size Fits Most?", *Antitust Rep.*, May 2000, p. 29.

造能力、销售网络、其他基础设施和广告、购买的最低有效规模)，而不是支持部分剥离？何时反垄断执法机构应当接受某种行为性救济？何时反垄断执法机构应当允许集中后实体和剥离业务买方之间可以进行混合安排，并且，该种安排是否应当有时间限制？何时反垄断执法机构应当接受附加于有法律约束力的同意判决和同意命令的非正式救济？何时应当运用监督机制，包括受托人的适用？关于所有这些问题的法律标准是不明确的、不规范的。①

还有学者指出，垄断的救济是一个容易说但不容易做的事情。充分的救济应该分解违法垄断势力或者使其无法得到行使。剥离业务或者知识产权许可等结构性救济的效果应受到质疑：首先，反垄断执法机构传统上很少付出努力去设计并向法院解释用于解散垄断势力的救济方案。现在的反垄断执法机构负责人明白，当工作从责任转向救济时不能松懈努力，但明白和做到是两回事。对救济方式关注的不足很可能导致司法上担心的另一个结果，即一个拆分计划很可能牺牲宝贵的效率，甚至使企业运作失灵。其次，政府提起的反垄断诉讼往往持续多年。随着时间的流逝，变化了的产业削弱了原先救济方式的合理性；反垄断执法机构的人事变化可能会削弱案件提起时的决心。在美国铝业公司案中，最终没有采用拆分的救济方式，部分原因是政府转让了它在第二次世界大战期间建立的一些铝厂，从而新产生了两个美铝公司的竞争者。②

美国著名反托拉斯法专家波斯纳对结构性救济的效果持有明确的反对意见。一个市场中的资产集中到几个企业手中会有利于固定价格，无论默示还是明示地固定价格。如果使高度集中化市场中的集中度显著下降，共谋的成本就会提高，从而共谋的概率会降低。虽然消除集中的政策会因此给社会带来一些收益，但这是一种不明智的政策，即使没有其他方式可以控制默示共谋。它不会有效果，即便有效果，其社会成本也会超过社会收益。通过考察以剥离作为反托拉斯救济的实践情况，波斯纳认为，剥离最近收购的资产要比在一个或一些现有企业之外建立新的企业容易得多。但是，对《克莱顿法》第 7 条规定的救济所进行的细致研究发现，剥离的命令常常不能实现诉讼的目的，也不能维护

---

① See William Blumenthal, "Reconciling the Debate over Merger Remedies: A Discussant's Proposed Decision Rule", *George Washington Law Review*, 2001, p. 978.

② 参见[美]欧内斯特·盖尔霍恩等：《反垄断法与经济学》(第 5 版)，任勇、邓志松、尹建平译，法律出版社 2009 年版，第 129 ~ 132 页。

竞争性的市场结构。[①] 不过,波斯纳的反对态度比较温和,"假定我是过于悲观了,事实上消除集中的诉讼被证明是可操作的、有效果的。那么,我的反对意见会修改,但不会消失。现在我关心的将是,消除集中会要求产业以高于消除集中之前的成本运营,可能由此给社会带来沉重的成本"。[②] 这表明,波斯纳并不肯定经营者集中救济总是效果不佳的,例如,AT&T 案是有史以来最成功的反托拉斯结构性救济,也不是要废除经营者集中救济制度,而是希望在每一个具体案件中经营者集中救济的社会收益都要大于社会成本。

二、欧盟经营者集中救济的实施效果

欧盟经营者集中救济制度是参考和借鉴美国的经验建立起来的,由于理论准备充分、配套制度完善,无论是理论界还是实务界都认为,欧盟经营者集中救济的实施效果良好。有学者指出,如果没有经营者集中救济,经营者集中审查决定将是批准和禁止的二元选择。经营者集中救济是反垄断执法机构掌握的旨在解决集中引起的竞争问题同时实现经济效率的工具。一项不合适的救济将不能实现其中一个或者两个目标,将对集中当事人施加过高成本和损害消费者利益。因此,获得合适的经营者集中救济至关重要。[③] 有学者认为,欧盟委员会经常接受集中当事人提交的经营者集中救济承诺以消除拟议的集中可能引起的竞争关注,绝大多数是剥离业务,但行为性救济日益增长。尽管这些救济并不总是有效的,但它们是值得坚持的有效工具。[④] 还有学者认为,经营者集中救济已经被证明是欧盟集中控制框架中的一个有用工具。欧盟经营者集中控制实践表明了救济在解决欧盟集中控制过程中的竞争问题时发挥着关键作用,如果没有适用经营者集中救济的可能性,那么,将会有更多数量的集中案件被禁止。[⑤]

---

① 参见[美]理查德·A. 波斯纳:《反托拉斯法》(第 2 版),孙秋宁译,中国政法大学出版社 2003 年版,第 119 页。

② 同上书,第 130 页。

③ See Penelope Papandropoulos & Alessandro Tajana, "The Merger Remedies Study—In Divestitrue We Trust?" *European Competition Law Review*,2006,27(8),pp. 443 - 454.

④ See Frank maier-rigaud & kay parplies,"EU Merger Control Five Years after the Introduction of the SIEC Test:What Explains the Drop in Enforcement Activity?",*European Competition Law Review*, 2009,30(11),pp. 565 - 579.

⑤ Katri Pass, "Non-Structural Remedies in EU Meger Control", *European Competition Law Review*,2006,27(5),pp. 209 - 216.

表2反映了欧盟1990～2006年经营者集中和剥离业务应用的情况，从中可以看出，自1990年欧盟《集中控制条例》生效到2006年，欧盟委员会处理的3000多起经营者集中案件有19起被完全禁止，有219起要求集中当事人承诺消除欧盟委员会提出的具体竞争关注。① 这表明，欧盟的经营者集中救济比禁止集中应用得更加广泛。

表2　欧盟1990～2006年经营者集中和业务剥离应用的情况

	1990～1996年	1997～2001年	2001～2006年	总数
第一阶段集中决定	485件	1161件	1387件	3173件
第一阶段完全批准	86.8%	86.0%	90.8%	88.2%
第一阶段救济	2.5%	5.6%	4.4%	4.4%
第二阶段启动	6.8%	6.0%	3.4%	5.1%
当事人放弃	3.9%	2.4%	1.4%	2.4%
第二阶段集中决定	33件	71件	45件	158件
第二阶段完全批准	24.2%	15.5%	26.7%	20.3%
第二阶段救济	48.5%	45.1%	53.3%	50.0%
第二阶段禁止	21.2%	14.1%	2.2%	12.0%
当事人放弃	6.1%	25%	17.8%	17.7%
最终决定	485件	1300件	1385件	3170件
第一阶段和第二阶段批准	88.5%	86.8%	91.8%	89.2%
第一阶段和第二阶段救济和禁止	7.2%	9.0%	6.2%	7.5%
第一阶段和第二阶段放弃	4.3%	4.2%	1.9%	3.2%

表格中的数据排除了移转到欧盟成员国反垄断执法机构审理的案件，故总数并非前几项数据简单的相加。参见欧盟竞争总局网站。转引自 Stephen Davies & Bruce Lyons, *Mergers and Merger Remedies in the EU: Assessing The Consequences for Competition*, Edward Elgar Publishing Limited, 2007, p. 4。

从有关研究来看，欧盟经营者集中救济实施效果也是比较积极的。2005

① See Stephen Davies, Bruce Lyons, *Mergers and Merger Remedies in the EU: Assessing the Consequences for Competition*, Cheltenham, Edward Elgar Publishing Limited, 2007, p. 2.

年,欧盟委员会发布的《集中救济研究》报告包含经营者集中救济实施效果的研究。该研究报告指出,虽然本项研究着重于对经营者集中救济的确定和实施情况的详细研究,这些分析也第一次表明经营者集中救济在保护有效竞争方面所起到的作用。该研究报告对经营者集中救济的整体效果作出了评估,①得到了每个救济有效性的整体暂时效果评估结果。该项研究的效果评估指标试图根据救济所实现的竞争性目标将其进行分类:

(1)"有效救济"是指明确地达到救济确定的目标。对于转换市场地位和退出合营企业的承诺来说,这意味着,被剥离的实体仍然是充满活力且有效的竞争者。如果封锁关注可以被消除,那么,开放救济也被认为"有效"。

(2)"部分有效"救济是指面临救济确定和实施问题,它们不会在剥离后的3~5年被完全解决,而且会部分地影响剥离业务的竞争性。对于这一类别中的开放救济,所授予的开放许可没有达到欧盟委员会附条件批准决定所规定的范围,因此,封锁关注不能被完全消除。

(3)"无效"救济是指没有像欧盟委员会附条件批准决定所预期的那样恢复竞争。可能由于剥离业务不再正常运营,或者是由于在3~5年内没有开始进行竞争,或者是由于在评估期间没有给予开放许可。

(4)"不确定"救济是指不能确定救济是否达到了确定的目标,既可能是由于获得的信息有限,也可能是由于不可能将救济的影响与同时发生的具有暂时效果的外在因素的影响区分开来。

在所分析的96例救济中,共有85例可作整体效果评估,结果如图1所示:

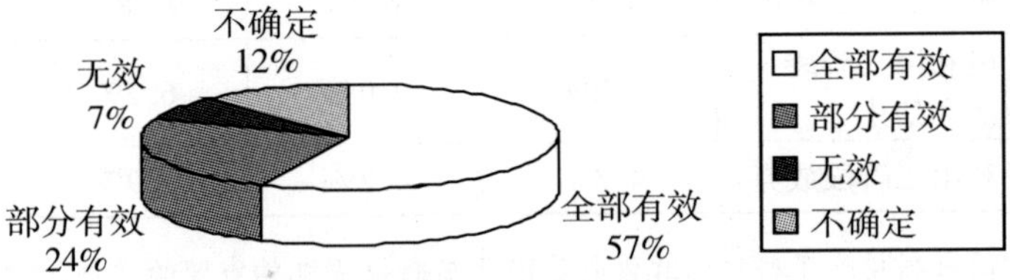

图1　欧盟85例救济效果分析

资料来源:DG Competition European Commission, Merger Remedies Study, October 2005:172.

从图1可以看出,在85项救济中,57%部分实现了各自预期的目标(即49

① See DG Competition European Commission, Merger Remedies Study, 2005, p. 171.

项“有效”救济）；24%部分提出了未能解决的确定或实施问题，这样极有可能降低企业的竞争性（即20项“部分有效”救济）；7%部分是“无效”救济（6项救济）。在所有分析的救济中，其中，12%的救济无从判定是否实现了各自的目标（即10项“不明显”救济）。总体来看，81%的经营者集中救济属于有效的，如果加上一些效果不明显的部分可能实际效果是有效的案例，这个整体有效的比例可能还会提高。尽管欧盟《集中救济研究》报告由于方法的局限和条件的限制等因素，其结论未必是全面客观、符合实际的，但它真实地反映了欧盟经营者集中救济的实施效果还是很积极的，总体上实现了欧盟经营者集中救济的基本目标和价值追求。

综上所述，无论是美国还是欧盟，经营者集中救济已经成为反垄断执法机构控制经营者集中的一个重要工具。总体来看，经营者集中救济达到了预期的目标，取得了良好的效果。但是，由于历史传统、社会条件和竞争文化等整体环境条件的差异，经营者集中救济的实施效果并不完全一致，还需要采取积极措施，完善经营者集中救济的各个环节和相关配套制度，努力提升经营者集中救济的实施效果。

第三节　经营者集中救济实施效果的微观分析

经营者集中救济实施效果的影响因素涉及诸多方面，从不同的角度可以得出不同的结论。我们以结构性救济和行为性救济的区分作为基本框架，梳理它们各自在经营者集中救济运行的不同环节中存在的主要问题，分析它们如何影响和制约经营者集中救济的实施效果，并提出解决问题的思路和措施。

一、结构性救济实施效果的影响因素及其消解

影响结构性救济实施效果的因素主要包括剥离业务范围问题、剥离业务分割问题、合适的买方问题、监督受托人问题和剥离期限问题，这些问题在具体案件中必须予以克服和消除，否则，经营者集中救济的实施效果就会大打折扣，经营者集中救济预期目标也就难以实现。

（一）剥离业务范围问题

剥离业务范围是适用剥离救济必须首先解决的问题。在实践中，剥离业务范围不充分是所有经营者集中救济确定和实施中最常见的问题，也是剥离救济

效果不佳的主要原因。[①] 美国《剥离程序研究》报告指出：由于集中当事人提出有限的剥离范围，使剥离范围不能充分实现同意令的救济目标。[②] 欧盟《集中救济研究》报告指出：在 84 项剥离救济的 79% 的部分中存在一种或多种严重问题。这些问题的相当大一部分在实施过程中没有得到解决，并且，由于其自身原因以及其他实施过程中产生的问题，特别是对合适买方的选择，从而导致 4 种救济“无效”以及 17 种“部分有效”。[③] 因此，所有“无效的”和“部分有效的”剥离救济都因剥离业务范围不充分而遭受困扰。有学者也指出：“剥离可能产生‘空壳’(Empty Shell)问题。剥离一个工厂或者业务部门涉及不同类型的资产，有形资产可能最容易处理，而人员处置最难以处理，但即使是分割设备最旧、运行最差的部分，风险也总是存在。”[④]

1. 剥离业务范围不充分的原因

剥离业务范围不充分主要是遗漏剥离业务的存续性和竞争性必需的关键资产，即缺乏约束集中后实体市场地位的能力。

(1)剥离方没有动力剥离充分的业务，以在市场上形成一个对自己构成竞争压力的强大竞争对手。剥离方自然希望通过剥离这样的机会，既满足反垄断执法机构的审批要求，又可以将对自己无用的业务抛弃。哪些固定资产、人力资源、知识产权应当列入剥离范围？如果剥离方在不同的地区有不同的厂房，应当剥离哪些厂房？这些都是非常复杂的问题。特别是人力资源问题，很难精确地确定某人的工作性质，很难确定谁应当被转移。此外，劳动合同法会限制这样做。例如，考虑剥离一个研究部门，企业不能保证研究人员会坚持到这个部门。而且，如果剥离后，研究人员“自由决定”返回最初的企业怎么办？当长期客户关系至关重要时，同样的问题也会产生。一个企业可能会发现很难切断与客户的联系，即使作出决定暂时切断了联系，实践中也很难阻止客户返回原

---

① 参见尚明主编：《企业并购反垄断控制——欧盟及部分成员国立法执法经验》，法律出版社 2008 年版，第 86 页。

② See US FTC, A Study of The Commission's Divestiture Process, 1999, p. 16.

③ See DG Competition European Commission, Merger Remedies Study, 2005, p. 143.

④ Francois Leveque and Howard Shelanski, *Merger Remedies in American and European Union Competition Law*, Cheltenham, UK · Northampton, MA, USA, Edward Elgar Publishing limited, 2003, p. 133.

企业。[①]

（2）剥离业务买方缺少足够的信息和必要的能力购买到合适的剥离业务，以形成有效的竞争力量。一般来说，剥离业务买方都缺乏关于剥离业务的重要信息。剥离业务买方寻求收购业务的目的是掌握这一业务，通过成熟的业务雇员拥有的丰富知识以较少的风险进入一个新市场。由于它们缺少有关重要信息，因此，它们可能在购买现有业务、选择的业务转移和纯技术转让方面犯错。先前从来没有进行过收购的小型公司可能犯错，先前具有收购经验的多元化经营的大型公司也可能犯错。尽管其中只有一小部分错误是致命的，但是，许多错误可能已经减少了买方的竞争能力。例如，企业 A 是一个大型的、成功的、技术精密型的多部门制造企业，一直致力于进入一个与自己技术相关但尚不熟悉的新产品市场。一个集中当事人被要求剥离的业务使用与企业 A 想要进入的产品市场相似的技术，因此，符合企业 A 的长期计划。企业 A 收购了全部产能，商议了有权雇用一些高级管理人员，获得了一定期间的技术支持权利。企业 A 认为其业务经营一直是成功的。它迅速掌握了这一新技术，不用任何技术支持就引入了新产品，扩大了其市场份额。然而，企业 A 集中后得知其支付的价格比后来决定的合理价格高得多。企业 A 也发现它与集中当事人签订了一份不经济的合同，根据该合同，集中当事人同意购买其工厂生产的一些附加产品。控制该工厂后，企业 A 才意识到它将要接受的附加产品的价格比市场价值低得多。最后，企业 A 还发现，集中当事人已经促使客户在企业 A 销售前储备了产品，以至于集中后的一段时间企业 A 都没有客户。[②] 另外，剥离业务买方的谈判能力对于确定充分的剥离业务范围也很重要。

（3）反垄断执法机构掌握的信息、积累的经验和可以获得的时间三方面的不足将会影响其对剥离业务范围的确定和选择。与特殊产业监管者相比，反垄断执法机构通常对于该特殊产业具有较少的经验，并且，决定适用哪一种救济需要经过非常紧迫的时间限制。当确定收益率时，产业监管者既考虑这些资产的事后使用，也考虑事前投资和开发这些资产的动机。当产业监管者在产业的持续监管背景中，通常面临的是在事前动机和事后使用之间的权衡，而反垄断

---

① See Francois Leveque and Howard Shelanski, *Merger Remedies in American and European Union Competition Law*, Cheltenham, UK · Northampton, MA, USA, Edward Elgar Publishing Limited, 2003, p. 133.

② See US FTC. A Study of the Commission's Divestiture Process, 1999, p. 20.

执法机构可能面临自然的诱惑去关注现有资产的最佳使用，并且忽略了开发这些资产的动机。[①] 这使反垄断执法机构为了实现剥离的目标，确保维护市场竞争，需要做大量细致入微的工作，以使列入剥离范围的业务很快进入特定市场，能够与集中当事人进行有效竞争。

2. 剥离业务范围不充分的样态

由于反垄断执法机构、剥离业务卖方和买方三方之间动机的不一致性、能力的不契合性和信息的不对称性，可能导致剥离救济设计时与预想的效果出现偏差，剥离业务范围不充分主要有以下几种样态：

（1）未能充分考虑上下游经营者之间的依赖关系。在某些市场，上下游经营者数量有限，相互间关联度高，如果被剥离业务为其中的某个环节，例如，关键原料、售后服务和其他关键资产，该环节上游或下游业务仍然被集中当事人掌握，那么，剥离业务很可能不具备存续性和竞争性，从而救济未能解决买方对集中当事人的持续纵向依赖，在救济实施期间导致严重的问题。

（2）未能充分考虑地域范围不充分。这是指救济范围中地域分割的破坏性影响，主要涉及品牌剥离。例如，一项品牌产品仅在有限的地区或国家被剥离，却不包括其相邻地区或国家的相关市场，买方对该品牌产品的销售局限在有限区域内，无法对集中当事人形成有效的制约力量。

（3）未能充分考虑规模不充分。这是指未能充分考虑形成有效制约力量的剥离业务所必需的临界体积。2001 年，加拿大的凯普特收购英迪格案（Chapters / Indigo）[②]为资产规模不充分导致剥离失败的典型案例。该案中，根据同意令，集中当事人承诺剥离 13 家超市书店，但实际上买方要对集中当事人形成有效制约力量，至少在全国多个地区拥有 24 家超市书店。由于规模上不具有充分性，剥离业务在市场上无人问津，最终不得不回到集中当事人的手中。

（4）未能充分考虑产品周期效应。这是指未能充分考虑市场对剥离业务的需求转向。例如，剥离业务在被剥离时可能是一项成熟但处于衰退期的业务，未来的需求转向集中当事人所拥有的更新换代产品，这些产品具有更大的战略

---

① See Francois Leveque and Howard Shelanski, *Merger Remedies in American and European Union Competition Law*, Cheltenham, UK · Northampton, MA, USA, Edward Elgar Publishing Limited, 2003, p. 130.

② See Commissioner of Competition v. Trilogy Retail Enterprises L. P. /Chapters, CT – 2001 – 003, Statement of Grounds and Material Facts, 2001:60.

意义,具有更好的商业前景。如果集中当事人剥离已经成熟但很快将被淘汰的产品,自己保有虽未成熟但前景看好的新一代产品,那就很可能导致买方在未来的竞争中无力与之抗衡。

(5)未能划分出知识产权的适当范围。这是指未能充分考虑需要用以支持剥离业务的知识产权,或者这些知识产权未能包含在剥离业务范围内,或者这些知识产权日后的转让可能会受到第三方的妨碍。在高技术领域,技术发展迅速、产品更新换代频繁,反垄断执法机构对其未来前景的认识和评估更易产生偏差。例如,剥离某产品及整体产品的知识产权,但未包括该产品关键零部件的专利,那么,该剥离产品的买方就不得不向集中当事人购买这些零部件,两者形成了事实上的上下游关系,从而极大地影响买方的竞争力。

3. 剥离业务范围不充分的消解

剥离业务范围不充分的消解,可以针对不同的主体,根据具体案件的具体情况适时采取不同措施。

第一,针对集中当事人存在的问题,可以有选择地采取以下措施:一是任命监督受托人。这既可以促进现有关系的有效性,又可以减轻买方处理与集中当事人关系的困难。由于监督受托人具有专业知识和不受限制的接触集中当事人和买方设施的权利,可以解决集中当事人和买方之间的分歧,特别是在涉及供应协议和复杂技术转让的案件中尤为重要。二是如果集中当事人在剥离期限内没有剥离,则可以要求剥离皇冠宝石业务。为了避免剥离皇冠宝石业务,集中当事人有动机一开始就提出足以产生一个有竞争性的业务范围,以找到一个合适的买方。三是要求未交付供应品的损害赔偿。在集中当事人的临时供应协议对于新经营者的生存至关重要时,供应协议的条件可能会产生一些不履行或者延迟履行的困难。合同法通常不会补偿买方的利润和商誉,缺少这样的救济并不构成问题,因为,供应者和其客户的利益是一致的。然而,集中当事人是剥离业务买方的竞争者,集中当事人对于买方的成功并不自动具有利益。由于买方易受损害,因此,反垄断执法机构可以要求供应协议规定买方有权要求赔偿由于当事人没有及时提供供应品而造成的同等业务损失和恢复买方业务的必要损失。这样,由于集中当事人分担经济风险,因此,他们有强烈的动机阻止不履行供应。[①]

---

① See US FTC. A Study Of The Commission's Divestiture Process, 1999, pp. 29 - 31.

第二，针对买方存在的问题，可以有选择地采取以下措施：一是确保买方获得准确的信息。一项业务的固有复杂性阻碍买方在接管经营业务之前甚至在之后完全理解该业务。然而，一些买方通过更彻底的尽职调查可以获得更好的信息。例如，有的企业通过咨询生产人员可以发现它不能生产这种产品；有的企业已经了解它要购买的产品已经被某国禁止；有的企业在尽职调查期间实际测试了制造这种产品的能力；还有的企业在签订购买协议之前要求集中当事人作出重大修改以恢复剥离业务。因此，应当给予拟议的买方充足的时间和机会进行尽职调查，因为，买方获得的信息可以极大地提高剥离成功的可能性。① 二是增强买方的谈判能力。可以要求买方提交业务全面经营计划，为反垄断执法机构判断拟议的买方是否已经充分考虑业务经营提供框架；可以要求买方与提供其自身不打算承担任何必要设施或者服务的第三人签订最终可实施的协议；可以要求买方充分理解救济承诺的要求，在同意令要求买方前置时，通知买方同意承诺的条件更困难但又更重要，更困难是因为救济承诺的起草同集中当事人与买方的协商同时进行；更重要是因为买方前置对于保障剥离的所有必要资产可能非常关键。②

第三，针对反垄断执法机构存在的问题，可以有选择地采取以下措施：一是反垄断执法机构在确定剥离方案的准确范围时，需要充分考虑各种因素。二是建立反垄断执法机构与集中当事人的快速交流机制，不断扩展公共信息的传导渠道，保证信息的通畅，使反垄断执法机构对剥离业务的范围作出正确的分析和判断。三是尽量缩短剥离期。最佳选择是通过买方前置尽快找到合适买方，这不仅可以通过加快剥离进程，减少过渡期竞争损害的机会，而且在一开始就可以确保有一个剥离业务的合适买方。

（二）剥离业务的分割问题

1. 剥离业务的过渡期保管

保持过渡期剥离业务的存续性、可售性和竞争性会引起很多实际问题，并会产生更多的实施风险。欧盟《集中救济研究》报告指出，停止对剥离业务的投资项目或者忽视客户和供应商之间的关系会产生特殊的损害。在所分析的 84 个剥离救济中，至少 31 个（37%）案例涉及不完善的业务保管程序，可能会降低救济的有效性；至少 14 个案例（18%）涉及业务保管的问题；至少 26 个（34%）

---

① See US FTC, A Study Of The Commission’s Divestiture Process, 1999, p. 32.

② Ibid.

案例涉及业务分离的问题;5 个案例(7%)涉及绝缘防范措施;一个救济涉及人员的竞业禁止问题;至少在一个救济中,集中当事人在交易前就缩减了剥离业务,从而严重影响了救济的有效性。①

如何解决过渡期保管和剥离业务的分离问题呢?可以采取以下措施:第一,尽可能地缩短过渡期。如果集中当事人忽视了过渡期剥离业务的实际需求,例如,必要的投资或者客户关系管理,剥离业务将受到严重损害。剥离引起的不确定性风险(包括与客户和供应商关系的中断)巨大,过渡期越长,不确定期就越长,越需要有效的过渡期业务保管和分离措施。由于维持剥离业务的存续性的难度,以及实施和监督业务分离和"栅栏条款"面临的难题,特别是在过渡期内丧失的竞争性可能不可恢复,因此,过渡期应尽可能地缩短。②

第二,明确规定集中当事人应当承担的义务,包括维持剥离业务,不作出任何可能给剥离业务的价值、管理或者竞争性带来严重负面影响的行为;根据现有的业务计划为剥离业务的持续发展提供资金支持;如果需要应当提供激励机制,以便在过渡期内为剥离业务留住关键人员。

第三,选择一个业务分离管理人或者业务剥离管理人。业务分离管理人应当独立管理剥离业务,实现业务利益的最大化,确保剥离业务的存续性、可售性和竞争性以及与集中当事人保留业务的分离。因为,业务剥离管理人有义务向监督受托人报告过渡期内剥离业务的保管和分割情况,并履行职责直至剥离业务的转移完成为止。因此,业务剥离管理人在保障剥离业务的独立、剥离业务的过渡期保管和分离持有方面发挥至关重要的作用。

第四,可以任命一个监督受托人,对过渡期剥离业务的保管和业务分离进行监管,既可以有效降低由于不充分的业务保管和向买方提供的不完整信息而产生严重的救济实施风险,又有助于保持剥离业务的存续性、可售性和竞争性。③

2. 剥离业务的实际分割

剥离业务的实际分割是结构性救济实施的关键环节,各种不确定性因素总是影响各方的判断以及作出最优选择。在实际分割过程中,由于利益冲突不可避免,作为"公共知识"的信息不断发生变化,反垄断执法机构与集中当事人之

① See DG Competition European Commission, Merger Remedies Study, 2005, p. 148.

② Ibid.

③ Ibid., p. 150.

间总是进行着动态博弈，而且，这种博弈通常是在不完全信息条件下进行的。因此，对于反垄断执法机构和集中当事人来说，在剥离业务实际分割的过程中随时都可能发生策略转移，从而违背先前的救济承诺，发生“动态不一致性”问题。①

剥离业务的实际分割包括两个方面：一是有形资产和无形资产的分割；二是剥离业务和保留业务的人员分配。哪些资产分割需要付出巨大努力，包括营销渠道、知识产权和人员的重新安置，掌握这些情况对于救济的实施效果具有重大意义。在共有资产分割和员工重新分配过程中，确保剥离业务以某种形式接受其使用的所有必要资产和员工是非常重要的，即使这些资产可能被保留业务的其他部分使用。② 重新分配诸如此类共有资产经常遇到的主要问题是不仅要分割这些资产，还可能要复制某些部分资产，这就要求投入大量的资源和资金，而这些经常事前被集中当事人低估。更为重要的是，在涉及基础设施、软件、主要职能部门和服务等原先共有资产时，作出究竟是应该重新分配给剥离业务还是划归给保留业务的决定非常困难。③

如何有效解决剥离业务实际分割过程中存在的问题，可以选择以下措施：④第一，由于员工的分配对于剥离业务的正常运转至关重要，因此，在救济的确定阶段，集中当事人和反垄断执法机构对此应有充分的估计。人都是理性的，都有利益追求，适当的激励对于确保员工分配的效果具有促进作用。在剥离业务分割过程中，集中当事人应当通过绝缘防范措施条款⑤补偿核心员工，还要确保

---

① 挪威经济学家基德兰德（Kydland）和美国经济学家普雷斯科特（Prescott）利用一个“两时期模型”研究了经济政策与居民预期之间的动态影响，发现由于居民在作出当期决策的时候，不仅要考虑政府当期和以前的政策选择，而且要考虑政府将来会采取什么政策，以及自己的选择会对政府将来政策选择产生怎样的影响，所以，没有考虑居民对政府政策预期的静态分析方法不是最优的求解方法，它得到的均衡是一个次优均衡，由此产生的问题被称为“动态一致性”问题或者经济政策的“动态不一致性”。参见盛杰民、焦海涛：《反垄断法承诺制度的执行难题与激励》，载《清华法学》2009 年第 2 期。

② See DG Competition European Commission, Merger Remedies Study, 2005, p. 153.

③ Ibid., p. 154.

④ Ibid.

⑤ 绝缘防范措施，是指集中当事人将采取所有必要措施确保在生效日后不获取剥离业务的任何商业秘密、技术诀窍、商业信息或其他相关的保密性或专有信息。尤其应当尽可能将剥离业务与中央信息技术网络分离而不损害其活力。集中当事人可以获得为进行业务剥离在合理范围内所必需的信息，或依法应向集中当事人披露的信息。Commitments to the European Commission, *Official Journal* of the European Union, 2003, p. 5.

买方能够获得核心员工,并且提供补偿机制确保核心员工保留在买方。只有这样,员工重新安置才能收到最好的效果。

第二,如果剥离业务不是完全独立运营的,那么,在剥离业务实际分割过程中,反垄断执法机构既不能完全依靠市场力量,也不能完全依靠集中当事人来掌控分割过程,以确保充分的竞争结果。这时,采用监督机制,例如,业务分离管理人和监督受托人,被证明是有助于监督业务保管程序的非常有效的方法,并且对于及时顺利地分割剥离业务会产生正确的激励。

第三,集中当事人和买方之间的过渡性安排,例如,禁止竞争、许可或供应安排等,不仅能够给买方提供初始阶段的关键帮助,而且能够促进集中当事人的保留业务和剥离业务之间的业务进行有效分割。

第四,制定业务剥离和人员分配方面的指导原则,具体包括制定剥离业务和保留业务共有的资产和人员分割方面的指导原则;授予受托人明确的权利范围(要与分离持有管理人协商),不仅要监督剥离业务和保留业务之间业务和/或员工的分割和(或)重新安置,还要就此向反垄断执法机构提交建议;要求各方承诺尽最大努力及时全面地来实施业务的分割,并就由于业务和员工分割的延误、不彻底或者不适当而引起的剥离业务存续性和竞争性方面的损害向买方进行补偿。

第五,反垄断执法机构与集中当事人事先可以对分割可能出现的失败进行讨论和判断,这样会极大地减少剥离业务实际分割过程中的实施风险。反垄断执法机构的保密版决定中包含的信息应在多大程度上让潜在买方知晓,以及非保密版决定中包含的何种信息应向社会公众披露,这对于减少剥离业务实际分割过程中的实施风险也极为重要。因为,只有合适的潜在买方及时收到关于剥离业务的足够信息,它们才能就收购和剥离业务的未来前景作出可靠的决定。因此,反垄断执法机构确保买方尽可能从集中当事人和受托人那里获悉所有必要信息是非常必要的。

3. 剥离业务转让问题

有形资产和无形资产的物理转让或者实际转让经常发生在剥离结束后的很长时间内,尤其是在转让涉及专有技术时。在所有 84 例剥离救济中,至少在 10% 的救济中买方没有获得全部要求转让的业务。在 68 项转变市场地位承诺中,至少 15 项被认为存在严重的转让问题,占全部案例的 22% ,但在 15 项退出合营的承诺中从没有发生这种问题。特别是当剥离业务被出售给某个合营当事人时,转让被证明几乎不成问题的。①

有形资产和无形资产的转让,例如,知识产权、专有技术、政府许可、供应合同、客户资源和员工,通常会产生一系列严重的问题,这些问题通常会伴随剥离业务的分割出现。有形资产的转让经常会涉及本应属于剥离业务的一些机器设备但实际并没有转让,或者在业务转让时属于剥离业务的有形资产处于不良状态或者不完整的情况很明显。无形资产的转让经常会出现不完整问题或者被严重拖延。政府机构给剥离业务签发的执照、许可证和授权,合同、租赁物品和客户订单,客户名单、信用记录和其他商业记录等资产,对于剥离业务的可持续发展具有重要作用,尤其是客户订单、客户名单和合同的延期转让或者不转让会导致相当严重的后果,可能极大地降低救济的效果。

解决剥离业务转让过程中可能产生的这些问题,可以采取以下措施:在剥离完成后实施对业务的实际转让的系统监管,或者在承诺或者受托人委托书中明确规定一个日期来对转让完成情况进行系统认定。

(三)合适买方问题

1. 合适买方问题的样态

寻找与确定合适的剥离业务买方是剥离成功的关键因素。虽然买方一般都需要经过反垄断执法机构批准,但有些买方事后被认为是不合适的,因为,他们可能没有达到买方基本标准要求的一条或者几条。另外,反垄断执法机构认为,剥离业务需要出售给一个合适的买方,而不是一个最合适的买方。这种方法似乎也是合理的,因为,它允许企业通过在多个投标者之间产生竞争获得接近市场水平的剥离收益,而反垄断执法机构不能强迫理想的买方进入交易。②具体来说,合适买方的选择和确定存在以下几个方面问题:

第一,专业技术能力。在某些特殊产业部门,例如,需要非常独特研发能力的创新密集型的新兴产业,通常比其他部门需要更为专业的技术能力。在这些产业部门,合适的买方通常应事先就拥有此类专业技术能力,尽管买方可能事后通过招聘合适的人才来获得此类专业技术能力,但这通常是非常困难的。

第二,资金来源。充足的资金来源对于保证剥离业务的持续发展非常关键。对于潜在买方的财力评估主要基于买方提供的商业计划书可行性的论证。

---

① See DG Competition European Commission, Merger Remedies Study, 2005, p. 156.

② See Maurice De Valois Turk, "The EC'S Revised Notice-The Trustee's Perspective", *European Competition Law Review*, 2009, 30(7), pp. 332 – 339.

在剥离业务要求未来的持续投资、利润率取决于对提高效率的资产和工艺方面的持续投资、创新密集型市场要求高额的先期研发费用等情况中，对买方资金的要求尤其苛刻。在买方为小企业时，资金来源问题对于救济的成功与否具有决定性作用。

第三，竞争的能力和积极性。潜在买方维持和发展剥离业务的能力和积极性常常很难评估。在实践中，主要基于买方向反垄断执法机构提交的详细商业计划书来评估买方竞争的能力和积极性。如果买方没有向反垄断执法机构提交具体商业计划书，将使反垄断执法机构很难评估将来的计划，从而对买方在竞争中维持和发展剥离业务的能力和积极性的评估造成障碍。虽然商业计划书不具有约束力，如有必要它可能还要被调整和修改，有时甚至发现原来的商业计划书可能是错误的，但是如果反垄断执法机构有一份商业计划书可供参考，至少可以帮助其判断商业计划书的撰写根据，从而更好地评估买方将来在相关市场上竞争的能力和积极性。

第四，买方的独立性。合适的买方应该独立于集中当事人并且没有任何关联。欧盟实践证明，所有救济中都不存在集中当事人和各自买方之间正在维持的共同所有产权或者控制关联或者财务关联。然而，正在发生的各种关联或者联系都是通过临时的过渡期安排建立或者维持的，例如，临时供应协议或者过渡期 IT 支持。这种临时的过渡期安排可能是有问题的。例如，欧盟委员会在一起制药业集中审查中发现，潜在的进入者以同意延迟进入作为回报而接受集中当事人的支付，从而将会弱化其市场竞争能力。①

第五，买方不可以产生新的竞争问题。一般来说，反垄断执法机构在批准买方时并不会提前预见任何集中的结果，但是，由于涉及耽搁问题和对及时剥离的可能影响，反垄断执法机构对买方合适性的评估将会受到潜在竞争或者在其他辖区内可预见的其他管理问题的影响，例如，健康和消费者保护、国家安全等领域或者要求鉴定的其他领域。

2. 合适买方问题的消解

集中当事人总是试图寻找满足最低标准的买方，结果造成大多数剥离业务的买方比想象的更缺少运营业务所需的信息，也更容易出现错误。如何解决合适的买方问题？采用先行修正制度和买方前置制度以及赋予监督受托人相关

① See Maurice De Valois Turk, "The EC'S Revised Notice-The Trustee's Perspective", *European Competition Law Review*, 2009, 30(7), pp. 332 – 339.

职责,可以事先采取措施调整经营者集中交易内容或者事先采取措施确保成功进行业务剥离。然而,采取这些措施将增加经营者集中审查的成本,因为经营者集中的完成和预期目标的实现将被延迟。因此,还需要在这些利益冲突之间进行成本收益分析。由于人类的有限理性,法律制度需要为决策者提供更多的信息,避免常见的错误,从而帮助决策者作出正确决定。成本收益分析是许多国家和国际组织指导法规制定、进行监管的重要工具,①可以帮助人们克服人类的认知性错误,确保决策的合理性。通常,在集中当事人向反垄断执法机构推荐买方后,反垄断执法机构要对买方资格进行审慎评估,以确定哪个买方可能成功和哪个买方不能成功。在执法实践中,反垄断执法机构必须具体案件具体分析。

第一,买方的知识和经验至关重要。有些买方的弱势地位可能由于缺乏知识,有些付价太高,有些依靠集中当事人的支持,最成功的是那些充分了解它们所购买业务的买方。通常知识最丰富的买方是边缘竞争者或者扩大地理范围的新进入者。例如,某个经营者在不同的地域市场已经拥有一套设备,又购买了一套独立的生产设备。该经营者接管了新设备,增加了产能,没有任何过渡问题就提高了自己的市场份额。另外,剥离业务的供应商或者销售商非常清楚谁是合适的买方。例如,同意令在要求买方投资工厂或者使用许可技术前,为其提供了解产业的机会。买方从集中当事人处获得技术许可,然后经过许多年建立自己的工厂;同时,集中当事人向买方提供产品。在这段期间,买方可以掌握市场,从而不再依靠其不能完全理解的新技术。

第二,买方对市场的承诺程度至关重要。反垄断执法机构一直坚持拟议买方的承诺声明。例如,某一经营者获得品牌产品的销售权,并与集中当事人达成一份供应合同,在该合同期限内其可以开发自己的产品。反垄断执法机构否决了允许买方向集中当事人借款的提议,因为如果允许买方借款,那么买方可能在供应合同期限内获得净利润,然后在合同期满后终止交易。反垄断执法机构建议,只有买方自己保证资金充足才能签订剥离协议。在这一承诺下,买方可以预期补偿投资的唯一方式是计划经营业务的期限比供应合同期限长。只有当业务不再依靠集中当事人时,买方才能继续经营或者出售。直到那时,业务才具有价值,因为买方已经不再依靠集中当事人。买方迅速提高自己的市场

---

① See Robert Frank and Cass Sunstein, "Cost-Benefit Analysis and Relative Position", 68 *U. Chi. L. Rev.*, 2001, p. 323.

份额,选择建立自己的生产设备。

第三,买方的规模至关重要。不能认为较小的买方一定竞争性不强,作为剥离业务买方的较小企业通常比多元化的大企业更成功。一方面,因为作为买方的较小企业的所有者会更仔细地审查收购,更认真地制订商业计划。而且,它们看起来拥有更多机会,因为它们的审查水平较低,关注的问题较少,更能够迅速适应变化的竞争条件。另一方面,作为买方的较大的企业拥有深厚的资源替代它们的承诺。较大的企业能够吸收全部融资错误的结果,能够忽略历史成本。例如,有些大企业不能制造收购的产品,并经常忽略其付款太高。而且,它们通常拥有技术知识可以使它们不再依靠集中当事人的支持。

(四)受托人监督问题

1. 受托人监督问题的样态

虽然世界主要国家和地区都建立了比较完善的受托人监督制度,但在具体实施过程中还是会产生一些问题,①影响受托人作用的发挥,从而可能降低经营者集中救济的实施效果。

第一,受托人的任命不及时。监督受托人任命不及时的原因包括集中当事人没有提供相关必要信息,没有提供符合标准的受托人委托书,或者反垄断执法机构拒绝了各方提交的最初候选人,从而导致新一轮挑选。不管何种原因,只要没有指定受托人对承诺实施进行监督并向反垄断执法机构报告,各方就会大胆按照自己的需要去解释承诺中的各项条款以及谋求自己的利益,而无视反垄断执法机构决定所规定的承诺的目标和要求。它们因此可以获得剥离业务的各种机密信息,尤其是当剥离业务是来自被收购目标情况的相关信息,并且能够操纵剥离业务,从而损害买方的竞争能力,或者向买方提供虚假的剥离业务范围。后期介入的受托人发现很难消除各方行为所带来的负面影响,尤其是涉及复杂的业务分割和知识产权转让的承诺。而且,即使在很短的时间内指定了受托人,复杂的程序和相对较短的剥离期限意味着受托人总是行动太晚,很难产生真正的影响。

第二,受托人的资质不适格。受托人履行其职责的具体情况不尽相同。在一项通常的剥离救济中,受托人一般承担以下四项监督职责:一是剥离业务的分割;二是剥离业务的过渡期保管;三是从各方保留业务中将剥离业务分离出

① See DG Competition European Commission, Merger Remedies Study, 2005, p. 158.

来;四是各方的剥离程序监督,包括对买方合适性的评估。在上述四项职责中,前三项职责要求受托人拥有截然不同但又互补的技术组合,即企业管理、会计技能、信息管理和行业知识。具有这些技术组合要求的受托人在会计公司、破产管理公司和行业咨询机构比在投资银行中更容易找到。相反,第四项职责由于需要特殊的公司财务经验,通常在会计事务所和投资银行中更容易找到合适的受托人。实践表明,反垄断执法机构必须在可能要求具有不同专业资格的受托人组合与指定单独的受托人之间寻求一个平衡点。

第三,受托人的角色不明晰。分割过程、过渡期保管、剥离程序监督等经常面临风险,买方的利益也面临损害。在实际案例中,经常出现利益潜在冲突问题:集中当事人的顾问担任监督受托人时会引起利益冲突;集中当事人的顾问在剥离的第一阶段出任剥离程序监督人时,会出现利益冲突;如果买方的审计师担任监督受托人或者剥离受托人时也会产生利益冲突;当受托人具有监督受托人和董事会成员的双重角色时也将产生利益冲突。

第四,受托人的工作不彻底。监督受托人很少监督剥离业务出售协议终止后业务的实际转移。实践证明,受托人一直到剥离业务完全转移后再结束工作的做法比较可取。

2. 受托人监督问题的消解

如何进一步发挥受托人监督机制的作用,在实践中可以采取以下做法:①

第一,在所有剥离救济中都任命监督受托人,这一经验在欧盟的实践中得以体现。在 2006 ~ 2010 年,欧盟委员会作出的 99 起涉及经营者集中救济的案件中,就有 91 起案件包含监督受托人条款,②对于确保剥离业务的成功具有重要作用。

第二,监督受托人必须尽早任命。监督受托人履行职责具有针对具体个案的临时性和时限性。监督受托人的职责并不随着案件的终结而终止,而是根据个案由反垄断执法机构决定。监督受托人任命越早,越能够尽快掌握剥离的方向、范围和程度,越能够游刃有余地处理各方关系,圆满完成自己的职责。

第三,监督受托人必须具备所有必不可少的资质。在实践中,欧盟委员会更倾向于任命律师事务所、会计师事务所、管理咨询机构、专业金融机构、产业

---

① See DG Competition European Commission, Merger Remedies Study, 2005, p. 161.

② See Jonas S Brueckner and Thomas Hoehn, "Monitoring Compliance with Merger Remedies: The Role of the Monitoring Trustee", *Competition Law International*, September 2010, p. 73.

专家等类似机构。因此,欧盟委员会倾向于把监督受托人看作多面手,而不仅是拥有特殊技能的专家。①

第四,尽早安排受托人和反垄断执法机构之间启动商谈,向受托人传达反垄断执法机构决定意欲达到的救济目标,以便受托人能够理解对于有效实施最为重要的因素以及最易受到潜在违反的因素。

第五,召开受托人参加的定期进展情况会议,以保证受托人能够充分理解其作用和职责,并接受反垄断执法机构根据情况的进展所作出的全面指示。受托人的角色具有双重性。一方面,受托人作为集中当事人(委托人)的受托人,通过签订委托协议为其监督的集中当事人提供相应的服务,但集中当事人无权向受托人作出指示;另一方面,受托人代表欧盟委员会确保集中当事人遵守救济承诺的规定,欧盟委员会可以自行或者根据受托人或者集中当事人的请求,向受托人作出命令或指示,以确保救济承诺得到遵守。欧盟将受托人的角色形象地比喻为"欧盟委员会的耳朵和眼睛",②受托人需要听从欧盟委员会的命令和指示,通过履行委托协议规定的职责为欧盟委员会提供协助和支持。

第六,受托人应批准对分离持有管理人的任命。分离持有管理人可以由集中当事人提议,经监督受托人或者反垄断执法机构批准,也可以由监督受托人或者反垄断执法机构直接任命。分离持有管理人一般在监督受托人的监督下执行日常管理活动并向监督受托人汇报工作,而监督受托人可以对分离持有管理人作出具体的指示。

第七,受托人的权限范围应根据个案予以扩展。在具体实践中,监督受托人的实际权限范围呈现不断扩展的趋势。例如,在剥离业务实施过程中,监督受托人常常承担部分业务管理人的角色;在行为性救济实施过程中,监督受托人承担着评估相关市场竞争状况及救济可实施的职责;在委托人与第三人出现争议时,监督受托人又拥有广泛的调解权限。③ 总之,在具体案件中,监督受托人不仅是反垄断执法机构的"耳朵和眼睛",在一定程度上也应是委托人剥离业务的决策者和实施者。

---

① See Dorte Hoeg, *European Merger Remedies: Law and Policy*, London Hart Publishing, 2014, p. 140.

② See Commission Notice on Remedies Acceptable under Council Regulation (EC) No. 139/2004 and Commission Regulation (EC) No. 802/2004, Official Journal of the European Union, 2008, p. 119.

③ 参见刘武朝:《经营者集中附加限制性条件制度研究》,中国法制出版社 2014 年版,第 252 页。

第八,反垄断执法机构和受托人应在委托期结束之际召开总结会,以评估对彼此工作的满意度,并从中为未来的案件总结经验。任何有益的经营者集中救济效果评估必须以具体案件事实的仔细分析为切入点,结合案件的实际发展状况作出全面客观的评估。

二、行为性救济实施效果的影响因素及其消解

(一)开放救济问题

从《谢尔曼法》的早期实施开始,开放救济一直是美国反托拉斯法的一部分,从最早适用于垄断和企图垄断案件到后来也适用于经营者集中案件。早在1997年,美国联邦贸易委员会质疑集成电路设计市场的凯登斯公司收购晶积体电路公司案(Cadence/CCT)[①]中,赞成者和反对者围绕着开放的必要性和范围展开了激烈的争论。此后,附加开放救济的经营者集中案件比例急剧增加。近年来,开放救济更成为美国和欧盟诉讼与和解案件的重要部分,特别是涉及互联网、电信、广播、软件平台和其他反垄断法实施的前沿领域。

1. 开放救济问题的样态

由于开放救济的广泛性和复杂性,开放救济实施效果的影响因素很难作出准确的判断。近期关于开放救济的一个最复杂的案例是美国司法部审查的谷歌收购 ITA 软件公司案。[②] ITA 软件公司是 QPX 软件供应商,QPX 软件是机票价格管理系统。使用 ITA 的 QPX 价格管理系统进行航班搜索的网站包括:航空公司网站(大陆航空公司、夏威夷航空公司、美国航空公司、全美航空、美联航、加拿大航空公司、波兰航空公司、意大利航空公司)、在线旅游网站以及元搜索网站。谷歌在收购之前没有在线旅游空间,主要经营互联网搜索引擎和在线广告服务,并提供在线服务和软件产品。如果谷歌打算进入旅游搜索领域,ITA 是其理想的航班搜索合作伙伴。由于该项交易可能产生损害,美国司法部的质疑重点在开放问题上,判决指出:拟议的集中交易将使谷歌有动机、有能力运用自己对 QPX 的所有权,通过降低竞争对手的进入等级或者拒绝其进入 QPX 价格管理系统进行封锁或者使其未来的航班搜索对手处于不利地位。因此,拟议的交易可能导致减少质量、种类和为消费者可比较的航班搜索服务创新。

---

① See In re Cadence Design Systems, Inc. , File No. 9710033 (Fed. Trade Comm'n 1997).

② See United States v. Google Inc. , No. 1:11 - cv - 00688, Proposed Final Judgment at IV(B) (D. D. C. Apr. 8, 2011).

应当如何进行该项集中的设计才能消除这些竞争关注？这个案件给美国司法部带来了前所未有的挑战。最终这些竞争关注通过附加一个非常复杂的开放救济得以消除：第一，集中之后，要求被告承兑所有现存 QPX 许可协议，并且以与同意令非常相似的条件商谈这些许可的延期，同时还要公平、合理和无歧视地商谈延期的其他条件。新许可必须包含公平、合理和无歧视的商业条件，既要通过商谈的具体条件也要通过和被告相似地位竞争者之间的现实条件进行权衡。第二，被告必须以不超过公平、合理和无歧视的条件提供升级服务。第三，被告必须以公平、合理和无歧视的条件向所有利益相关方许可一个 ITA 正在开发的被称作"InsterSearch"的新软件产品。第四，被告同意投入不少于过去两年平均的年度资源继续研究开发和维护 QPX 和 InsterSearch 两个软件产品。① 这些救济的设计是否必要、合理，还需要实践和事实进一步检验。不过，这些救济将使集中后经营者或者不能与它们的同级部门或者下属机构充分竞争，或者必须与它们积极竞争，这将产生如何实施这些救济的问题。

欧盟《集中救济研究》共分析了 10 个承诺中作为独立救济方式的许可授予，这 10 项开放的承诺是专门为维护实际或者潜在的相关市场竞争而确定的，通过防止阻碍对关键生产投入、基础设施和技术的获得而实现，②从中也可以看出开放救济实施中面临的一些问题：

第一，基础设施准入。该研究所分析过的 4 项救济案例中，其中的 3 个案例的实际市场发展和原来当事人与欧盟委员会在承诺提供之时的预期大相径庭，致使新兴产业的迅猛发展所预期的效果没有实现。

第二，授予技术许可。授予技术许可救济往往涉及诸如知识产权等无形资产。该项研究分析了 5 个独立技术开放救济案例和大量的开放救济案例，其中，有两个救济涉及非独家许可承诺：一个被证明有效；另一个被证明只是部分有效。第三个关于共同许可的协议也被证明部分有效。另外两个关于知识产权许可救济事后被证明没有必要。

第三，独占协议终止。该项研究分析了一个涉及独占协议终止的开放救济案例。这个救济没有达到原来的预期效果，也就是说供应方没有利用新的销售机会，主要是因为救济的设计缺陷导致了经济动机的缺乏，最后被证明无效。

---

① See Spencer Weber Waller, "Access and Information in High Tech Antitrust", *Journal of Competition Law and Economics*, 2012, 8(3), p. 582.

② See DG Competition European Commission, Merger Remedies Study, 2005, p. 166.

第四,许可条款。许可费用被认为是影响开放救济效果最重要的问题,其中的价格问题(包括预付定金和许可费)尤为关键。烦琐的财务条款可能阻碍或者干扰许可,从而阻碍市场进入和不能实现救济的目标。而且,某些特定付款方案可能向许可方传递敏感的商业信息,或者包括导致被许可方失去竞争动力的因素。并且,事先决定的价格也可能导致随着时间的流逝,在吸引新的被许可方的努力上出现问题,因为专利到期日也随之临近。欧盟委员会已经批准了无歧视性条款,以现行市场费率或者公平市场价值许可的承诺,并且某些情况下坚持免费许可,或者基于成本的许可,或者基于在成本外加一定费用的许可。由于知识产权具有独占权的性质,并且,许可经常是根据单个被许可人的需求制定的,在具体情况下很难确定无歧视和公平市场价值的程度。

第五,限制开放技术。许可方通常有很多手段通过在许可协议中规定各种技术要求来限制开放技术,这就要求详细审查许可的条件和条款,并且监督其实施。

2. 开放救济问题的消解

"我们发现开放救济失败的主要原因在于确定开放救济的条件以及对其监督的固有困难。"①开放救济的实施面临的最重要问题是如何确定开放的价格和条件。如果价格太高或者条件太烦琐,那么,救济可能无效果。如果价格太低或者条件太宽松,那么,涉及资产的使用可能无效率。

第一,根据竞争性基准确定开放的价格和条件:向竞争者索要的价格可以根据向不与集中后实体竞争因而对其没有封锁意愿的其他客户索要的价格来确定;可以根据与集中后实体提供的产品最相类似的其他经营者提供的产品的价格来确定;可以根据集中前普遍的价格水平和条件来确定。在谷歌收购ITA软件公司案中,使用的是集中前的基准,要求谷歌以与集中前存在的相类似的条款和条件继续许可。在谷歌收购摩托罗拉移动案中也是采用集中前的基准——免费许可。

第二,开放救济不仅要求确定合理的价格和条件,也要求维持涉及的资产的质量。这在互联网等高技术产业是一个特别重要的问题,因为,在这样的产业提供给竞争者的技术可能落后于集中后的实体,因而使竞争者处于非常不利的地位。在谷歌收购ITA软件公司案②中,要求谷歌继续开发以正常的路线升

① DG Competition European Commission, Merger Remedies Study, 2005, p. 165.

② See United States v. Google Inc., No. 1:11-cv-00688, (D. D. C. Apr. 8, 2011).

级和提高 QPX,并且继续致力于像 ITA 软件公司被收购之前那样使用许多资源研究开发 QPX。因此,集中前的努力程度被用作确定集中后如何做合适的基准。尽管有这些基准可供选择,开放救济仍然需要广泛的条款和条件。更重要的是,接受开放的竞争者在使用开放设施和收购者向他们服务时引起的成本有很大不同。因此,提供给任何一个特定经营者的开放条件是否符合开放救济决定的要求是很难确定的。

第三,在许可承诺中包含适当争议解决机制是非常有益的,这样,当各方发生争议时,就可以采取由专家决定的办法来解决争议。

第四,在限制开放技术的承诺中,最好在整个许可期选择由有资质的合适受托人进行全程监督,以实现经营者集中救济的预期目标。

(二)其他行为性救济问题

根据欧盟目前的实践,其他行为性救济问题主要涉及两个方面:①

第一,切断对竞争者的影响。如果反垄断执法机构已经关注到少数强大竞争者之间的协调效果,以及竞争者彼此之间的相互影响或者它们之间的信息交换,可以使它们更好地采取市场协调行为或者更便利它们摆脱监控,切断对竞争者影响的承诺是非常重要的。

第二,具有重要市场影响力量的产品退出市场。这项救济可以消除市场重叠,然而,也可能在有限的程度上增强了竞争者的实力,尽管无法保证由于产品退出市场而释放的市场份额没有部分或全部回到集中当事人手中。同时,产品退出市场无疑减少了客户的选择并且损害了商业价值。这种做法的效果必须严格地审查,特别是选择剥离或者许可品牌和产品作为替代措施看起来是可行的情况。

任何一项法律制度的实施效果都是各种因素综合作用的结果,没有一项法律制度是尽善尽美的。事实上,揭示经营者集中救济制度在实践中的实施效果,还需要分析在具体情境中法律关系主体的生存环境与利益选择。"法律作为调整社会生活的一种规则,必须通过行为主体的遵守才能得到有效实施。合法行为是法转化为现实的唯一途径。主体选择合法行为的能力越强,法律实现的可能性就越大,而法律失效的可能就越小。"②生活在现实中的各个经营者都

---

① See DG Competition European Commission, Merger Remedies Study, 2005, p. 168.

② 黄建武:《法的实现——法的一种社会学分析》,中国人民大学出版社 1997 年版,第 88 ~ 154 页。

有各自的利益需求，而这些利益需求与守法、违法的收益之间将会产生博弈。“只有那些符合法律主体的理性选择、成本最小而收益最大的法律，才会被人们自觉遵守。”[①]经营者集中救济作为一项崭新的法律制度，其实施效果是各方利益主体多重博弈的结果，任何一方的违诺行为都会使预期目标落空。经营者集中救济是一项不断发展、完善的法律制度，各个国家和地区都需要根据自己的实际情况来选择合适的措施，在变革中不断修正和完善经营者集中救济制度，不断适应变化着的时代需要。

① 周林彬：《法律经济学论纲》，北京大学出版社 1998 年版，第 2 页。

第五章　我国经营者集中救济的完善建议

参考、借鉴世界主要国家和地区经营者集中救济的先进立法和实践经验，努力完善既符合通行国际做法，又符合我国实际情况的经营者集中救济制度，实现促进企业利益、保护市场竞争和维护利益相关者以及广大消费者利益多方共赢的目标，对于在坚持和贯彻我国竞争政策的基本前提下，推进我国企业兼并重组有序开展，维护公平市场竞争秩序，保障社会主义市场经济的健康发展具有重大的理论意义和现实意义。本章试图描述和评析我国经营者集中救济的立法和执法现状，归纳和梳理存在的主要问题和不足，并提出完善我国经营者集中救济的设想和建议。

第一节　我国经营者集中救济制度现状的考察

我国《反垄断法》对经营者集中救济制度作出了原则性规定，作为经营者集中反垄断控制组成部分的经营者集中救济制度已经正式确立。经营者集中救济制度在我国经营者集中反垄断审查实践中也已经得到了广泛应用，但从救济的具体类型和实际内容来看，还处在探索和积累经验阶段。

一、我国经营者集中救济的立法现状

（一）我国经营者集中救济现行的主要立法

2007年，我国颁布的《反垄断法》正式在立法上确立了经营者集中救济制度。随后，负责经营者集中反垄断审查的执法机构——商务部，制定、发布了一系列有关部门规章等规范性文件，初步形成了我国经营者集中救济制度的法律框架。

1.《反垄断法》的基本规定

我国《反垄断法》第29条规定："对于不予禁止的经营者集中，国务院反垄断执法机构可以决定附加减少集中对竞争产生不利影响的限制性条件。"根据该条规定，对于一项具有或者可能具有排除、限制竞争效果的经营者集中，反垄断执法机构可以通过采用经营者集中救济制度批准该项集中，从而控制集中对竞争的不利影响。这是对经营者集中反垄断审查中适用救济的一个原则性和总括性的规定，也是我国经营者集中救济制度建立的重要法律依据。另外，我国《反垄断法》第30条规定："国务院反垄断执法机构应当将禁止经营者集中的决定或者对经营者集中附加限制性条件的决定，及时向社会公布。"根据该条规定，国务院反垄断执法机构对经营者集中附加限制性条件的决定必须向社会公告。这是对经营者集中救济的一个基本程序性规定，主要基于如下考虑：第一，反垄断执法机构认为经营者集中存在排除或限制竞争的嫌疑，并作出附加限制性条件决定的情况下，该项集中就涉及公众利益，出于保障公众知情权和监督权的目的，反垄断执法机构应当将这类决定向社会公告；第二，尽管反垄断执法机构受理大量的经营者集中申报，但毕竟只有极少数的经营者集中附加限制性条件。要求反垄断执法机构向社会公告这类集中案件，一方面，可以减轻公告的负担和不必要的支出；另一方面，也可以强化反垄断执法机构的权威，增强执法的可预见性，提高民众的反垄断法律意识。①

2.《经营者集中审查办法》的初步规定

2009年，商务部发布了《经营者集中审查办法》（以下简称《办法》），对经营者集中救济的类型、提出、修改、监督和法律责任等内容作出了较为详细的规定。

（1）关于经营者集中救济的类型。根据《办法》第11条的规定，根据经营者集中交易具体情况，经营者集中救济分为三种类型：一是结构性救济，即剥离参与

① 参见尚明主编：《中华人民共和国反垄断法理解与适用》，法律出版社2007年版，第264页。

集中的经营者的部分资产或业务等；二是行为性救济，即参与集中的经营者开放其网络或平台等基础设施、许可关键技术（包括专利、专有技术或其他知识产权）、终止排他性协议等；三是综合性救济，即结构性救济和行为性救济相结合的救济。《办法》只是规定了三种救济类型，并未表明商务部选择各类型救济的态度。

（2）关于经营者集中救济的提出。根据《办法》第 11 条的规定，在经营者集中反垄断审查过程中，为消除或减少经营者集中具有或者可能具有的排除、限制竞争的效果，参与集中的经营者可以提出对集中交易方案进行调整的限制性条件。这表明，经营者集中救济由参与集中的经营者提出，作为反垄断执法机构的商务部无权主动提出，这与国际通行的做法相同。根据《办法》第 12 条的规定，参与集中的经营者提出的限制性条件应当能够消除或减少经营者集中具有或者可能具有的排除、限制竞争效果，并具有现实的可操作性。限制性条件的书面文本应当清晰明确，以便于能够充分评价其有效性和可行性。这表明，经营者集中救济必须具备实质和形式两个方面要件，才能被商务部接受。

（3）关于经营者集中救济承诺的修改。根据《办法》第 13 条的规定，在经营者集中审查过程中，为消除或减少经营者集中具有或者可能具有的排除、限制竞争效果，商务部和参与集中的经营者均可以提出对经营者集中救济进行修改的意见和建议。换言之，对原先提出的经营者集中救济承诺进行修改，否则，可能面临商务部作出禁止的决定，或者参与集中的经营者主动放弃集中交易。

（4）关于经营者集中救济的监督。根据《办法》第 15 条的规定，对于通过经营者集中救济批准的经营者集中，商务部应当对参与集中的经营者履行经营者履行限制性条件的行为进行监督检查，参与集中的经营者应当按指定期限向商务部报告经营者集中救济承诺的执行情况。这表明，我国经营者集中救济的监督职责主要由负责经营者集中反垄断审查的商务部承担。

（5）关于违反经营者集中救济的法律责任。根据《办法》第 15 条的规定，参与集中的经营者未依经营者集中救济承诺履行规定义务的，商务部可以责令其限期改正；参与集中的经营者在规定期限内未改正的，商务部可以依照《反垄断法》相关规定予以处理。

3.《关于经营者集中附加限制性条件的规定（试行）》的细化规定

2014 年，为了规范经营者集中附加限制性条件执法工作，减少集中对竞争产生的不利影响，维护相关经营者的合法权益，商务部发布了《附加限制性条件规定》，对经营者集中救济的确定、实施、监督、变更和解除以及法律责任等主要内容作出了更为详尽的规定。

(1)关于经营者集中救济的确定。《附加限制性条件规定》具体明确了经营者集中救济建议的提出、时限、评估标准和评估方式、决定公布等要求,初步形成了经营者集中救济确定过程的主要内容:

第一,经营者集中救济建议的提出。根据《附加限制性条件规定》第5条的规定,商务部应及时提出集中具有或可能具有的排除、限制竞争效果并说明理由,申报方可以据此提出经营者集中救济建议。这就明确了我国经营者集中救济建议提出的主体是集中当事人,提出的前提是反垄断执法机构对集中交易提出具有或可能具有的排除、限制竞争效果,该项集中面临被禁止的可能。

第二,经营者集中救济建议的提出时限。根据《附加限制性条件规定》第6条第1款的规定,申报方提出经营者集中救济建议的,应在进一步审查阶段截止日前20日内提交最终方案。这就明确了经营者集中救济提出的具体时限要求。超出这一时限,该项集中将被禁止。同时,该条规定了商务部提出集中具有或可能具有排除、限制竞争效果之前,申报方也可以提出经营者集中救济建议,赋予了经营者更多的选择权。

第三,经营者集中救济建议的评估标准。根据《附加限制性条件规定》第7条第1款的规定,商务部将对申报方提出的经营者集中救济建议的有效性、可行性和及时性进行评估,并将评估结果通知申报方。这就明确了申报方提出的限制性条件建议应当满足三项条件:一是有效性,足以消除集中对竞争产生的不利影响;二是可行性,在实践中是可以操作的;三是及时性,能够快速解决集中存在的竞争问题。同时,明确规定申报方提出的附条件建议首选方案存在不能实施的风险的,商务部可以在审查决定中要求申报方在首选方案基础上提出备选方案。备选方案应比首选方案的条件更为严格,可以包括不同核心资产,包括有形资产、知识产权等无形资产或相关权益等,这就在我国正式确立了皇冠宝石制度。

第四,经营者集中救济建议的评估方式。根据《附加限制性条件规定》第8条的规定,经营者集中救济的评估方式通常包括发放调查问卷、召开座谈会、举行听证会等方式,听取政府部门、行业协会、相关企业等方面的意见。

(2)关于经营者集中救济的实施。《附加限制性条件规定》具体明确了经营者集中救济实施中剥离救济的范围、方式、买方标准的提出、审查对象和时限等内容,初步确定了经营者集中救济实施过程中的主要实体和程序问题:

第一,剥离的范围。剥离是结构性条件的主要表现形式,是减少经营者集中排除、限制竞争影响的最有效方式。剥离主要有两个目的:一是削弱参与集中各方因集中而获得或增强的市场控制能力;二是增强剥离业务买方对集中方施加竞争压力的能力。根据《附加限制性条件规定》第 4 条第 3 款的规定,剥离业务包括经营者在相关市场开展有效竞争所需要的所有要素,包括剥离义务人的有形资产、无形资产、股权、关键人员以及客户协议或供应协议等权益。在实践中,剥离业务通常是经营者已经基本独立运营的业务,包括经营者的子公司、分支机构或者业务部门。

第二,剥离的方式。剥离包括"自行剥离"和"受托剥离"两种方式。根据《附加限制性条件规定》第 11 条第 1 款的规定,自行剥离,是指剥离义务人在商务部审查决定规定的期限内,自己找到买方并签订出售协议;受托剥离,是指剥离义务人未能如期自行完成剥离,由剥离受托人按照审查决定规定的期限和方式找到适当的买方并签订出售协议。

第三,剥离业务买方的标准。为保证剥离完成后,剥离业务买方能够经营剥离业务,有效参与相关市场竞争,对剥离业务卖方形成有效制约,根据《附加限制性条件规定》第 11 条的规定,剥离业务买方应当符合下列条件:一是独立于参与集中的经营者;二是拥有必要的资源、能力并有意愿使用剥离业务参与市场竞争;三是取得其他监管机构的批准;四是不得向参与集中的经营者融资购买剥离业务;五是商务部根据具体案件情况提出的其他要求。剥离业务买方标准的规定给剥离义务人或者受托人如何选择潜在买方提供了指引,该项规定有利于促进行业竞争,维护公平竞争秩序。这与国外通行的立法规定基本一致,具有理论合理性和现实可行性。

第四,反垄断执法机构的审查对象。商务部应对剥离义务人提交的监督受托人、剥离受托人、买方人选、委托协议和拟签订的出售协议进行审查,以确保其符合审查决定的要求。该规定实际上是赋予了商务部对经营者集中救济实施过程进行控制的主导权,防止集中当事人和其他利害关系人恶意串通,规避审查决定相关条款,不合理地延长剥离期限,损害他人利益和社会公共利益,避免不合理地增加执法成本,浪费执法资源。

第五,剥离期限。为确保剥离业务在短时间内迅速完成,根据《附加限制性条件规定》第 13 条第 1 款的规定,审查决定未规定自行剥离期限的,剥离义务人应在审查决定作出之日起 6 个月内找到适当的买方并签订出售协议。根据案件具体情况,经剥离义务人说明理由,商务部可以酌情延长自行剥离期限,但延期最长不得超过 3 个月。审查决定未规定受托剥离期限的,剥离受托人应当在受托剥离开始之日起 6 个月内寻找适当的买方并签订出售协议。同时,根据

《附加限制性条件规定》第14条的规定,在特殊情况下,商务部可以要求剥离义务人在集中实施之前寻找买方并签订出售协议,这就在我国确立了买方前置制度。

(3)关于经营者集中救济的监督。由于业务剥离的实施涉及商务部、剥离义务人、受托人等各方当事人,剥离能否得到落实,取决于各方能否正确履行各自的义务或职责,因此,《附加限制性条件规定》具体明确了业务剥离相关各方的义务和职责:

第一,剥离义务人的义务。根据《附加限制性条件规定》第20条第1款第5项的规定,剥离义务人应当认真履行审查决定,配合受托人的工作并为其履行监督职责提供支持和便利。剥离完成之前,为确保剥离业务的存续性、竞争性和可销售性,剥离义务人应当履行维护剥离业务的义务。剥离义务人应及时向商务部报告其遵守审查决定、实施剥离和执行相关协议等情况。

第二,受托人的职责。《附加限制性条件规定》中的受托人包括监督受托人和剥离受托人。受托人的选定应经商务部同意,这主要是为了确保受托人有资格、有能力胜任其职责。受托人在商务部的监督下履行职责,定期向商务部报告限制性条件履行情况和发现的问题。根据《附加限制性条件规定》第21条的规定,监督受托人的主要职责包括:监督剥离义务人履行义务、对剥离业务买方和出售协议进行评估、监督出售协议的执行、协调剥离义务人和潜在买方就剥离事项产生的争议等。根据《附加限制性条件规定》第22条第1款的规定,剥离受托人的职责主要是,在受托剥离阶段,为剥离业务找到买方并达成出售协议。

第三,剥离义务人和受托人的关系。根据《附加限制性条件规定》第18条的规定,剥离义务人与受托人之间签订书面协议,明确双方各自权利和义务。剥离义务人负责支付监督受托人和剥离受托人的报酬,并向受托人提供其履行监督职责所需的支持和便利。

(4)关于经营者集中救济的变更和解除。根据《附加限制性条件规定》第25条的规定,经营者集中反垄断审查决定生效后,经营者集中救济所依据的客观情况发生重大变化的,商务部可以对经营者集中救济进行重新审查、变更或者解除经营者集中救济。根据《附加限制性条件规定》第26条的规定,集中后经营者申请变更或解除经营者集中救济的,应当向商务部提出书面申请,并说明理由。根据《附加限制性条件规定》第27条的规定,商务部评估变更或者解除经营者集中救济时应考虑如下因素:集中交易方是否发生重大变化;相关市场竞争状况是否发生了实质性变化;经营者集中救济实施是否无必要或不可能。根据《附加限制性条件规定》第28条的规定,商务部决定变更或解除经营者集中救济的,应当及时向社会公布。

(5)关于违反经营者集中救济的法律责任。为确保《附加限制性条件规定》得到有效实施,《附加限制性条件规定》明确了参与集中的经营者、受托人、剥离业务买方等相关各方的法律责任。根据《附加限制性条件规定》第29条的规定,参与集中的经营者违反审查决定,商务部应责令限期改正;情节严重的,商务部应责令停止实施集中、限期处分股份或资产、限期转让营业以及采取其他必要措施恢复到集中前的状态,可以处50万元人民币以下的罚款。根据《附加限制性条件规定》第30条的规定,受托人提供虚假信息,未能勤勉、尽职地履行规定的,商务部可以责令改正。根据《附加限制性条件规定》第31条的规定,剥离业务买方违反规定的,商务部应责令改正。

(二)我国经营者集中救济现行立法的主要不足

我国经营者集中救济的现行立法既借鉴了世界主要国家和地区的通行做法,又考虑了我国的实际情况,初步形成了由法律、法规、规章组成的一个比较完备的体系。其中,经营者集中救济的类型采用了结构性救济和行为性救济的基本分类,买方标准的确定、受托人的职责和义务的规定与国外立法和通行做法基本一致,而剥离的种类、剥离期限的规定、剥离的监督则反映出与国外的差异。通过考察经营者集中救济的国外立法和实践发展,我国经营者集中救济的现行立法还存在诸多不足,需要随着实践的发展和经验的积累适时地予以修订。

1. 效力层次不够高

我国经营者集中救济的现行立法主要以商务部的部门规章为主体,例如,有关经营者集中救济的《办法》和《附加限制性条件规定》。在缺乏基本法规定的情况下,这些部门规章虽然可以弥补立法不足,解决燃眉之急,但效力层次明显不够,实践中,不足以引起社会重视,影响法律的威慑力。从“试行”的用语也可以看出,我国经营者集中救济制度还处于探索阶段,在时机成熟的时候应当提升立法效力层次,由国务院制定行政法规,进一步增强我国经营者集中救济立法的科学性、规范性和权威性。

2. 主要内容不完善

与世界主要国家和地区的立法相比,我国经营者集中救济现行立法的主要内容不详尽,在经营者集中救济指南缺失的情况下,就更显得过于简单。一方面,从立法文本形式上看,我国《附加限制性条件规定》仅32条,难以适应执法多样性、复杂性和精细性的实践要求。而美国联邦贸易委员会和司法部两个联邦执法机构都发布了非常详细的经营者集中救济指南,特别是美国联邦贸易委员会还发布了《关于集中的同意令规定的常见问题解答》，对相关问题进行了详细分析，并加以案例阐释，具有明确的指引性和可操作性；作为后立法地区，欧盟发布的《集中救济通告》长达130段，共27页；英国发布的《集中救济指南》更是长达37页。另一方面，从立法主要内容上看，虽然已经建立了经营者集中救济制度的框架，但内容仍然过于原则，需要进一步予以细化，才能为执法实践提供更为明确的指导。例如，在经营者集中救济的确定环节，皇冠宝石制度的启动和实施都没有明确规定，难以保证该制度的预期目标；在经营者集中救济的监督环节，监督受托人的职责可以规定得更为具体。

3. 制度体系不健全

世界主要国家和地区经营者集中救济制度的体系性和完整性程度比较高。例如，欧盟经营者集中救济制度既有《集中控制条例》和《集中实施条例》作出原则性规定，又有《集中救济通告》作出详细规定，还有《向欧盟委员会提交救济承诺的范本》和《受托人委托协议范本》，形成了全面系统的法律制度体系。而我国目前只有《附加限制性条件规定》全面构建了经营者集中救济制度的基本框架，但只是对结构性救济作出了详尽规定，并且对这些规定的解释和适用缺少相应的标准，对行为性救济只是在《附加限制性条件规定》中指出可以比照适用有关剥离的相应规定，并没有考虑行为性救济面临的特殊问题。事实上，行为性救济的实施和监督要求更高，有必要考虑单独设计一些制度来保证行为性救济的有效实施。

二、我国经营者集中救济的执法现状

“在反垄断法领域，完成立法过程只是一个初步成就，更大的挑战实际上存在于后续的实施过程中。”①自《反垄断法》实施以来，我国的经营者集中反垄断审查制度不断发展和完善，与世界主要国家和地区的做法相似，商务部在执法过程中也倾向于适用经营者集中救济制度，而不是直接禁止集中交易。商务部通过具体的审查决定表明：我国已经成为重要的经营者集中控制司法辖区。

（一）我国经营者集中救济的执法现状

自2008年8月1日《反垄断法》施行到2016年12月31日，我国商务部作为经营者集中反垄断审查执法机构，附加限制性条件批准了28起经营者集中案

① 李国海：《英国竞争法研究》，法律出版社2008年版，第4页。

件，这些案件在一定程度上呈现出我国经营者集中救济制度适用的阶段性图景。

1. 我国经营者集中救济的执法概览

不同行业竞争程度千差万别，通过对经营者集中救济在不同行业具体适用的探究，揭示经营者集中救济与不同行业的关联性，可以为不同行业经营者集中救济适用提供参考路径。表3统计了我国28起经营者集中救济案件涉及的行业。①

表3　我国经营者集中救济案件的行业分布统计

序号	行业	子行业	案例
1	制造业	酒、饮料和精制茶制造业	英博/AB、百威英博/南非米勒
		化学原料和化学制品制造业	三菱丽阳/璐彩特、乌拉尔/谢尔维尼特、汉高香港/天德化工、赛默飞世尔/立菲
		医药制造业	辉瑞/惠氏、诺华/爱尔康、百特/金宝、雅培/圣犹达
		有色金属冶炼和压延加工业	嘉能可/斯特拉塔
		专用设备制造业	佩内洛普/萨维奥
		汽车制造业	通用/德尔福、科力远/丰田中国/PEVE/新中源/丰田通商
		电器机械和器材制造业	松下/三洋
		计算机、通信和其他电子设备制造业	希捷/三星电子、西部数据/日立存储、默克/安智、诺基亚/阿尔卡特朗讯、恩智浦/飞思卡尔
		铁路、船舶、航空航天和其他运输设备制造业	联合技术/古德里奇
2	电力、热力、燃气及水生产和供应业	燃气生产和供应业	通用中国/神华

① 根据国家统计局2011年发布的《国民经济行业分类》(GB/T 4754—2011)标准进行归类整理。

续表

序号	行业	子行业	案例
3	信息传播、软件和信息技术服务业	电信、广播电视和卫星传输技术服务业	谷歌/摩托罗拉、微软/诺基亚、联发科技/开曼晨星
		软件和信息技术服务业	安谋/捷德/金雅拓
4	批发和零售业	零售业	沃尔玛/纽海控股、丸红/高鸿

资料来源:商务部附条件批准经营者集中审查决定公告。

不同产业的市场结构状况不同,不同产业影响市场结构的因素不同,经营者集中救济的适用也会有所不同。传统产业和高技术产业面临的竞争环境、竞争条件和竞争压力不同,需要我们对传统产业和高技术产业经营者集中救济的适用加以比较分析。表4统计了我国28起经营者集中救济案件涉及的救济类型与产业类型之间的关联性。

表4 我国经营者集中救济类型与产业类型的关联性统计

序号	案件名称	传统产业	高技术产业	结构性救济	行为性救济
1	英博/AB	√	—	—	限制股权增持
2	三菱丽阳/璐彩特	√	—	产能剥离	禁止再收购、禁止再投资
3	通用汽车/德尔福	√	—	—	防火墙条款、无歧视条款、禁止报复条款
4	辉瑞/惠氏	√	—	业务剥离	—
5	松下/三洋	√	—	业务剥离 切断与竞争者的联系	—
6	诺华/爱尔康	√	—	—	退出相关市场、终止排他性协议
7	乌拉尔/谢尔维尼特	√	—	—	服务与供应水平承诺
8	佩内洛普/萨维奥	√	—	切断与竞争者的联系	—

续表

序号	案件名称	传统产业	高技术产业	结构性救济	行为性救济
9	通用中国/神华	√	—	—	无歧视条款、禁止滥用、市场支配地位
10	希捷/三星电子	—	√	—	独立运营、防火墙条款、数量限制
11	汉高香港/天德化工	√	—	—	无歧视条款、防火墙条款
12	西部数据/日立存储	—	√	业务剥离	独立运营、维持商业模式、维持投资研发水平
13	谷歌/摩托罗拉移动	—	√	—	开放条款、维持现有交易条件
14	联合技术/古德里奇	√	—	业务剥离	—
15	沃尔玛/纽海控股	√	—	—	维持商业模式
16	安谋/捷德/金雅拓	—	√	—	无歧视条款
17	嘉能可/斯特拉塔	√	—	业务剥离	—
18	丸红/高鸿	√	—	—	独立运营、防火墙条款
19	百特/金宝	√	—	业务剥离	—
20	联发科技/开曼晨星	—	√	—	独立运营
21	赛默飞世尔/立菲	—	√	业务剥离	无歧视条款
22	微软/诺基亚	—	√	—	无歧视条款
23	默克/安智	—	√	—	禁止滥用市场支配地位、无歧视条款
24	科力远/丰田中国/PEVE/新中源/丰田通商	√	—	—	无歧视条款
25	诺基亚/阿尔卡特朗讯	—	√	—	无歧视条款

续表

序号	案件名称	传统产业	高技术产业	结构性救济	行为性救济
26	恩智浦/飞思卡尔	√	—	业务剥离	—
27	百威英博/南非米勒	√	—	业务剥离	—
28	雅培/圣犹达	√	—	业务剥离	—

资料来源:商务部附条件批准经营者集中审查决定公告。

经营者集中救济适用的前提是经营者集中具有或者可能具有竞争损害。根据竞争损害理论,不同的经营者集中类型具有不同的反竞争效果,通常包括单边效果、协调效果和封锁效果。因此,经营者集中救济类型与反竞争效果的类型之间,必然具有一定关联。一般来说,单边效果与剥离、协调效果与切断竞争者、封锁效果与开放或者终止排他协议相关联。表5统计了我国28起经营者集中救济案件涉及的救济类型与反竞争效果的关联性。

表5 我国经营者集中救济类型与反竞争效果的关联性统计

序号	案件名称	反竞争效果	救济类型
1	英博/AB	单边效果	行为性救济
2	三菱丽阳/璐彩特	单边效果、封锁效果	结构性救济、行为性救济
3	通用汽车/德尔福	封锁效果	行为性救济
4	辉瑞/惠氏	单边效果	结构性救济
5	松下/三洋	单边效果	结构性救济
6	诺华/爱尔康	单边效果、协调效果	行为性救济
7	乌拉尔/谢尔维尼特	单边效果、协调效果	行为性救济
8	佩内洛普/萨维奥	协调效果	结构性救济
9	通用中国/神华	单边效果、封锁效果	行为性救济
10	希捷/三星电子	协调效果	行为性救济
11	汉高香港/天德化工	单边效果、封锁效果	行为性救济
12	西部数据/日立存储	协调效果	结构性救济、行为性救济
13	谷歌/摩托罗拉移动	单边效果、封锁效果	行为性救济

续表

序号	案件名称	反竞争效果	救济类型
14	联合技术/古德里奇	单边效果	结构性救济
15	沃尔玛/纽海控股	单边效果	行为性救济
16	安谋/捷德/金雅拓	单边效果、封锁效果	行为性救济
17	嘉能可/斯特拉塔	单边效果	结构性救济
18	丸红/高鸿	单边效果	行为性救济
19	百特/金宝	协调效果	结构性救济
20	联发科技/开曼晨星	单边效果	行为性救济
21	赛默飞世尔/立菲	单边效果	结构性救济、行为性救济
22	微软/诺基亚	封锁效果	行为性救济
23	默克/安智	单边效果	行为性救济
24	科力远/丰田中国/PEVE/新中源/丰田通商	协调效果、封锁效果	行为性救济
25	诺基亚/阿尔卡特朗讯	单边效果	行为性救济
26	恩智浦/飞思卡尔	单边效果	结构性救济
27	百威英博/南非米勒	单边效果	结构性救济
28	雅培/圣犹达	单边效果	结构性救济

资料来源：商务部附条件批准经营者集中审查决定公告。

2. 我国经营者集中救济的执法评析

我国《反垄断法》是在经济全球化的大背景下制定和实施的，决策者在立法和执法过程中始终面对两种性质不同的压力：一是必须对国际社会的关切作出反应；二是必须对国内机构和官员从更为直接利益的角度所提意见的反应。这两种压力的存在，意味着字面上的法与执行中的法之间存在着差异。从更深层次角度来看，它可能预示着这样一种局面：法律本身看起来像是“西方式的”，但是，从法律实施的实际效果来看，却是典型的“中国式的”。① 经营者集中反垄

① 参见[美]大卫·格博：《经济全球化与中国反垄断法》，载王晓晔主编：《反垄断立法热点问题》，社会科学文献出版社2007年版，第403页。

断控制尤其具有这样的张力。世界各国和地区的经营者集中救济制度同宗同源,规制框架乃至法律文本也有不少相似之处。但是,由于价值、技术、政治等层面的原因,无论各司法辖区经营者集中救济规范如何趋同,都无法确保各执法机构在面对哪怕同一集中案件时,会得出相同的审查结论和救济意见。① 从我国目前经营者集中救济的执法情况来看,既与国际通行做法基本一致,又具有我国的鲜明特色。

首先,我国经营者集中救济执法与国际通行做法基本一致。由于我国缺乏反垄断传统,因此,可以说我国经营者集中救济是一种被动应急式的立法和执法。但是,由于我国是后立法国家,可以充分参考和借鉴国外经验和通行做法。在我国,经营者集中救济的分析框架和具体规则与国外基本相似。结构性救济致力于维持或者促进相关市场的竞争程度,主要适用于横向集中,剥离通常是消除集中当事人相关市场产品重叠所引起的竞争问题的最佳方式。行为性救济着眼于消除市场进入的障碍,主要适用于无显著横向交叉的集中或者纵向集中。在上述情形中,可能无法或者不宜适用结构性救济,以通用汽车/德尔福集中案为例,商务部的所有规定都是行为性救济,其中,包括德尔福承诺对国内汽车制造商保持非歧视性的供货,以防止该集中对其他汽车制造商造成的上游封锁效果。

一项拟议的经营者集中可能同时触发多个司法辖区的反垄断审查,因而,必须向多个司法辖区的反垄断执法机构申报,接受它们的平行审查,这种平行审查机制必然对各自的执法决定产生一定的影响。我国商务部必须考虑经济全球化给经营者集中救济执法带来的各种影响,同时还要能够清楚地掌握它们之间的互动规律,这对于我国经营者集中救济的有效实施具有重要意义。我国经营者集中救济类型主要涉及结构性救济和行为性救济,并且与国际通行做法基本一致。例如,在辉瑞收购惠氏案中,我国与美国和欧盟的做法相似,都在审查决定中要求辉瑞剥离部分和动物健康有关的业务,这充分展现我国对西方公司集中案的影响力,也表明了我国经营者集中救济执法能力和水平的显著提高,已经成为世界经营者集中反垄断审查的主要司法辖区。

其次,我国经营者集中救济执法具有鲜明的中国特色。我国的特殊国情永远都应当被作为一个重要因素来考虑,国外经营者集中救济的立法与实践经验

---

① 参见李俊峰:《全球平行审查背景下的中国经营者集中救济》,载《当代法学》2015年第2期。

对我国审查具体案件决定是否适用，必须通过对国内外法律制度及其立法、执法背景进行深入比较研究后，作出独立的判断和结论。“除非以分析的态度充分考虑中国历史、政治制度和文化环境的特殊性，否则，从别国学习的经验就很难在本国有效地发挥积极作用。因此，凡事都应当遵循这样一个原则：借鉴国外经验时，必须遵循具体问题具体分析的原则，充分考虑中国自身的实际需求和特殊国情。”①以经营者集中救济类型为例，虽然我国与国外通行做法基本一致，但在我国目前的执法实践中，行为性救济采用得比较多，诸如禁止在未来对竞争者增加持股比例、无歧视供货、限制竞争性保密信息交流等形式的行为性救济在多起案件中得到了运用，而且，还运用了国外反垄断执法中非常罕见的直接价格管制和投资规模管制；结构性救济采用的比较少，毕竟结构性救济影响比较大。这可能与我国目前所处市场经济发展的初级阶段，包括反垄断政策在内的经济政策取向有关，也可能与我国还处于《反垄断法》实施的初期阶段有关，这样做也许有利于减少反垄断执法机构与集中当事人的冲突，有利于减少经济波动，也反映了反垄断执法机构的执法取向和政策水平。例如，诺华收购爱尔康案在多个国家、地区都进行了反垄断审查申报，而在我国作出最终决定之前，欧盟、加拿大以及澳大利亚都已经作出了审查决定。从我国最终的附条件批准决定来看，有别于其他国家、地区倾向于结构性救济的做法，基于对我国市场客观情况的分析，商务部最终选择了行为性救济。作为一个反垄断执法经验还不丰富的国家，该案救济类型选择的独特性从一个侧面显示了我国执法部门的能力和自信。②

最后，我国经营者集中救济的执法效果是积极的。从英博收购 AB 案一直到雅培收购圣犹达案，商务部附加限制性条件批准决定经历了一个从简单到复杂、从不成熟到成熟的发展历程，决定形式更加规范且系统，决定内容更加翔实和细致。这宣示了我国已经成为国际社会中经营者集中反垄断审查领域的一支重要力量，任何国家和地区达到我国申报标准要求的经营者集中案件都必须高度重视这支力量。正如一位在华从业多年的西方律师说，我国正在成为反垄

① 参见［美］大卫·格博：《经济全球化与中国反垄断法》，载王晓晔主编：《反垄断立法热点问题》，社会科学文献出版社 2007 年版，第 406 页。

② 参见韩伟：《评商务部附条件批准诺华收购爱尔康》，载中国法学网：http://www.iolaw.org.cn/showNews.asp?id=23334，最后访问日期：2010 年 9 月 2 日。

断审查界的第三极，即便在我国市场份额微不足道的集中交易中也是如此。[①]

但是，我们还要清醒地认识到，正如我国的《反垄断法》还是一个“婴儿”一样，我国经营者集中救济制度也是一个“婴儿”。目前，我国经营者集中救济还存在如审查程序不透明、执法独立性不彻底、经济分析不透彻、审查效率不够高等诸多问题。由于经营者集中救济的相关执法信息披露不全面，我们还无法通过大量数据和证据进行实证研究，全面客观地分析出经营者集中救济的执法效果。因此，我们必须在实践中对其持续地加以审视、检讨和完善。

（二）我国经营者集中救济执法的主要隐患

虽然我国经营者集中救济制度正在发挥着日益重要的作用，但参考世界主要国家和地区的立法与实践，结合我国经营者集中救济制度运作的社会环境和条件，可以发现，我国目前经营者集中救济的执法还面临诸多质疑、困境和挑战，需要以后的立法和执法给予进一步的明定、补充和完善。

1. 集中当事人的合法利益能否得到有效保障的问题

经营者集中救济不是反垄断执法机构自行决定的，而是要经过集中当事人和反垄断执法机构的商谈。因此，经营者集中救济是集中当事人和反垄断执法机构协商一致的产物，但在经营者集中救济实施过程中，集中当事人的合法利益能否得到有效保障可能值得怀疑。

第一，由于双方实际身份的不平等，集中当事人的合法利益难免会受到侵蚀。很难想象双方可以真正以平等的身份对相关事项进行对话和沟通，这不仅有主观方面的因素，包括各方的认知能力、思维习惯、心理感觉等因素。例如，集中当事人面对代表公权力的执法者总是感觉自己处于弱势地位，而且还有客观方面的因素，包括各方所处的环境、地位、身份和利益诉求的差异等因素。例如，执法机构握有执法权，如果协商不成，执法机构还可以运用其他传统手段启动执法程序，实现其执法目标，集中当事人难免担心如果此次不与执法机构进行良好的合作，以后的其他行为很有可能受到执法机构的“报复性执法”。正如有学者指出，执法机构可以利用掌握谈判权的优势——通过其“监管手腕的翻转”（Regulatory Arm-Twisting），获得许多比通常情况下的惩罚更重的承诺条

---

① 参见王卓铭：《辉瑞剥离垄断业务：哈药集团5000万美元接手》，载《21世纪经济报道》2010年6月1日。

款。[①] 这样,出于各种不利因素的考虑,集中当事人可能只好接受一个其本不应该接受的条款,最终使自己想要通过集中获得的合法商业利益受到侵害。

第二,《反垄断法》是市场经济国家调控经济的重要政策工具,实际上是以公权力来限制经营者的私权利,使私权利的行使限制在一定的合理边界内。但是,由于反垄断执法机构的"有限理性",其决定也并不总是对的。事实证明,有时可能恰好相反。市场竞争状况复杂多变,反垄断执法机构的决策机制很难保障其决定,即便是根据最合理的竞争分析作出的决定,在商业上也并不总是合理的。经营者集中救济在许多情况下都要对集中当事人施加一定期限的义务,随着实践的发展和情势的变更,该经营者集中救济承诺可能成为阻碍集中当事人健康发展的障碍。这就需要启动经营者集中救济的变更或者解除程序,为此,需要集中当事人与反垄断执法机构展开新一轮利益博弈。

第三,如果集中当事人对反垄断执法机构的决定不服,法律赋予其寻求行政救济和司法救济的权利。根据《反垄断法》第 53 条第 1 款的规定,对反垄断执法机构作出的附加限制性条件审查决定不服的,可以先申请行政复议;对行政复议决定不服的,可以依法提起行政诉讼。也就是说,对于附加限制性条件审查决定不服的,应当先申请复议,然后再提起行政诉讼,而不能直接提起行政诉讼。根据反垄断执法机构的内部职责分工,行政复议将由商务部条法司负责进行复议。根据《行政诉讼法》关于审级的有关规定,以反垄断执法机构为被告的行政诉讼,一审由北京市第二中级人民法院管辖。但是,由于我国的反垄断执法属于行政主导型,反垄断执法机构在经营者集中反垄断审查中,依法享有广泛的自由裁量权,司法审查只是在行政程序违法、行政自由裁量权被滥用或者结果显失公平的情况下才予以干预。因此,希望通过行政复议和行政诉讼来推翻附加限制性条件的审查决定,虽然有可能但难以实现。在实践中,集中当事人为了不过分损害自己的利益,在这种情况下大多选择放弃集中交易。

2. 反垄断执法机构的潜在错误执法如何克服的问题

在经营者集中救济适用中,合作对于反垄断执法机构和集中当事人来说都是一种理论上的最优选择,但符合集体理性的合作有时却并非个人的最优选择,因此会产生"动态不一致性"问题。反垄断执法机构的动态不一致性,在特定情况下也会发生,而且,由于法律规定模糊、执法权的强制性等因素,反垄断

---

① See Sonja Eibl, "Commitment Decisions: An Australian Perspective", *European Competition Law Review*, 2005(6), pp. 328 – 337.

执法机构错误执法的存在空间往往更大,其危害性比经营者违反承诺还要严重得多。

在经营者集中救济适用中,反垄断执法机构既是执法主体,同时也是利益主体。因为反垄断执法机构既要面对追求自身利益最大化的集中当事人的据理力争,也要面对上级主管部门的行政监督和社会公众以及利益相关者的社会监督。因此,经营者集中救济审查决定准确与否对反垄断执法机构具有重大影响,其无法避免自身的私利偏向,甚至为了部门的利益、个人的升迁、名誉也可能无法纠正审查中可能出现的错误执法。基于"有限理性"与"利益主体"假设,反垄断执法机构也有激励采取"相机抉择"的执法策略。因此,一旦客观情况发生变化,甚至基于私利追求,反垄断执法机构也会产生错误执法。

在经营者集中救济适用中,反垄断执法机构在审查案件时必须预见市场结构的潜在变化,必须考虑反竞争效果将会发生的可能性,必须确信经营者集中救济将足以抵消反竞争效果,这些对反垄断执法机构的专业能力和执法技巧提出了巨大挑战。所有这些可能导致反垄断执法机构犯下两种错误:第一种错误类型是错误积极执法,相当于提高了审查执法标准(干预过度)。此时,消费者福利的损失取决于价格下降、质量降低、难以获得创新产品和丧失选择机会,经营者竞争动力下降,损害市场竞争。第二种错误类型是错误消极执法,相当于降低了审查执法标准(干预不足)。此时,消费者福利的损失取决于集中后实体占有的市场支配地位的程度以及滥用其市场支配地位的范围,经营者守法激励下降,违法行为增多。① 由于现实中市场的复杂多变和大量不确定因素的限制,能够完全消除反垄断执法机构可能犯的两种错误类型的完美制度不可能存在,由此产生了制度选择和改善的问题。一般来说,基于多种原因,原谅错误消极执法更可取。因为,错误地放过了限制竞争行为而犯的错误,会被市场竞争力量所纠正。而错误地惩罚促进竞争行为所犯的错误,则可能带来显著的成本,对这一行为的惩罚会影响整个经济,并且不会被市场力量所弥补。②

3. 社会公共利益能否得到切实维护的问题

维护社会公共利益是我国《反垄断法》的基本目标之一,在《反垄断法》实施过程中,多重因素决定了对社会公共利益的确定性需求。但是,由于我国《反

---

① See Keith N. Hylton, *Antitrust Law: Economic Theory and Common Law Evolution*, Cambridge Cambridge University Press, 2003, pp. 129 - 131.

② 参见李剑:《中国反垄断法实施中的体系冲突与化解》,载《中国法学》2014年第6期。

垄断法》原则性规定较多,可操作性不强,而且实施经验不足,相关反垄断执法机制仍在探索与构建之中。因此,更好地维护和实现社会公共利益已经成为我国《反垄断法》不能承受之重。通过比较我国和世界主要国家与地区的执法实践,可以发现,我国经营者集中救济的具体运作存在的最大问题是缺乏公共利益测试机制,使我国反垄断法维护社会公共利益的目标难以实现。

第一,经营者集中救济商谈主要是反垄断执法机构和集中当事人之间的不公开谈判,这是国外的普遍做法。但是,我国商务部作出的附加限制性条件的批准决定在作出时即已生效,而世界主要国家和地区的通行做法是需要经过公共利益测试,最终由有关机构确定是否生效。例如,美国司法部与被告达成的关于经营者集中救济的同意判决仅具有临时性,而不具有最终效力,必须经过公众评论和司法审查之后才能最终生效。

第二,虽然我国商务部在经营者集中反垄断审查过程中也曾多次召开座谈会、听证会,听取行业主管部门、竞争者、上下游经营者的意见,但这些座谈会、听证会是邀请特定人参加,不面向社会公众。因此,不是任何行业主管部门、竞争者、上下游经营者都有权参与程序、发表意见,商务部也不是必须承担听取意见并进行答复的义务,这样很难保障利益相关者的知情权、抗辩权和监督权,也就难以有效维护其自身合法权益。不公开的审查程序并不必然产生腐败,但不公开的程序往往是滋生腐败的"温床"。

第三,我国商务部既作为审查者,又作为决定者,无法避免自身的私利偏向。如果反垄断执法机构无法秉持中立的立场,则不同的集中当事人可能会受到不同的对待。假设商务部对国有大型企业申报的集中审查宽松,对外国企业、非国有企业审查严格,那么,这些不同的审查标准以及所导致的不同审查结果并不取决于经营者集中是否会对相关市场竞争造成不利影响,而取决于经营者是否存在国有资本,因为,这种选择性执法将损害消费者利益和社会公共利益。

因此,经营者集中救济的商谈过程不公开、缺乏广泛的参与性和执法者的中立性,同时又缺乏公共利益测试机制保障,这就可能使具体执法者恣意妄为或者为自身利益考虑偏离经营者集中救济的目标,并且可能导致具体执法者与集中当事人恶意串通,从而损害消费者利益和社会公共利益。

4. 第三人的合法利益能否得到充分保护的问题

经营者集中反垄断审查具有较强的外部性,不仅涉及集中当事人的利益,而且涉及能够通过竞争带来益处的相关利害关系人和消费者的利益。在英博收购AB案中,英博集团和AB公司在我国境内均有多家独资和合资企业,因而我国一些城市或地区也存在许多受英博收购AB案执法决定影响的潜在利害关系人和消费者。例如,在浙江省温州市,英博集团与AB公司之间原本也存在类似于双方在纽约州地区的激烈竞争关系。为了争夺市场,双方不断推出更低价格、更好品位的啤酒,使该地区的消费者成为最终的受益者。现在英博集团收购了AB公司,由于该并购未被阻止,也未对温州市啤酒市场采取一定救济措施,因此,温州市啤酒市场的竞争可能被减弱,温州市啤酒消费者无法再继续享受更低价、更美味的啤酒。英博收购AB案的执法决定可能会影响温州市啤酒消费者的利益。然而,根据商务部目前的审查程序,温州市啤酒消费者无法加入程序中发表意见并保障意见被听取。① 可见,其他竞争者的公平竞争可能因经营者集中救济受到损害,消费者也可能无法再从公平竞争的市场中获得利益。

5. 国内外经营者是否给予平等对待的问题

《反垄断法》作为市场经济国家的基本法律,应当对内资企业和外资企业平等适用。然而,我国商务部目前附限制性条件批准的经营者集中涉及的大都是外资企业。因此,有人质疑我国《反垄断法》特别是其中的经营者集中控制只针对外资企业,是我国保护民族企业、实行贸易保护主义的工具。事实上,在经营者集中反垄断执法实践中,主要包括国有企业之间的集中,国有企业和其他性质企业之间的集中以及其他涉及国有企业的并购等情况。真正梳理起来,可能与外资企业有关的案件比例较高,这是由于外资企业规模本来就比较大或者经营者集中申报本来比较多这种情况造成的,并不能反映出对哪类企业优待或者不优待的问题。反垄断执法机构对审查对象都是一视同仁,在作决定的时候也是一样的。②

我国著名反垄断法专家王晓晔教授早就指出:“从发展的眼光看,专门针对外国投资者或者外商投资企业制定的企业合并控制法是没有生命力的。因为经营者集中不仅是企业重组,也是企业提高自身竞争力的手段,是竞争方式。如果国家在这方面仅对外商投资作出限制性规定,而不限制境内企业的集中活

① 潘志成:《中美经营者集中审查程序比较——以英博收购AB案为例展开》,载《中外法学》2010年第3期。

② 参见《商务部“反垄断工作”专题新闻发布会》,载商务部网站:http://www.mofcom.gov.cn/article/ae/slfw/201402/20140200502174.shtml,最后访问日期:2015年8月27日。

动，这不仅会被外国投资者视为歧视性待遇，不符合我国“入世”时关于国民待遇的承诺，而且在不控制境内经营者集中活动的情况下，我国不可能建立公平和自由竞争的市场秩序……对我国市场上开展经营活动的国有企业和私人企业、我国企业和外国企业，一体适用公平竞争的原则，而不是根据它们的国籍实行差别待遇。”[①]《反垄断法》对国内外企业的垄断行为应统一适用，并非专门针对跨国公司，只有这样，我国才能建立一个真正公平和自由竞争的市场环境。

第二节　我国经营者集中救济基本理念的更新

经营者集中救济是基于行政便宜主义与合目的性的考量所发明的制度，有助于避免全有或者全无的中间决定，并减少处分的不确定性与冲击性。这种传统的执法机构少有的做法，当然引起不小的批评，但从世界主要国家与地区反垄断执法机构多有类似的做法来看，也许这是经济法的本质。[②] 随着我们对经营者集中救济观念认识的深化和对我国经营者集中救济实践运作的把握，我国有必要在经营者集中救济的目标、原则和功能等方面更新理念，确保移植于国外的经营者集中救济这株“人工花朵”能够在我国生根、开花和结果。

一、我国经营者集中救济目标的选择

“要使竞争发挥作用，不仅需要适当地组织某些编制，如货币、市场和信息渠道——它们之中有些是私人企业从来不能充分提供的——而且它尤其依赖于一种适当的法律制度的存在，这种法律制度的目标在于既维护竞争，又使竞争尽可能有利地发挥作用。”[③]经营者集中救济面对各种利益相关方，努力寻求各方利益的表达与均衡，同时，容易受到包括各利益相关方的需求与力量对比、现行的经济政策、既有的法律传统、伦理和道德准则等各种因素的影响。这些因素的综合较量和博弈、平衡和互动将导致经营者集中救济目标在具体的案件中侧重点的不断变化。

2014 年，我国商务部发布的《附加限制性条件规定》没有明确规定经营者集中救济的目标，这既与国外普遍的经营者集中救济的立法不相称，也与我国

---

① 王晓晔：《王晓晔论反垄断法》，社会科学文献出版社 2010 年版，第 557 页。
② 参见苏永钦：《跨越自治与管制》，台北，五南图书出版公司 1999 年版，第 24 页。
③ ［英］哈耶克：《通往奴役之路》，王明毅等译，中国社会科学出版社 1997 年版，第 42 页。

经营者集中救济的实践需要不适应。我国在结构调整、产业升级过程中,迫切需要鼓励先进,淘汰落后,只通过经营者集中救济来恢复相关市场集中前的竞争水平已远不能满足生机勃勃的现实经济生活的需要。考察商务部发布的附条件批准决定公告,也可以发现,我国经营者集中救济的目标不只是恢复市场竞争。例如,在谷歌收购摩托罗拉移动案中,欧盟委员会、美国司法部、韩国公平贸易委员会先后宣布无条件批准该集中交易,而我国商务部详细分析了移动智能终端市场和移动智能终端操作系统市场的竞争状况,最终作出了与欧美韩不同的附条件批准决定,附加的 4 项行为性救济不仅是恢复相关市场的竞争水平,更是促进我国相关产业的有效竞争。因此,我国应当规定具有丰富内涵和现实需要的经营者集中救济的立法目标,在将来修订《附加限制条件规定》或者发布经营者集中救济指南时,从最广泛的意义上,明确规定经营者集中救济的目标,以更好地指引我国经营者集中救济的有效实施,更好地促进结构调整、产业升级、技术进步,从而有助于市场经济的健康发展。建议在立法上明确规定我国经营者集中救济的目标包括直接目标、间接目标和终极目标三个方面,具体可以表述为:"商务部所附加的限制性条件,能够恢复市场竞争,促进市场竞争,维护消费者利益。"其中,恢复市场竞争是我国经营者集中救济的直接目标,是所有经营者集中救济都追求的基本目标;促进市场竞争是我国经营者集中救济的间接目标,是在特殊情况下经营者集中救济所追求的较高层次的目标;维护消费者利益是我国经营者集中救济的终极目标,而且是所有经营者集中救济都追求的终极目标。

首先,恢复市场竞争是我国经营者集中救济的直接目标。我国商务部不予禁止的经营者集中,虽然对竞争产生的有利影响明显大于不利影响,或者符合社会公共利益,但或多或少仍然会对竞争产生不利影响。经营者集中救济的产生就是为了使集中对竞争产生的不利影响降到最低程度,充分地保护和促进市场竞争。[①] 总体上,我们希望通过集中交易强化竞争力量,但不要恶化竞争环境。经营者集中救济就是确保集中交易完成后,市场中的竞争状况不影响到相关产业和消费者,要保持在集中交易之前的状态。[②] 因此,将恢复市场竞争作为

---

① 参见全国人大常委会法制工作委员会经济法室编:《〈中华人民共和国反垄断法〉条文说明、立法理由及相关规定》,北京大学出版社 2007 年版,第 203 页。

② 参见《商务部"反垄断工作"专题新闻发布会》,载商务部网站:http://www.mofcom.gov.cn/article/ae/slfw/201402/20140200502174.shtml,最后访问日期:2015 年 8 月 27 日。

我国经营者集中救济的直接目标符合制度设计的初衷，具有合理性和正当性。例如，在希捷收购三星案中，商务部审查发现，目前，在硬盘市场上仅存希捷、西部数据、日立存储、东芝和三星5家生产商。在硬盘市场，交易双方均是重要的生产商，此项集中将减少一个重要的竞争者。最终，商务部附条件批准该集中交易，要求集中当事人承诺在相关市场上维持三星硬盘作为一个独立竞争者存在，虽然两家可以集中，但三星硬盘在一段期限内要以独立竞争者的身份存续，[①]该项经营者集中救济的直接目标就是恢复集中前的市场竞争状态，从而减轻或者消除集中对竞争带来的负面影响。

其次，促进市场竞争是我国经营者集中救济的间接目标。市场经济是一种由竞争来指挥和监督微观经济过程的经济制度。[②] 市场决定资源配置是市场经济的一般规律，要使市场在资源配置中起决定性作用。我国当前还处在经济转型时期，总体经济呈现行业分布很宽，市场成熟度不高，产业集中度很低，企业规模很小的特点，更有必要通过集中促进我国企业做大做强，提高国际竞争力。经营者集中救济制度的设计，既要保证经营者集中的需要，又要避免其对市场竞争产生的不利影响，还要适时促进市场竞争的发展。[③] 因此，在特殊情况下，通过经营者集中救济促进有关集中交易所在产业市场竞争水平，对于我国这样一个经济转型国家来说尤其重要。例如，在希捷收购三星案中，商务部除了要求集中当事人承诺在相关市场上维持三星硬盘作为一个独立竞争者存在外，还要求希捷应履行在审查决定作出后6个月内继续维持和扩大三星产品产能的承诺，之后应当根据市场需求状况合理确定三星产品的产能和产量。[④] 该项经营者集中救济就不仅要恢复市场竞争，而且要根据硬盘市场的竞争状况进一步促进市场竞争。

最后，维护消费者利益是我国经营者集中救济的终极目标。随着反垄断理论和实践的发展，世界各国和地区的反垄断法越来越强调消费者的社会福利。欧盟在立法上明确规定保护市场竞争是提高消费者福利和保障资源有效配置的工具。欧盟委员会前竞争委员蒙蒂(Monti)曾指出："竞争政策的目的是通过

---

① 参见《中华人民共和国商务部公告[2011年]第90号》，载商务部网站：http://fldj.mofcom.gov.cn/article/ztxx/201112/20111207874274.shtml.，最后访问日期：2015年8月27日。

② 参见王晓晔：《反垄断法》，法律出版社2011年版，第1页。

③ 参见吴高盛主编：《中华人民共和国反垄断法释义》，中国法制出版社2007年版，第16页。

④ 参见《中华人民共和国商务部公告[2011年]第90号》，载商务部网站：http://fldj.mofcom.gov.cn/article/ztxx/201112/20111207874274.shtml.，最后访问日期：2015年8月27日。

维护共同体市场上的高度竞争保护消费者福利。竞争可以导致低价、广泛的商品选择和技术创新,这些都有利于消费者。”①澳大利亚、韩国等国也明确规定其竞争法的立法目标是提高消费者福利。作为反垄断法中的一项重要制度,经营者集中救济的终极目标是维护消费者利益具有逻辑上的自洽性与连续性和实践上的针对性与有效性。例如,在希捷收购三星案中,商务部认为,目前,我国是全球最大的个人电脑消费国之一,此项集中将对我国消费者利益造成不利影响。因此,要求希捷在本决定作出后 3 年内每年投资至少 8 亿美元,且将以希捷近年一贯的速度,继续在创新领域投入研发资金,以确保给客户带来更多创新性产品和解决方案。② 这表明,在实践中,我国经营者集中救济的终极目标指向是通过恢复市场竞争、促进市场竞争来维护消费者利益。

在经营者集中救济过程中,反垄断执法机构应当根据个案选择合适的救济目标,实际的结果可能是多方利益博弈和妥协的产物。只有这样,才能保持我国经营者集中救济制度的生命力和创造力,才能不断因应社会变迁的需求而不断发展和完善。

二、我国经营者集中救济原则的确立

经营者集中救济的原则是贯穿于经营者集中救济各个环节的基本准则,是实现经营者集中救济目标的重要保证。确立能够全面、客观和准确反映经营者集中救济客观要求的原则,对于经营者集中救济制度的具体运作具有重要意义。2014 年我国商务部发布的《附加限制性条件规定》没有明确经营者集中救济的原则,只是确立了商务部评估集中当事人提出的限制性条件的有效性、可行性和及时性的标准,而且,究竟如何理解“有效性”“可行性”和“及时性”的含义,也没有进一步阐释。这既与国外通行的经营者集中救济的立法不一致,也与我国经营者集中救济的实践需要不契合。因此,建议我国在修订《附加限制性条件规定》或者在发布经营者集中救济指南时,明确规定我国经营者集中救济的适用,必须坚持必要性原则、比例性原则、有效性原则、可行性原则、及时性原则和透明性原则,以确保我国经营者集中救济制度的有效实施。

---

① Mario Monti,“The Future for Competition Policy in the European Union”, Accessed August 27, 2015. http://ec. europa. eu/competition/speeches/index_speeches_by_the_commissioner. html.

② 参见《中华人民共和国商务部公告[2011 年]第 90 号》,载商务部网站:http://fldj. mofcom. gov. cn/article/ztxx/201112/20111207874274. shtml. ,最后访问日期:2015 年 8 月 27 日。

第一,必要性原则。经营者集中救济是反垄断执法机构经常使用的促进经营者集中和维护市场有效竞争的重要手段。正是由于经营者集中救济是一种可供选择的手段,才有必要性原则的要求。如果手段是唯一的,不存在选择的可能,也就不存在必要性问题。必要性原则,是指在适用经营者集中救济时,反垄断执法机构必须确定拟议的集中可能存在对竞争的损害,简单的禁止或者批准都不是解决问题的首要选择,只有采取救济才是最佳选择。必要性原则,要求经营者集中救济是反垄断执法机构控制经营者集中的侵害程度最低的手段。因为,经营者集中救济属于事前干预,必然需要付出成本。除非必要,反垄断执法机构可以无条件批准经营者集中,如果事后经营者从事反垄断执法机构所担心的竞争关注,反垄断执法机构还可以启动垄断协议和滥用市场支配地位的反垄断调查,从而维护市场有效竞争。

第二,比例性原则。反垄断执法机构在适用经营者集中救济时,必须进行成本收益分析,确保经营者集中救济适用的经济合理性。比例性原则,是指反垄断执法机构所确定的经营者集中救济与集中可能产生的竞争损害相一致或者成比例,并且能够有效消除集中可能产生的竞争损害。明确比例性原则可以避免在具体案件中由于最终确定的救济过于严格而出现干预过度的错误。因此,经营者集中救济在实施中遵守比例性原则非常必要。如果与竞争损害程度相比,即使负担最小的经营者集中救济都是不成比例的,那么,反垄断执法机构将会批准该项集中而不适用任何救济。①

第三,有效性原则。有效性原则,是指经营者集中救济必须足以消除反垄断执法机构对拟议的集中可能导致的竞争关注。制约经营者集中救济有效性的因素是多方面的,既包括经营者集中救济内容本身的有效性,也包括经营者集中救济制度整体的有效性,还包括其他社会因素,例如,国家的基本制度、管理体制、思想观念、法律传统等。在具体案件中,反垄断执法机构评估一个救济方案是否有效,除了考虑方案的类型、规模、范围等涉及方案本身的因素,还得考虑其他相关因素,例如,相关市场的结构和特点、当事人的市场地位、竞争对手的市场地位等。②

第四,可行性原则。一项有效的救济应当能够在反垄断执法机构管辖权内

---

① 参见吴振国、刘新宇:《企业并购反垄断审查制度之理论与实践》,法律出版社 2012 年版,第 437 页。

② 参见王晓晔:《反垄断法》,法律出版社 2011 年版,第 283 页。

实际确定、监督和实施，这意味着，应当清楚地表达救济的实施和运作。一般认为，由于经营者集中救济的动态性、复杂性和多样性以及相关市场环境和条件的迅速变化，经营者集中救济的实施期限越长，其可行性就越不确定。在具体案件中，反垄断执法机构应当结合影响经营者集中救济具体运作的各种因素综合权衡其可行性。

第五，及时性原则。及时性原则要求经营者集中救济在预定的期限有效解决竞争关注。如果一项经营者集中救济不能及时实施，则可能无法消除集中产生的竞争关注，从而导致经营者集中救济目标的落空。对于一项剥离而言，迅速完成剥离，既可能尽早恢复集中前相关市场的竞争，也可能避免因剥离程序拖延而造成剥离业务的潜在损失。在具体案件中，反垄断执法机构应当结合经营者集中救济的内容和期限综合考虑其及时性。在救济的期限不确定时，能够迅速解决竞争关注的救济比在较长期限产生效果的救济更为可取。

第六，透明性原则。透明性原则，是指反垄断执法机构在适用经营者集中救济时应当公布相关信息，并使社会公众易于获得相关信息。透明性原则具体包括目标透明、标准透明、程序透明和信息透明四个维度，是测度和衡量一个国家和地区经营者集中救济实施透明度大小的重要指标。经营者集中救济制度越透明，经营者集中反垄断控制的效率就越高。在具体案件中，反垄断执法机构应当采取发布指南、范本，召开座谈会、听证会，公告决定，建设案件信息统一平台等多种形式贯彻经营者集中救济的透明性原则。

三、我国经营者集中救济功能的定位

任何一项社会制度想要实现内蕴的价值和特定的目标都有其预设的功能。经营者集中救济作为政府适度干预市场的制度安排，也必然有其特定的价值取向和功能预设。一般认为，任何一项制度的功能预设均与特定社会的需要关系密切，可以说一项制度的功能，就是该制度对社会需求满足的贡献。[①] 因此，我们要分析经营者集中救济制度的功能，就必须了解社会经济持续、健康发展所需要的条件，这对于我们准确定位制度的功能大有裨益。

随着我国社会主义市场经济体制的建立和发展，企业兼并重组正作为我国产业升级和结构调整的有效方式蓬勃兴起。2010 年 8 月 28 日我国发布《国务

① 参见刘水林、雷兴虎：《论经济法的社会经济功能》，载《法学评论》2004 年第 2 期。

院关于促进企业兼并重组的意见》，该意见明确指出：各行业、各领域企业通过合并和股权、资产收购等多种形式积极进行整合，兼并重组步伐加快，产业组织结构不断优化，取得了明显成效。但一些行业重复建设严重、产业集中度低、自主创新能力不强、市场竞争力较弱的问题仍很突出。在资源环境约束日益严重、国际间产业竞争更加激烈、贸易保护主义明显抬头的新形势下，必须切实推进企业兼并重组，深化企业改革，促进产业结构优化升级，加快转变发展方式，提高发展质量和效益，增强抵御国际市场风险能力，实现可持续发展。[①] 2014年3月7日，我国发布《国务院关于进一步优化企业兼并重组市场环境的意见》，该意见进一步指出：兼并重组是企业加强资源整合、实现快速发展、提高竞争力的有效措施，是化解产能严重过剩矛盾、调整优化产业结构、提高发展质量效益的重要途径。当前，我国企业兼并重组步伐加快，但仍面临审批多、融资难、负担重、服务体系不健全、体制机制不完善、跨地区跨所有制兼并重组困难等问题。[②] 在这样的背景下，我国经营者集中救济至少具备以下四种功能：整合功能、分配功能、激励功能和维护功能。我们应当努力发挥经营者集中救济的正向功能，避免其负向功能，使之更好地服务于我国产业升级和结构调整的现实需要。

首先，我国经营者集中救济应当具备整合功能。经营者集中救济的整合功能就是要把经营者集中救济纳入一定“轨道”，协调好各方主体之间的关系，形成可欲的社会经济秩序。当经营者集中救济被纳入某种“轨道”时，不仅可以在一定程度上消解在经营者集中救济中产生的个体利益的冲突，而且，会把各种分散的经济力量汇聚起来，形成社会整体经济力量，促进整个社会经济持续健康发展，提高整个社会福利。我国经营者集中救济的整合功能具体也包括公平与效率的协调、个人利益与社会利益的协调、强制性与自治性的协调、确定性与灵活性的协调。

其次，我国经营者集中救济应当具备分配功能。“经济法是调整特定经济关系即物质利益关系的，其目的在于为各类经济法主体之间物质利益的分配提

---

① 参见《国务院关于促进企业兼并重组的意见》（国发[2010]27号），载中国政府网：http://www.gov.cn/zhengce/content/2010-09/06/content_1283.htm.，最后访问日期：2015年8月27日。

② 参见《国务院关于进一步优化企业兼并重组市场环境的意见》（国发[2014]14号），载中国政府网：http://www.gov.cn/zhengce/content/2014-03/24/content_8721.htm.，最后访问日期：2015年8月27日。

供法律保障。从这个意义上来说,经济法实质上就是分配法。”①作为经济法核心的《反垄断法》中的经营者集中救济制度就是要通过对资源的分配,使履行救济承诺的经营者获得从事集中交易的资格,并且在不同程度上影响其竞争者、供应者、消费者和相关第三方的利益,使各种利益得以平衡,最终实现经营者集中救济的分配功能,促进社会经济和谐发展。例如,结构性救济要求向一个合适的买方剥离一项具有存续性和竞争性的业务,实质上就是对社会资源的一种重新分配。

再次,我国经营者集中救济应当具备激励功能。“人类发展的各种合作和竞争的形式及实施将人类活动组织起来的规章的那些制度,正是经济史的中心。这些规章不仅阐明了指导和决定经济活动的激励制度和抑制制度,而且决定着一个社会基本的福利和收入分配。”②这里所说的制度,对经营者集中救济完全适用。我国经营者集中救济的激励功能就是通过规定经营者的行为方向,改变其偏好,影响其选择,使其有动力去做所要求和所期望的行为,从而促进经营者、反垄断执法机构和相关第三方各自目标的实现,最终取得预期的控制目标,产生良好的经济秩序。例如,在高技术产业经营者集中救济中,广泛适用公平合理无歧视条款(FRAND),鼓励持续创新,抑制阻碍创新。

最后,我国经营者集中救济应当具备维护功能。“竞争应受法律的即竞争法的总体保护而不是取决于个案式的政治考量。相应地,竞争法在以市场为主导的经济系统中取得了核心的、系统维护的功能。”③我国经营者集中救济的维护功能主要包括三个方面:一是维护市场的竞争。经营者集中救济致力于消除集中对市场可能产生的竞争损害,使市场恢复到集中前的状态和水平,从而维护市场的竞争,促进经济有序发展。二是维护社会的信用。经营者集中救济是反垄断执法机构与集中当事人协商一致的结果,双方为了避免再次发生争议,不会轻易破坏通过协商达成的协议,这有助于社会诚信风气的维护。三是维护社会的和谐。经营者集中救济涉及民主、道德、情感等各种因素,可以为集中当事人乃至社会提供一个广阔的交流平台,有效地减轻或者缓和各方的矛盾,也

① 杨紫烜主编:《经济法》,北京大学出版社2010年版,第7页。

② [美]道格拉斯·C.诺思:《经济史上的结构和变革》,厉以平译,商务印书馆1992年版,第21页。

③ [瑞士]安德烈亚斯·凯勒哈斯:《从华盛顿,布鲁塞尔,伯尔尼到北京——竞争法规范和功能比较》,杨华隆等译,中国政法大学出版社2013年版,第3页。

可以为社会提供一个公平的环境。

第三节　我国经营者集中救济具体制度的完善

“从国外法律移植概念和制度对于我国的决策者来说具有明显的吸引力，因为它比建立一套全新的概念和制度要容易和有效得多。移植在某种法律制度中已经有了明确含义的概念，通过移植就能够增加人们对其在新法律制度中含义的理解。同样，已经存在的制度在移植前都有可供考察的历史，这样就为评估它在新法律制度中将发挥的作用提供了依据。”“但是，成功地移植法律概念和制度也是很难的，因为它失去了被移植的法律概念和制度所处的背景和条件，这就像使用工具而不知道该工具制造的目的及用法。因此，为了判断这些法律概念的价值及用途，就应当考察它们是怎样被制定的、制定的原因、如何演变、和其他法律要素的关系以及适用它们可能会产生的后果等。这个知识对于竞争法的制定是非常重要的。只有这样，确立了基本目的和建立了基本制度才不会轻易发生改变。”①这一见解对于我国经营者集中救济制度的完善同样具有启发意义。

“作为一个有效的竞争制度和其他制度一样，需要一种明智规划的并不断加以调节的法律框架。”②我国经营者集中救济的完善应当选择体系化的路径，“体系方法，乃是将一个思考的任务（无论是要解答一个抽象的问题，还是要判断一个具体的个案）分解成一个个单一个别的思维步骤或决定步骤，并且将这些步骤合乎逻辑地整理排列好”。③ 法学不是脱离实践而存在的，而是对实践知识进行专门的体系化整理而形成的，体系化方法可以深化我们对于经营者集中救济制度的理论研究。因此，我们既要广泛参考世界主要国家和地区的立法成果与实践经验，又要充分考虑我国的政治、经济、文化、法律等领域的实际情况，设计出既符合国际发展潮流又适合我国现实需要的经营者集中救济制度，同时建立相关配套制度，使经营者集中救济法律制度真正从“纸面上的法”转变为

---

①　[美]D. J. 格伯：《从欧美经验看中国竞争法的制定》，聂孝红译，载王晓晔主编：《竞争法与经济发展》，社会科学文献出版社2003年版，第204页。

②　[英]哈耶克：《通往奴役之路》，王明毅等译，中国社会科学出版社1997年版，第42页。

③　[德]英格博格·普珀：《法学思维小学堂》，蔡圣伟译，北京大学出版社2011年版，第179页。

“现实中的法”。

一、我国经营者集中救济的立法完善

(一)先行修正制度

先行修正制度已经成为美国和欧盟剥离实施中的重要机制,我国在《附加限制性条件规定》立法过程中曾经考虑引入该制度,但最终文本并没有予以规定。实践中,我国商务部处理的经营者集中救济案件已经存在适用先行修正制度的需要,例如,在嘉能可国际公司收购斯特拉塔公司案中,由于对嘉能可能否按时履行救济承诺存有疑虑,商务部同时采取了两项防范和替代措施:第一,细化剥离进度:(1)自本公告公布之日起3个月内,嘉能可应当启动出售拉斯邦巴斯项目的程序并公布其出售要约公告;(2)应定期向商务部报告其寻找潜在买方的情况;(3)嘉能可应尽其合理的最佳努力于2014年8月31日前向商务部提交关于潜在买方的详细情况;(4)2014年9月30日之前,除非经商务部同意延期,嘉能可应当与经商务部同意的买方签订具有约束力的出售协议;(5)2015年6月30日之前,嘉能可应当完成上述出售协议项下拉斯邦巴斯项目的转让交割。第二,如嘉能可未能于2014年9月30日之前按上述要求与经商务部同意的买方签订具有约束力的出售协议,或者签署协议但未于2015年6月30日之前完成协议项下拉斯邦巴斯项目的转让交割,除非经商务部同意,嘉能可应当委任剥离受托人,分别自2014年10月1日或者2015年7月1日起3个月内,无底价拍卖商务部指定的其在下述任一项目中的全部权益:坦帕坎(Tampakan)、芙蕾达河(Frieda River)、埃尔帕琼(El Pachón)或阿伦布雷拉(Alumbrera)。① 如果采取先行修正制度,可能更迅速有效地消除商务部的疑虑,从而避免复杂的救济承诺,提高审查效率。

因此,建议我国在修订《附加限制性条件规定》时,增加规定先行修正制度的内容,以弥补现行立法的缺憾。在商务部提出反竞争效果后,集中当事人可以申请先行修正集中交易。商务部同意先行修正的,审查期间应当中止计算;考虑到商务部目前不中止审查期间的实际做法,可以参考商务部此前的做法由当事人撤回申报,先行修正完成后再行申报。尽管商务部已有允许当事人撤回申报的先例,但不应当所有的案件都因先行修正而撤回申报,因为一旦撤回申

---

① 参见《中华人民共和国商务部公告[2013年]第20号》,载商务部网站:http://fldj.mofcom.gov.cn/article/ztxx/201304/20130400091222.shtml.,最后访问日期:2015年9月7日。

报，集中当事人和商务部就先行修正方案进行的反复商谈将失去法律和事实依据，但为满足反复商谈的需要而反复申报撤回显然是不合适的。如果商务部认为集中当事人提出的先行修正方案解决了竞争问题，可以参考欧盟的做法，以先行修正方案为基础附条件批准。如果先行修正方案包含了行为性救济，需要在批准后继续进行监督，则也可以参考欧盟的做法，以先行修正方案为基础附条件批准，为日后的监督行为提供更为可靠的法律依据。①

（二）买方前置制度

买方前置制度也已经成为美国和欧盟剥离实施中的一项重要制度，是确保业务剥离能够被有效实施的保障措施。买方前置制度主要是为了解决业务剥离实施中的不确定问题，事先采取措施确保成功进行业务剥离，更好地对业务剥离过程进行控制，有助于顺利有效地剥离特定的业务，切实提高案件审查效率。在我国商务部处理的经营者集中救济案件已经存在适用买方前置制度的需要，例如，在赛默飞世尔科技公司收购立菲技术公司案中，我国商务部要求赛默飞世尔科技公司剥离如下资产：(1)剥离其全球细胞培养业务，包括确保剥离业务存续性、可售性和竞争力所需的有形资产和无形资产；(2)出售其所持有的位于我国境内的兰州民海生物工程有限公司51%股权；(3)剥离其全球基因调整业务，包括确保剥离业务存续性、可售性和竞争力所需的有形资产和无形资产。② 我国商务部在2014年1月14日公告审查决定并随即进入审查决定的执行程序。美国联邦贸易委员会于2014年1月31日适用买方前置制度批准了该集中交易，其审查决定一经作出，拟剥离的业务以及买方就都已确定，即便其他司法辖区早已作出审查决定，也只能在执行程序中评估合适买方。

买方前置制度已经被我国立法所吸收，并纳入我国的《规定》之中，其第14条规定了适用买方前置制度的三种情形：(1)剥离之前维持剥离业务的竞争性和可销售性存在较大风险；(2)买方的身份对剥离业务能否恢复市场竞争具有决定性影响；(3)第三方对剥离业务主张权利。实践中，适用买方前置制度可能不限于这三种情形，《附加限制性条件规定》征求意见稿还规定了剥离义务人无法在规定时间内找到剥离业务的合格买方情形和一个兜底条款，但最后被删除。建议在修订《附加限制性条件规定》时增加其他情形规定，以应对实践中出

---

① 参见叶军：《先行修正和买家前置规则比较研究》，载《中外法学》2015年第1期。

② 参见《中华人民共和国商务部公告[2014年]第3号》，载商务部网站：http://fldj.mofcom.gov.cn/article/ztxx/201401/20140100461603.shtml.，最后访问日期：2015年9月7日。

现的特殊情形。

同时,在买方前置程序的立法选择上,可以参考欧盟的做法,只要剥离义务人承诺,在找到合适的买方并签订有法律约束力的协议之前不会实施集中,就可以发布附条件批准的公告,公告中应当载明剥离义务人作出的买方前置承诺。也可以参考美国联邦贸易委员会的做法,只有在集中当事人找到合适的买方并签订有法律约束力的协议之后,才发布附条件批准的公告,公告中载明批准买方前置的情况。两种做法对集中实施的干预程度不同,对剥离义务人的约束也有强弱区别,商务部可以根据个案的具体情况灵活适用。一般来说,如果仅对能否找到合适的买方存在疑虑,且具有紧急实施集中交易事由,参考欧盟的做法即可;如果不仅对能否找到合适的买方存在疑虑,而且对能否顺利签订协议甚至实施资产剥离存在疑虑,参考美国联邦贸易委员会的做法更为稳妥。①

(三)皇冠宝石制度

皇冠宝石制度是确保剥离救济成功的一项保障措施。美国联邦贸易委员会和欧盟委员会在剥离救济中都采用皇冠宝石制度。即使一贯持反对意见的美国司法部反垄断局,实际上也在铝型材制造商萨帕收购铝挤压生产商英达莱克案(Sapa/Indalex)②中适用了该制度。我国商务部也已经在三菱丽阳收购璐彩特案适用了皇冠宝石制度。在该案中,我国商务部首选方案是要求集中当事人在5年内将其年产能的50%出售给第三方买方,备选方案是要求如果在5年内产能剥离未能完成,集中双方同意商务部有权指派独立的受托人将璐彩特我国公司的100%股权出售给独立第三方(全部剥离)。③ 可见,皇冠宝石制度在我国执法实践中已经有了实际应用。考虑到我国经营者集中救济的实施还处于初级阶段,执法经验有限,对业务剥离的范围有时可能很难准确把握,而且这本身也是一项高超的执法艺术,应当在特定案件中给予皇冠宝石制度一定的适用空间。

皇冠宝石制度已经被纳入我国《附加限制性条件规定》中,其第7条第2款规定:"申报方提出的附条件建议首选方案存在不能实施的风险的,商务部可以

---

① 参见叶军:《先行修正和买家前置规则比较研究》,载《中外法学》2015年第1期。

② See Elai Katz and Lauren Perlgut, "Appraising Crown Jewel Provisions in the United States, Canada, and Europe", *The Threshold* Volume X, Number 1, Fall 2009, p. 7.

③ 《中华人民共和国商务部公告[2009年]第28号》,载商务部网站:http://fldj.mofcom.gov.cn/article/ztxx/200904/20090406198805.shtml.,最后访问日期:2015年9月7日。

在审查决定中要求申报方在首选方案基础上提出备选方案。备选方案应比首选方案的条件更为严格,可以包括不同核心资产,包括有形资产、知识产权等无形资产或相关权益等。"这表明,我国已经确立了皇冠宝石制度,但这一规定过于概括原则,例如,如何理解"存在不能实施的风险",具体适用时还需要予以进一步解释,限制商务部的自由裁量权,增加经营者集中救济实施的确定性。建议在修订《附加限制性条件规定》时具体列举皇冠宝石制度常见的适用情形,包括首选方案的核心部分可能涉及第三方的权利、剥离业务存在可售性的风险、合适买方稀缺风险、剥离期间拟剥离业务大幅贬值风险等情形,以为集中当事人提供最大可能的预期性。

(四)受托人监督制度

受托人监督制度是经营者集中救济中广泛运用的一种监督制度,美国和欧盟的相关立法均建立了这一制度。我国在实践中也运用了受托人监督制度,特别是监督受托人的适用非常广泛。受托人监督制度非常有助于反垄断执法机构承担的监督职责,既可以确保经营者集中救济承诺得到全面遵守和履行,又可以节约执法成本和提高执法效率。我国自 2010 年诺华收购爱尔康案首次运用监督受托人至今,商务部附条件批准的 23 起案件中,[①]除通用中国与神华煤制油案外,其余 22 起案件均要求任命监督受托人。可见,在我国经营者集中救济实践中,监督受托人应用广泛。

我国《附加限制性条件规定》引入受托人监督制度并作出了比较详细的规定,确立了受托人监督制度的基本框架。《附加限制性条件规定》第 4 条界定了受托人的两种基本类型:监督受托人,是指受申报方委托并经商务部同意,在自行剥离阶段负责对剥离进行监督的自然人、法人或其他组织;剥离受托人,是指受申报方委托并经商务部同意,在受托剥离阶段负责出售剥离业务的自然人、法人或其他组织。《附加限制性条件规定》第 19 条明确了监督受托人和剥离受托人应当符合的基本要求:独立于剥离义务人和剥离业务的买方;具有履行受托人职责的专业团队,团队成员应当具有对限制性条件进行监督所需的专业知识、技能及相关经验;受托人提出可行的工作方案;对买方人选确定过程的监督;商务部提出的其他要求。《附加限制性条件规定》第 21 条明确了监督受托人的职责:监督剥离义务人履行本规定、审查决定及相关协议规定的义务;对剥

---

① 统计时段自 2010 年 8 月 13 日商务部附加限制性条件批准诺华收购爱尔康案起至 2016 年 7 月 2 日附加限制性条件批准雅培收购圣犹达案止。

离义务人推荐的买方人选、拟签订的出售协议进行评估,并向商务部提交评估报告;监督出售协议的执行,并定期向商务部提交监督报告;协调剥离义务人与潜在买方就剥离事项产生的争议;应商务部的要求提交其他与剥离有关的报告;不得披露其在履行职责过程中向商务部提交的各种报告及相关信息。《附加限制性条件规定》第 22 条明确了剥离受托人的职责:在受托剥离阶段,剥离受托人负责为剥离业务找到买方并达成出售协议;剥离受托人有权以无底价方式出售剥离业务。上述规定标志着我国经营者集中救济中的受托人监督制度已经形成基本制度框架,但这些规定仍然比较概括抽象,可操作性不强,需要进一步加以完善。建议我国尽快发布《受托人委托协议示范文本》和《受托人委托协议示范文本的最佳操作指南》,以进一步细化和完善监督受托人和剥离受托人的相关职责,并保持一定程度的灵活性和开放性,增强集中当事人签订协议的便利性和可预见性,提高反垄断执法机构工作的效率和透明度,确保不同案件结果的一致性和确定性。

监督受托人职责制度是经营者集中救济中受托人监督制度的核心内容,任命监督受托人已经成为经营者集中救济中的普遍做法。由于我国引入监督受托人制度的时间不长,缺乏具有良好职业素养的监督受托人;由于我国对监督受托人职责制度的现行规定仍然比较粗疏,缺乏可操作性;由于我国监督受托人在实践中如何履行职责,还没有规范的做法和成熟经验。因此,完善我国经营者集中救济中的监督受托人职责制度尤为重要而迫切,建议重点把握以下几个方面:

第一,细化剥离业务的维持和独立性。在剥离期间进行业务剥离时,由于具体情况千差万别,各个案件中需要维持的规模和深度均有所不同。例如,被剥离业务并非是独立企业,其维持措施通常会非常复杂困难;如果企业资产同其商标相关联,困难就会更大。因此,建议我国在《受托人委托协议示范文本》中细化有关维持剥离业务独立性的规定:根据良好的商业惯例,维持剥离业务的存续性、可售性和竞争性;尽可能降低剥离业务竞争潜力丧失的任何风险;集中当事人为剥离业务提供足够的资源,以保证其根据现有商业计划及其延续部分进行发展;集中当事人采取所有合理步骤,包括适当的激励机制(根据商业惯例),促使所有主要人员保留在剥离业务中。

第二,新设代替董事会成员职责。当监督受托人具有监督受托人和董事会成员双重角色时,将产生利益冲突。此时,监督受托人有权更换剥离业务中代表该集中当事人任命的监事会成员或董事会非执行董事。例如,集中当事人双方承诺剥离他们在企业中的小股东,以消除在相关市场上出现双寡头支配。双方的董事会成员由一个监督受托人代替。该监督受托人在合营企业中的一项重大规模商业交易代表着集中当事人各方的利益。因此,建议我国在《受托人委托协议示范文本》中规定,在特定情况下,监督受托人有权代替剥离业务中代表集中当事人任命的监事会成员或董事会非执行董事。在监督受托人的要求下,集中当事人应辞退董事会成员或促使该类成员从董事会辞职。监督受托人代表应为受托人团队中的 1 名或多名成员。这一规定将确保监督受托人灵活主动应对具体案件的具体情况。

第三,强化独立性的保障措施。监督受托人的独立性是监督受托人全面正确履行职责的重要前提和条件。借鉴欧盟的做法,我国《附加限制性条件规定》第 18 条第 4 款已经作出了原则性规定:"剥离义务人应与监督受托人和剥离受托人签订书面协议,明确各自权利和义务。"剥离义务人应负责支付监督受托人和剥离受托人报酬。剥离义务人应对监督受托人、剥离受托人和剥离业务买方提供必要的支持和便利。但实践中出现的很多具体问题还缺乏明确的依据。建议我国在《受托人委托协议示范文本》中结合实践中已经出现的典型性问题,进一步完善监督受托人独立性保障措施的规定,既要坚持《附加限制性条件规定》的原则性规定,又要体现实践中的可操作性。例如,对固定费用报酬和小时费率报酬、事先估算费用和封顶收费总额作出具体灵活的制度设计和安排。

第四,增设行为性救济中的职责。行为性救济中监督受托人的职责与结构性救济中监督受托人的职责存在明显的差异。在剥离案件中,监督受托人面临的挑战是避免更多地参与剥离业务的管理,理解向集中当事人建议遵守承诺措施和向他们施加一些措施之间的本质差别。在行为性救济案件中,如果存在产业部门监管者,那么,它们可能是监督受托人合适的替代者,因为,它们可能提供一个更广泛的救济范围和监督救济的机会。① 如果不存在产业部门监管者,监督受托人面临执行主要监管者职责的挑战,以及寻找对集中当事人的业务干预甚少或者干预甚多之间适当平衡的挑战。②我国《附加限制性条件规定》主要是针对结构性救济尤其是剥离业务的情形作出规定,对于其他种类限制性条件的实施,则可以比照适用有关剥离的相应规定。考察我国经营者集中救济的实

---

① 参见袁日新:《互联网产业经营者集中救济的适用》,载《河北法学》2014 年第 1 期。

② See Jonas S. Brueckner and Thomas Hoehn, "Monitoring Compliance with Merger Remedies—The Role of the Monitoring Trustee", *Competition Law International* September, 2010, p. 73.

践,行为性救济的案件数量居多。因此,建议我国在《受托人委托协议示范文本》中针对行为性救济与结构性救济分开设置监督受托人的职责,可以及时总结现有的执法经验,结合行为性救济案件的特点,对行为性救济实施中监督受托人的职责作出具体明确的规定。例如,监督剥离义务人与第三人的供应合同或分销合同的价格、数量;审核剥离义务人与第三人的知识产权许可条款等;审核与救济相关的合同;建立内部防火墙制度等。

第五,增加争议仲裁解决机制。在经营者集中救济尤其是行为性救济实施中,可能发生集中当事人不履行对相关第三人的承诺、拒绝签订供应协议、不履行或者不完全履行已经签订的协议等情况。这类争议本质上仍然属于平等主体之间的合同纠纷或财产权益纠纷,通过仲裁机制可以弥补调解和诉讼解决途径的不足,有助于解决争议的迅捷性和便利性,有助于节约执法机构的资源和成本。欧盟《集中救济通告》中直接规定了争议的仲裁解决机制:"由于非剥离承诺的长期性和复杂性,它们通常要求很高的监督职责和特别的监督工具,以使委员会认为它们将会被有效实施。因此,委员会经常要求一个受托人参与监督这种承诺的执行,并且要求建立一个快速仲裁途径,以提供一个争议解决机制和使市场参与者自己执行承诺。"①欧盟《受托人委托协议示范文本》也明确规定,如果出现有关委托协议项下委托双方的义务的争议,委托协议当事人可以约定通过仲裁解决该等问题。仲裁机制已经成为欧盟解决经营者集中救济实施过程中争议的有效手段之一。监督受托人在仲裁程序中承担着重要的职责。一方面,在仲裁程序的各个阶段,监督受托人通常需要向仲裁庭提供协助;另一方面,监督受托人有时也可能作为专家证人参与仲裁来解决这类纠纷。②因此,建议我国在《受托人委托协议示范文本》中增加设置争议仲裁解决机制的规定,拓展相关争议解决途径,既符合国际发展趋势,又可以有效解决相关当事人之间的利益争议。

第六,明确法定资格的条件。监督受托人的工作专业性很强,一定的法定资格条件是其准确合适履行职责的保障。欧盟明确规定,监督受托人应当具备履行委托事项的必要资格。我国《附加限制性条件规定》第19条只是具体列举了监督受托人应当符合5项基本要求,这些要求在实践中仍然缺乏可操作性。

---

① Commission Notice on Remedies Acceptable under Council Regulation (EC) No. 139/2004 and Commission Regulation (EC) No. 802/2004, Official Journal of the European Union, 2008, p. 119.

② See OECD Policy Roundtable, Remedies in Merger Cases, 2011, p. 25.

例如，在受托人尚未接受任命之前，如何提出可行的工作方案值得商榷。另外，我国有关机构和个人还缺乏作为监督受托人的从业经验，对实践中出现的问题缺少有效的应对措施。我国迫切需要培育和发展监督受托人这一特殊市场主体，促使其在经营者集中救济实施中发挥更大的作用。因此，建议我国及时总结现有的初步实践经验，可以针对机构受托人和个人受托人，分别明确规定不同类型监督受托人的法定资格条件。在条件成熟的时候，我国还有必要建立监督受托人备选库，提高监督受托人选任的快捷性和有效性。

（五）公共利益测试制度

建立公共利益测试制度是经营者集中救济的一项重要内容，就是要通过立法明确规定社会公众的参与权及参与途径。世界主要国家和地区的实践对公共利益的测试主要通过程序公开来实现，相关主体知悉经营者集中救济承诺的具体内容后，可以进行评论并发表个人看法或者提出合理意见。就我国而言，可以规定商务部在经营者集中救济承诺审查阶段，应当将救济承诺的具体内容予以公布，以使社会公众能及时提出评论意见，确保集中交易符合公共利益并具有现实可行性；商务部吸纳相关主体合理意见而修改救济承诺内容的，修改后的内容也应再次公布。建立公共利益测试制度不仅有助于社会公众参与社会事务管理，体现执法民主，而且有助于商务部平衡各种利益关系，确定各方都能接受的方案，从而更好地实施经营者集中救济审查决定。

另外，美国的公共利益测试制度比较独特，法院承担公共利益审查职责。在作出同意判决之前，由法院确认该同意判决的发出是为了社会公众的利益。法院在救济的选择过程中拥有广泛的自由裁量权。例如，一个同意判决要求被告：（1）处理子公司；（2）产生一个具有合适的资产和人员的公司与被告进行有效竞争；（3）以合理的使用费或者免费向被告的竞争者开放专利、商标、商业秘密或者专有技术；（4）修改关于被告的购买或销售条件；（5）废除、缩短或者修改与竞争者、供应者或消费者的未履行协议。在作出判决后，法院可能面临监督遵守同意判决的难题。法院通常保留修改同意令的管辖权，要求被告提交定期报告，并赋予司法部参与被告事务的权力。①

鉴于此，我国《反垄断法》没有明确规定基于公共利益的个案司法审查制度，为了避免经营者集中救济过程中各方超越公共利益范畴的现象发生，应该

---

①　参见［美］菲利浦·阿瑞达、路易斯·卡普洛：《反垄断法精析：难点与案例》，中信出版社 2003 年版，第 61 页。

在《反垄断法》或者《反垄断法实施细则》中规定,所有与公共利益相关的个案都应该公布并接受司法审查。“法院在保护公共利益中的角色不在于必须辨明某一特定的同意裁决将最有利于服务社会,而在于确保政府在达成同意裁决的过程中没有违反职责及该和解是否在公共利益的考量范围之内。”①

二、我国经营者集中救济的执法完善

(一)集中当事人权利保障制度

权利与义务是法律制度结构中的核心问题,同时也是部门法研究的中心问题。② 根据“权义—结构”理论,经济法主体享有哪些职权与权利,应履行哪些职责和义务,是经济法制度中的核心问题。作为经济法核心的反垄断法律制度的一个重要组成部分,经营者集中救济制度中主体间的非均质性、不对称性和差异性表现明显。反垄断执法机构与集中当事人不仅具有不同的行为能力,也有不同的权力(利)与义务体系。为防止公权力对市场主体利益造成侵害,实现主体间的制约与平衡,必须在双方权义结构上形成一种“对抗性”或“制衡性”,以便在经营者集中救济过程中尽量减少命令与服从的强制色彩,增强合意与自治因素。因此,权义体系构建上的平衡应贯穿于经营者集中救济过程的始终。

从经营者集中救济实质上也是一种执法和解的角度来看,其具体可以包括:和解权与拒绝和解权;和解启动权与和解申请权;公开义务与陈述意见权;履约义务与救济权、重新调查权。③ 这对于保持反垄断执法机构与集中当事人在经营者集中救济过程中的权义平衡,无疑会有诸多助益。例如,在欧盟,一个企业由于被指控而作出承诺,欧盟委员会接受后使其成为承诺决定的当事人,该企业是否可以根据《共同体条约》第 230 条提出异议呢?答案是肯定的,例如,欧盟委员会逾越了其接受承诺的自由裁量权就是一个理由。④

另外,集中当事人享有的权利也不可以滥用,为了保障经营者的理性预期,保证经营者集中救济确定与实施中的动态一致性,许多国家和地区通常限制修改或者撤销经营者集中救济承诺的内容。例如,在美国司法部的同意判决中,

---

① 蒋悟真:《反垄断法中的公共利益及其实现》,载《中外法学》2010 年第 4 期。

② 参见张守文主编:《经济法学》,北京大学出版社 2006 年版,第 76 页。

③ 参见焦海涛:《反垄断执法和解中的利益平衡》,载《西南政法大学学报》2007 年第 4 期。

④ See Wouter P. J. Wils, “Settlements of EU Antitrust Investigations: Commitment Decisions under Article 9 of Regulation No. 1/2003”, *World Competition*, 2006(3), pp. 345 - 366.

尽管双方均可向法院申请修改判决内容，但如果任何一方不同意，则法院很少许可。同意判决生效后与一般诉讼判决无异，被告对其违反被视为“藐视法庭”。①

（二）反垄断执法机构约束制度

我国目前反垄断执法机构，一方面，缺乏独立性、权威性；另一方面，又缺乏自我约束与外部约束。② 反垄断执法机构作出的决定，利益相关方既无法参与，也无从判断如何作出，更无法监督。为了约束反垄断执法机构，防止集中当事人受到损失，除了进行必要的执法监督外，还可以建立一些约束制度。

首先，合理配置经营者集中救济的执法资源。在反垄断日益向管制化发展的背景下，反垄断执法机构无疑在反垄断的目标实现过程中扮演更为重要的角色，同时也在实现自身角色的转变。③ 考察美国经营者集中救济的立法与实践，可以发现，反垄断执法机构在一定程度上掌握和控制着经营者集中救济的进程和方向。美国司法部反垄断局下属业务办公室（The Office of Operations）收到集中当事人申报后，将根据案件的不同类别分别移交至不同的集中交易审查办公室（Civil Sections），各审查办公室独立负责集中案件的调查、救济方案商谈和起诉。2004 年《集中救济指南》规定，集中案件审查办公室同时负责同意令的遵守和实施。2011 年《集中救济指南》则将同意令的遵守和实施赋予反垄断局新成立的总法律顾问办公室，将集中审查机构与监督实施机构予以分离，以确保同意令能得到严格遵守和实施。对于我国而言，面对《反垄断法》实施方式的演化，应当首先考虑将有限的社会资源投入和反垄断执法机构相关的制度建立和完善上。我国负责经营者集中反垄断执法的商务部反垄断局下设 7 个处，分别是办公室、竞争政策处、商谈处、法律处、经济处、监察执法处、委员会协调处，这些处、室处理和应对日益增多的经营者集中案件力所不及，而且资源配置不尽合理。建议我国未来，一方面，增加商务部反垄断局执法的人员编制和财政预算，充实商务部反垄断局经营者集中附条件执法的资源和能力；另一方面，合理设置商务部反垄断局内部机构，可以根据产业类型设置专门负责各相关产业

---

① 盛杰民、焦海涛：《反垄断法承诺制度的执行难题与激励》，载《清华法学》2009 年第 2 期。

② 参见李剑：《如何制约反垄断执法机构——反垄断执法机构的独立性与程序性制约机制》，载《南京师范大学学报》2010 年第 5 期。

③ 参见李剑：《反垄断私人诉讼困境与反垄断执法的管制化发展》，载《法学研究》2011 年第 5 期。

的调查机构，同时，设置独立于调查机构的专门负责附条件履行的监督机构，尽力实行调查机构、审理机构和监督机构之间的分工与合作，[①]从而加强经营者集中救济案件的有效实施。

其次，建立经营者集中救济审查决定说明理由制度。美国学者柯恩提出一种“作为理由之治的法治”理念，他指出：“法治的概念已与法律决定的做出者应当提供理由证成其决定这一观念不可分离。”“法律理由的给出即使不是法治观念唯一的本质属性，至少也是其中之一……如果一个法律体系的决定没有公开、清楚、有力的理由支持，那么这一法律体系就会被认为不符合法治。”[②]这一理念具有合理性和正当性，而且，美国、欧盟等国家和地区都有类似制度，运作效果比较良好。鉴于此，我国商务部应当遵循这一理念建立经营者集中救济审查决定说明理由制度。目前，在经营者集中反垄断审查方面，商务部每起案件的公告是最为主要的权威信息，除通过公告了解案件的最终决定外，社会各界对于公告决定文本还寄予了更大的期望，希望通过公告决定文本了解更多、更为详细的执法过程信息。商务部不仅应当使公告决定文本尽量更详细一些，而且应当增加审查决定理由说明。“给出理由意义重大，这不在于不太好的行为或决定可能因为他们提供了肯定性的理由这一事实而变得公正，也不在于如果这些决定有理由支持，不正义也许会变得不那么不公正了，而在于给出理由的义务会促使作出决定者选择公正的结果。”[③]可以预见，商务部给出决定理由说明，对于日后相关集中申报会有更为明晰的指引作用，有助于节约日后的执法成本与市场交易成本，有助于激励商务部公正执法。

最后，建立一种惩罚性或补偿性的责任追究机制。反垄断执法机构作为政府的一个部门，存在“失败”的可能，并不总像应该的那样或像理论上所说能够做到的那样“有效”的状态。[④] 建立一种惩罚性或补偿性的责任追究机制的主要目的在于威慑和制裁反垄断执法机构的趋利性执法，尽量避免应当作为而不作为或应当不作为而作为，导致干预不足或者干预过度，从而将其趋利性执法降低为零甚至负数。在具体制度运作中，可以将反垄断执法机构的各项执法权

---

① 参见刘武朝：《经营者集中附加限制性条件制度研究》，中国法制出版社 2014 年版，第 234 页。

② [美]玛蒂尔德·柯恩：《作为理由之治的法治》，杨贝译，载《中外法学》2010 年第 3 期。

③ 同上。

④ 参见忻林：《布坎南的政府失败理论及其对我国政府改革的启示》，载《政治学研究》2000 年第 3 期。

及相应的责任分解到岗、到人，梳理执法依据，建立“权力清单”，在此基础上，利用各种技术手段建立科学的评议考核机制是完善行政执法责任制不可或缺的条件。建立一种惩罚性或补偿性的责任追究机制，重在有错必究。具体过错追究，可以根据过罚相当的原则，区分故意或者过失不同情形区别对待。

（三）既往案件回顾研究制度

反垄断政策是市场经济国家基本的经济政策，推动竞争和维护竞争机制是国家一个长期策略，而不是一时的权宜之计。我们应当加强对《反垄断法》的研究。[①] 经营者集中救济是一项崭新的、富有特色的反垄断法律制度，即使对于《反垄断法》实施100多年的国家也是如此。回顾研究的一个重要优点是它们能够提供大量的事实而不是没有事实根据的观点。有时，一项声明只是来自一个案外专家对于某一交易所可能具有的竞争效果的观点，而并没有通过反垄断执法机构调查获得的证据的支持。因为，它们并不是以反垄断执法机构院所依靠的数据和证据为基础作出经营者集中救济审查决定的，这样声明的意义是有限的。同样，企图以立案的全部案例或者有争议的案例为基础来评价经营者集中救济的实施效果会造成无法挽回的瑕疵。任何有益的经营者集中救济实施效果评估必须以具体案例事实的仔细分析为切入点。“事实是坚硬的事物。不管我们的希望、我们的意愿、我们感情的指令是什么？它们都不能改变事实和证据的状态。”[②]

经营者集中救济既往案件回顾研究已经成为美国、欧盟以及英国的普遍做法。考虑到经营者集中救济对于我国执法者和学者都是一个新生事物，都需要一个学习和认识的过程，我国也有必要确定经营者集中救济案件定期回顾研究制度，通过包括执法者、实务人士和学者在内的回顾研究，不断提升我国经营者集中救济的整体理论水平和实务能力，使之更好地实现制度设计的初衷。

在回顾研究中，需要注意的是，即使是从最好的回顾中分析和吸取教训也是相当困难的：一是在没有重新进行市场调查的情况下，很难全面确定一些救济的市场效果；二是一些外因可能影响所观察到的市场结果；三是为了评估一项救济对市场的影响，回顾研究可以将实际的市场发展与没有救济的情况下可

---

① 参见王晓晔：《王晓晔论反垄断法》，社会科学文献出版社2010年版，第104页。

② Thomas Barnett, "Current Issues in Merger Enforcement: Thoughts on Theory, Litigation Practice, and Retrospectives", Accessed September 7, 2015. http://www.usdoj.gov/atr/public/speeches/234537.htm.

能产生的结果进行比较。访谈方法被证明是获得产业参与者对这些问题看法的有用方法,但所有的假设情况毕竟都是推测的。[①] 对此,研究者要心中有数,并且予以权衡和比较,从而得出比较客观的结论。

(四)竞争合规制度

竞争合规不仅是企业管控潜在竞争违规风险的重要手段,而且是反垄断执法机构推进竞争机制的重要路径。[②] 当前,经济全球化正在加快发展,国际、国内竞争日益激烈,经营者集中浪潮风起云涌,任何经营者想要在国际竞争中赢得优势,都必须积极应对各种风险的挑战。随着我国《反垄断法》的实施,任何达到经营者集中申报标准的案件都必须向我国商务部进行申报,这无论对于国内企业,还是国外企业,都不是一件轻松的工作。反垄断执法是专业性和技术性非常强的一项工作,特别是对于经营者集中案件。一般来说,在申报阶段,集中当事人要面对各种各样的表格,在经营者集中救济商谈阶段更要反复斟酌各种表格的内容,以获得批准,缺少精深的专业知识和娴熟的操作技巧是难以成功的。因此,建议商务部凭借自身的专业和经验优势,尽早制定和发布经营者竞争合规示范文本,为拟议集中的经营者提供指引,推进它们规范竞争,降低反垄断违法风险。同时,为经营者建立竞争合规制度提供适当激励,例如,对于建立竞争合规制度的经营者给予豁免资格的优先考虑,或者对其违法行为予以从轻处罚。[③]

(五)国际交流与合作的常态化制度

目前,世界主要国家与地区的反垄断执法机构都非常重视交流与合作,在经营者集中救济相关信息发布中更强调案件处理的国际交流与合作,例如,美国就与欧盟、加拿大、澳大利亚以及墨西哥等国家和地区在相关案件处理中联系密切。这些国家与地区间的交流与合作一般都基于双边合作协议。与它们相比,我国反垄断法实施时间还很短,经验还不足。我国正成为全球经营者集中领域重要的反垄断审查力量之一,今后会有越来越多的案件同时涉及多个司法辖区的反垄断审查,适当的合作与协调非常必要。我国应该积极推进与这些国家和地区之间的反垄断执法合作协议的建立,尤其是寻求与反垄断法律制度

---

① See DG Competition European Commission, Merger Remedies Study, 2005, p. 17.

② 参见丁茂中:《英国竞争合规指引机制的考察与思考》,载《价格理论与实践》2014 年第 9 期。

③ 参见张占江:《竞争倡导研究》,载《法学研究》2010 年第 5 期。

比较成熟的国家和地区进行交流与合作，以解决我国经营者集中救济实施中的技术难题。并且，通过与其他国家和地区执法机构进行沟通和交流，特别是对一些重大典型案例进行充分交流后，可以提高我们的审查和分析能力。2009年，商务部与美国贸易发展署签署的《谅解备忘录》，正式启动了“中美反垄断法技术协助项目”即为一个典范。我国应当与其他国家和地区构建一个执法者之间的经常电话会议、学术研讨会、案例研究会、专题研究会等各种常态化交流制度。我们的视野应当更广阔一些，步伐应当更大一些，还要积极参与国际竞争网络等有关国际组织的活动，表明我国的态度和立场，主动提高自己的地位，扩大自己的影响，争取在国际竞争法领域发挥应有的作用。

三、我国经营者集中救济的司法完善

（一）反垄断公益诉讼制度

维护社会公共利益是反垄断法的基本目标之一。如何实现这一目标？从世界主要国家和地区的立法与实践来看，主要有三种不同方式：行政执法救济方式、民事诉讼救济方式和刑事诉讼救济方式。在我国，对社会公共利益的救济方式偏重于行政执法救济，这往往很难实现，事实证明效果也不佳。有学者很早就建议，我国应在借鉴国外先进经验的基础上，建立反垄断公益诉讼制度。① 随着我国《反垄断法》的实施，我国有必要加快反垄断公益诉讼制度构建，这对于经营者集中救济制度具有更加特别的意义。经营者集中涉及非常广泛的公共利益，一项经营者集中案件经常成为报纸的头条新闻，对于竞争者、供应商、客户和当地社区来说，一项重大集中交易的宣布是产业竞争力量均衡、就业机会的地理分布和公司支出等发生变化的明显征兆，很快就将吸引竞争者、雇员、个体市民、执法机构官员以及法院的注意力。通过反垄断公益诉讼制度的建立为社会公共利益的保护提供一个有效的司法救济途径。

（二）第三人权利救济制度

经营者集中救济制度不只是反垄断执法机构与集中当事人之间的事情，还涉及利害关系人的利益。怎样构建制度确保他们的利益不受损害是反垄断执法机构必须考虑的。在这方面，建立有效的权利救济制度至关重要。在许多国家和地区，为了保障经营者集中救济制度运作的有效性，受到损害的人可以依

① 参见颜运秋、周晓明：《竞争公益诉讼的法理与规则》，载《南华大学学报》2003年第3期。

法获得司法救济。在美国,联邦最高法院在埃尔帕索(El Paso)案中,推翻了不允许在同意判决阶段第三人干预反垄断诉讼案件的意见。此后,第三人不断援引《联邦民事程序规则》第 24 条第(a)(2)款寻求权利救济。根据该条规定,如果第三人能够证明:(1)同意判决对其保护财产权或者交易的能力造成了实质损害;(2)其权益不能被现有当事人充分表达的,可以要求法院给予权利救济。① 因为,同意判决和一般合同一样不应影响第三人的权利,第三人有权通过独立的诉讼主张权利。② 在欧盟,尽管《1/2003 号条例》对承诺决定的程序没有任何规定,但同其他决定一样,任何受到直接和单独影响的公司可以依据《共同体条约》第 230 条提出控诉,例如,在阿尔罗萨诉欧盟委员会案(Alrosa v. Commission)③中,受生效的承诺直接和单独影响的第三人成功地向初审法院提起诉讼要求撤销承诺决定;在 2007 年 10 月 25 日,初审法院宣布承诺决定无效的伊斯塔瑟—艾玛瑞尼诉欧盟委员会案(Estaser EIMareny v. Commission)④以及后来的伊瓦瑞斯图—莫里纳公司诉欧盟委员会案(Transportes Evaristo Molina v. Commission)⑤中,第三人都申请撤销欧盟委员会的承诺决定。因此,赋予第三人司法救济权是保障第三人权利的关键,我国在反垄断诉讼的制度构造中,原告的范围应当扩大,"不仅指既存的、已察觉的、可确定的特定个人,还包括没有被察觉的以及将要受到损害的潜在受害者",⑥从而更好地保障利益相关方的合法权益。

---

① 参见[美]菲利浦·阿瑞达、路易斯·卡普洛:《反垄断法精析:难点与案例》,中信出版社 2003 年版,第 65 页。

② See Larry Kramer, "Consent Decrees and the Rights of Third Parties", *Michigan Law Review* 87, 1988, pp. 321 – 365.

③ See case T – 170/06 Alrosa v. Commission, CFI, Judgement of 11 July 2007, paras, 96, 130.

④ See case T – 274/06 Estaser EIMareny v. Commission, CFI, dismissed by Order of the CFI of 25 October 2007.

⑤ See case T – 45/08 Transportes Evaristo Molina v. Commission, [2008] OJC 92/36.

⑥ 刘水林:《反垄断诉讼的价值定位与制度建构》,载《法学研究》2010 年第 4 期。

结　语

《反垄断法》是与市场最为契合的政府调控、监管经济的有效工具。“作为政策性的法，反垄断法中没有一个法条可以直接套用于实际案例，其有效实施高度依赖于经济活动当事人、政府、法律工作者、司法机关和整个社会形成恰当的市场经济理念。”[①]我国反垄断法律传统的缺失对反垄断立法、执法和司法的能力、水平以及技巧都提出了更高要求。在《反垄断法》实施过程中，市场活动主体参与公共政策的形成，通过“政府—企业”的公共交涉促进政府调控、监管经济的实践理性日益成熟，已经成为现代市场经济法治的重要特征。

反垄断法可以分为两种类型：预防性的和纠正性的。预防性的反垄断法宣布那些降低或消除竞争的行为为非法。纠正性的反垄断法试图消除已存在的垄断权力，或者至少约束这种权力的执行。经营者集中控制是唯一一个预防性反垄断法的例子。[②] 经营者集中控制的目标不是简单禁止集中交易，而是寻求一种以最合适的方式降低或者消除集中产生的反竞争效果，确保经营者集中能够发挥积极的影响，以促进规模经济的增长，推动产业的升级和资源在全社会范围内的优化配

---

① 史际春、赵忠龙：《竞争政策：经验与文本的交织进化》，载《法学研究》2010 年第 5 期。

② 参见[美]乔治·J. 斯蒂格勒：《产业组织》，王永钦、薛锋译，上海三联书店 2006 年版，第 400 ~ 401 页。

置,在维护有效竞争中形成对社会成员的激励,确保市场繁荣和社会福祉的不断增加。经营者集中救济就是为满足这种现实需求而进行的制度安排,是经营者集中反垄断控制制度的组成部分和自然延伸,已成为世界各国和地区控制经营者集中的最佳选择,能够实现保护市场竞争、促进集中效率和维护各方利益的多元共赢的目的。经营者集中救济,是政府通过反垄断法适度干预市场的一种制度安排,是政府控制经营者集中的有用工具,是民众参与公共治理的有效途径,是现代反垄断法回应社会需要的制度创新。

经营者集中救济制度作为反垄断法中的一项极富特色的制度,在其不断发展的过程中,需要从内部形成它自身的发展道路,并尽可能地从其自身的概念和观念的逻辑中推论出解决问题的答案。经营者集中救济,是指在经营者集中反垄断审查过程中,为了消除集中可能对竞争产生的损害,由参与集中的经营者向反垄断执法机构作出相关承诺,从而反垄断执法机构批准集中的一项法律制度,实质上是一种事前预防性制度安排,是经营者集中反垄断法控制的有效工具。经营者集中救济具有目标的多元性、主体的特定性、对象的针对性、选择的灵活性和实施的动态性等特征。经营者集中救济的目标从来不是唯一的,而是多元的且具有层次的,包括直接目标、间接目标和终极目标三个方面。其中,经营者集中救济的直接目标是恢复市场竞争,间接目标是促进市场竞争,终极目标是提高消费者福利。从正负功能角度来看,经营者集中救济具有整合、分配、激励和维护四个积极功能,同时也具有一些消极功能,我们在肯定其积极功能的同时,也要关注其消极功能。经营者集中救济的原则是贯穿于经营者集中救济各个环节的基本准则,是实现经营者集中救济目标的重要保证,经营者集中救济应当遵循必要性原则、比例性原则、确定性原则、有效性原则和透明性原则等基本原则。

经营者集中救济制度的具体运作包括经营者集中救济的确定、实施、监督、复审和制裁五个密切联系、不可分割的环节。经营者集中救济的确定是经营者集中救济运作的首要环节,是决定经营者集中救济成功与否的关键要素,是对违反经营者集中救济进行制裁的重要基础。经营者集中救济的实施是经营者集中救济具体运作的核心和焦点问题。反垄断执法机构和集中当事人均要履行各自的职责和承担相应的义务,具体遵守和贯彻实施经营者集中救济承诺或者同意判决,努力实现经营者集中救济的目标。经营者集中救济的监督是要掌握和控制经营者集中救济运作的正确方向,通过各种有效制度确保实现经营者集中救济实施的最佳效果,确保经营者集中救济运作过程和运作结果的正当性、合法性与合理性。在经营者集中救济实施过程中,随着市场环境的发展变化,经营者集中救济最初确定的反竞争效果也可能发生变化,原先适用的经营者集中救济解决竞争关注的合适性和有效性会受到质疑,有必要进行相应的调整,以确保经营者集中救济持续有效地解决竞争问题,这就是经营者集中救济复审制度的设计初衷。世界主要国家和地区对违反经营者集中救济的行为,都根据各自的立法规定和司法体制给予一定制裁,以确保经营者集中救济的有效实施。违反经营者集中救济的行为是违法实施经营者集中的一种形态,对其制裁不仅是为了维护法律的严肃性并对潜在的违法行为加以警示,更重要的是要消除违法集中产生的反竞争效果。

不同产业的市场结构状况不同,不同产业影响市场结构的因素不同,经营者集中救济的适用也会有所不同。传统产业主要是以产品价格、种类、位置和服务为基础展开竞争,反垄断执法机构在审查传统产业经营者集中时相对比较容易。结构性救济是解决传统产业经营者集中产生的竞争问题的优先选择,原因在于横向竞争问题主要被限制在具体重叠部分。同时,不扩张条款、终止排他纵向协议、不使用商标条款、不竞争条款、不歧视条款等行为性救济也有所适用。高技术产业主要是以技术创新和产品集聚为竞争过程的重要动力,反垄断执法机构在审查高技术产业经营者集中时比传统产业面临更多的困难和挑战。在高技术产业适用经营者集中救济,反垄断执法机构倾向于接受包括结构性救济和行为性救济的"一揽子"救济包,同时,在设计和选择经营者集中救济类型时,反垄断执法机构必须努力实现潜在冲突的政策之间的平衡。

美国和欧盟的经营者集中救济制度经过多年的实践和完善,已经发展成为一项比较完备而精良的制度,形成了一套严密而复杂的实体标准和程序规则。正是有了这样一套比较完善的制度和规则,美国和欧盟经营者集中救济制度才取得了良好的实际效果,积累了丰富的经验教训,对我国经营者集中救济的有效实施具有重要的启示和借鉴意义。

我国《反垄断法》对经营者集中救济制度作出了原则性规定,作为经营者集中反垄断控制组成部分的经营者集中救济制度已经正式确立,经营者集中救济制度在我国经营者集中反垄断审查实践中也已经得到了广泛应用。但是,我国经营者集中救济制度立法和执法方面尚存在诸多问题,需要更新基本理念和完善具体制度。

在基本理念方面:(1)确定我国经营者集中救济的多重目标,建议明确规定:商务部所附加的限制性条件,能够恢复市场竞争,促进市场竞争,维护消费者利益;(2)确立我国经营者集中救济的基本原则,建议明确规定:我国经营者集中救济的适用,必须坚持必要性原则、比例性原则、有效性原则、可行性原则、及时性原则和透明性原则。

在具体制度构建方面,一是在立法上:(1)增加规定先行修正制度的内容,以弥补现行立法的缺憾;(2)完善买方前置制度,建议增加其他情形的规定,以应对实践中出现的特殊情形;(3)完善皇冠宝石制度,建议具体列举皇冠宝石制度常见的适用情形,包括首选方案的核心部分可能涉及第三方的权利、剥离业务存在可售性的风险、合适买方稀缺风险、剥离期间拟剥离业务大幅贬值风险等情形;(4)完善受托人监督制度,具体从细化剥离业务的维持和独立性、新设代替董事会成员职责、强化独立性的保障措施、增设行为性救济中的职责、增加争议仲裁解决机制和明确法定资格条件等方面加以完善;(5)建立公共利益测试制度,在经营者集中救济承诺审查阶段,应当将救济承诺的具体内容予以公布,以使社会公众能及时提出评论意见,修改后的内容也应再次公布。二是在执法上:(1)完善集中当事人权利保障制度,保持反垄断执法机构与集中当事人在经营者集中救济过程中的权义平衡;(2)完善反垄断执法机构约束制度,形成反垄断执法机构自我约束与外部约束互动机制;(3)建立既往案件回顾研究制度,以为反垄断执法机构未来的执法工作与制度完善提供经验数据、资料与信息参考依据,从而提高未来的执法能力;(4)加强竞争合规制度,为拟议集中的经营者提供指引,推进他们规范化竞争;(5)强化国际交流与合作的常态化制度,以解决我国经营者集中救济实施中的技术难题,进一步提高我们的审查和分析能力。三是在司法上:(1)构建反垄断公益诉讼制度,有效维护经营者集中救济实施中的社会公共利益;(2)建立第三人权利救济制度,确保经营者集中救济中利益相关方的权利不受损害。

"只有那些以某种具体的和妥切的方式将刚性与灵活性完美结合在一起的法律制度,才是真正伟大的法律制度。在这些法律制度的原则、具体制度和技术中,它们把稳定连续性的优长同发展变化的利益联系起来,从而获得了一种在不利的情形下也可以长期存在和避免灾难的能力。要实现这一创造性的结合,是极为困难的,因为这要求立法者具有政治家的敏锐、具有传统意识以及对未来之趋势和需求的明见,还要求对未来的法官和律师(包括执法者。——作者注)进行训练;这种训练强调专门的司法方法(以及执法方法。——作者注)所特有的持久特征,同时还不能忽视社会政策和正义的要求。只有在法律文化经历了数个世纪缓慢且艰难的发展以后,法律制度才能具备这些特性,并使其得到发展。"[①]《反垄断法》中的经营者集中救济制度是管制与自治完美结合的产物，是对经营者集中引起的竞争关注给予的建设性和合作性回应，其本身具有强大的生命力和创造力，相信它将会在自身发展的进程中不断演绎经典的反垄断法故事。

① [美]E. 博登海默：《法理学：法律哲学与法律方法》，邓正来译，中国政法大学出版社2005年版，第423～424页。

主要参考文献

一、中文文献

(一)著作

1. 王晓晔:《企业合并中的反垄断问题》,法律出版社 1996 年版。

2. 王晓晔主编:《反垄断法与市场经济》,法律出版社 1998 年版。

3. 王晓晔:《竞争法研究》,中国法制出版社 1999 年版。

4. 王晓晔:《欧共体竞争法》,中国法制出版社 2001 年版。

5. 王晓晔、[日]伊从宽主编:《竞争法与经济发展》,社会科学文献出版社 2003 年版。

6. 王晓晔主编:《经济全球化下竞争法的新发展》,社会科学文献出版社 2005 年版。

7. 王晓晔主编:《中华人民共和国反垄断法详解》,知识产权出版社 2008 年版。

8. 王晓晔主编:《反垄断法热点问题研究》,社会科学文献出版社 2008 年版。

9. 王晓晔主编:《反垄断法实施中的重大问题》,社会科学文献出版社 2010 年版。

10. 王晓晔:《王晓晔论反垄断法》,社会科学文献出版社 2010 年版。

11. 王晓晔:《反垄断法》,法律出版社 2011 年版。

12. 安建主编:《中华人民共和国反垄断法释义》,法律出版社 2007 年版。

13. 曹康泰主编:《中华人民共和国反垄断法解读——理念、制度、机制、措施》,中国法制出版社 2007 年版。

14. 董红霞:《美国欧盟横向并购指南研究》,中国经济出版社 2007 年版。

15. 范建得、庄春发:《公平交易法——独占、结合、联合》,台北,汉兴书局有限公司 1999 年版。

16. 韩立余:《经营者集中救济制度》,高等教育出版社 2011 年版。

17. 韩伟:《经营者集中附条件法律问题研究》,法律出版社 2013 年版。

18. 黄勇:《国际竞争法研究》,中国友谊出版公司 2003 年版。

19. 季卫东:《法律程序的意义:对中国法制建设的另一种思考》,中国法制出版社 2004 年版。

20. 赖源河编审:《公平交易法新论》,中国政法大学出版社 2002 年版。

21. 李国海:《反垄断法实施机制研究》,中国方正出版社 2006 年版。

22. 李国海:《英国竞争法研究》,法律出版社 2008 年版。

23. 李晓蓉:《市场界定与反托拉斯政策研究》,南京大学出版社 2010 年版。

24. 刘和平:《欧盟并购控制法律制度研究》,北京大学出版社 2006 年版。

25. 刘孔中:《公平交易法》,台北,元照出版公司 2005 年版。

26. 刘宁元主编:《中外反垄断法实施体制研究》,北京大学出版社 2005 年版。

26. 刘武朝:《经营者集中附加限制性条件制度研究》,法律出版社 2014 年版。

27. 全国人大常委会经济法室主编:《中华人民共和国反垄断法条文说明、立法理由及相关规定》,北京大学出版社 2007 年版。

28. 尚明主编:《企业并购反垄断控制——欧盟及部分成员国立法执法经验》,法律出版社 2008 年版。

29. 尚明主编:《我国企业并购反垄断审查相关法律制度研究》,北京大学出版社 2008 年版。

30. 尚明主编:《中华人民共和国反垄断法理解与适用》,法律出版社 2007 年版。

31. 时建中主编:《反垄断法——法典释评与学理探源》,中国人民大学出版社 2008 年版。

32. 史际春等:《反垄断法理解与适用》,中国法制出版社 2007 年版。

33. 孙晋:《企业非横向合并的反垄断法规制研究》,高等教育出版社 2015 年版。
34. 史建三、钱诗宇等:《企业并购反垄断审查比较研究》,法律出版社 2010 年版。
35. 苏永钦:《经济法的挑战》,清华大学出版社 2005 年版。
36. 苏永钦:《跨越自治与管制》,台北,五南图书出版公司 1999 年版。
37. 汪渡村:《公平交易法》,台北,五南图书出版公司 2008 年版。
38. 王健:《反垄断法的私人执行——基本原理与外国法制》,法律出版社 2008 年版。
39. 王磊:《市场支配地位的认定与反垄断法规制》,中国工商出版社 2006 年版。
40. 王为农:《企业集中规制基本法理——美国、日本及欧盟的反垄断法比较研究》,法律出版社 2001 年版。
41. 王先林:《知识产权与反垄断法》(修订版),法律出版社 2008 年版。
42. 卫新江:《欧盟、美国企业合并反垄断规制比较研究》,北京大学出版社 2005 年版。
43. 吴宏伟:《竞争法有关问题研究》,中国人民大学出版社 2000 年版。
44. 吴振国、刘新宇:《企业并购反垄断审查制度之理论与实践》,法律出版社 2012 年版。
45. 徐士英:《竞争政策研究——国际比较与中国选择》,法律出版社 2013 年版。
46. 许光耀:《欧共体竞争法通论》,武汉大学出版社 2006 年版。
47. 于立、吴绪亮:《产业组织与反垄断法》,东北财经大学出版社 2008 年版。
48. 余凌云:《行政契约论》,中国人民大学出版社 2000 年版。
49. 张穹:《反垄断理论研究》,中国法制出版社 2007 年版。
50. 张文显:《法哲学范畴研究》,中国政法大学出版社 2001 年版。
51. 郑鹏程:《反垄断法专题研究》,法律出版社 2008 年版。
52. [德]伯恩·魏德士:《法理学》,丁晓春、吴越译,法律出版社 2013 年版。
53. [德]何梦笔主编:《秩序自由主义》,董靖等译,中国社会科学出版社 2002 年版。
54. [德]路德维希·艾哈德:《来自竞争的繁荣》,祝世康、穆家骥译,商务印书馆 1983 年版。

55. [德]乌尔里希·施瓦尔贝、丹尼尔·齐默尔:《卡特尔法与经济学》,顾一泉等译,法律出版社 2014 年版。

56. [美]E. 博登海默:《法理学——法律哲学与法律方法》,邓正来译,中国政法大学出版社 2004 年版。

57. [美]W. 基普·维斯库斯等:《反垄断与管制经济学》,陈甬军等译,中国人民大学出版社 2010 年版。

58. [美]本杰明·卡多佐:《司法过程的性质》,苏力译,商务印书馆 1998 年版。

59. [美]伯纳德·施瓦茨:《美国法律史》,王军等译,法律出版社 2007 年版。

60. [美]戴维·J. 格伯尔:《二十世纪欧洲的法律与竞争——捍卫普罗米修斯》,冯克利等译,中国社会科学出版社 2004 年版。

61. [美]道格拉斯·C. 诺思:《经济史上的结构和变革》,厉以平译,商务印书馆 1992 年版。

62. [美]赫伯特·霍温坎普:《反垄断事业:原理与执行》,吴绪亮等译,东北财经大学出版社 2011 年版。

63. [美]赫伯特·霍温坎普:《联邦反托拉斯政策:竞争法律及其实践》(第 3 版),许光耀等译,法律出版社 2009 年版。

64. [美]J. E. 克伍卡、L. J. 怀特编著:《反托拉斯革命——经济学、竞争与政策》(第 4 版),林平等译,经济科学出版社 2007 年版。

65. [美]理查德·A. 波斯纳:《反托拉斯法》(第 2 版),孙秋宁译,中国政法大学出版社 2003 年版。

66. [美]马歇尔·C. 霍华德:《美国反托拉斯法与贸易法规——典型问题与案例分析》,孙南申译,中国社会科学出版社 1991 年版。

67. [美]美国律师协会反垄断分会编:《合并与收购:理解反垄断问题》(第 3 版),黄晋译,北京大学出版社 2012 年版。

68. [美]尼古拉斯·麦考罗、斯蒂文·G. 曼德姆:《经济学与法律——从波斯纳到后现代主义》,朱慧等译,法律出版社 2005 年版。

69. [美]欧内斯特·盖尔霍恩、威廉姆·科瓦契奇、斯蒂芬·卡尔金斯:《反垄断法与经济学》(第 5 版),任勇等译,法律出版社 2009 年版。

70. [美]斯蒂芬·布雷耶:《规制及其改革》,李洪雷等译,北京大学出版社

2008 年版。

71. [美]乔治·J. 斯蒂格勒:《产业组织》,王永钦等译,上海三联书店 2006 年版。

72. [美]沃尔特·亚当斯、詹姆斯·W. 布罗克主编:《美国产业结构》,封建新等译,中国人民大学出版社 2003 年版。

73. [美]伊莲·K. 格茨主编,美国律师协会反垄断分会编:《美国并购审查程序暨实务指南》,李之彦、王涛译,北京大学出版社 2011 年版。

74. [美]詹姆斯·威拉德·赫斯特:《美国史上的市场与法律》,郑达轩等译,法律出版社 2006 年版。

75. [日]村上政博:《日本禁止垄断法》,姜姗译,法律出版社 2008 年版。

76. [日]丹宗昭信、厚谷襄儿编:《现代经济法入门》,谢次昌译,群众出版社 1985 年版。

77. [日]丹宗昭信、伊从宽:《经济法总论》,吉田庆子译,中国法制出版社 2011 年版。

78. [日]根岸哲、舟田正之:《日本禁止垄断法概论》,王为农、陈杰译,中国法制出版社 2007 年版。

79. [日]金泽良雄:《经济法概论》,满达人译,甘肃人民出版社 1985 年版。

80. [瑞士]安德烈亚斯·凯勒哈斯:《从华盛顿,布鲁塞尔,伯尔尼到北京——竞争法规范和功能比较》,杨华隆、伍欣译,中国政法大学出版社 2013 年版。

81. [西]安德雷斯·冯特·葛拉雷兹等:《欧盟企业合并控制制度——法律、经济与实践分析》,叶军、解琳译,法律出版社 2009 年版。

82. [英]安东尼·奥格斯:《规制:法律形式与经济学理论》,骆梅英译,中国人民大学出版社 2008 年版。

83. [英]弗里德里希·奥古斯特·冯·哈耶克:《通往奴役之路》,王明毅等译,中国社会科学出版社 1997 年版。

84. [英]卡罗尔·哈洛、理查德·罗林斯:《法律与行政》,杨伟东等译,商务印书馆 2004 年版。

85. [英]马赫·M. 达芭:《反垄断政策国际化研究》,肖兴志等译,东北财经大学出版社 2008 年版。

86. [英]马西莫·莫塔:《竞争政策——理论与实践》,沈国华译,上海财经大学出版社 2006 年版。

87. [英]威廉·韦德:《行政法》,楚建译,中国大百科全书出版社 1997 年版。

88. [英]亚当·斯密:《国民财富的性质和原因的研究》(上、下),郭大力、王亚南译,商务印书馆 1972 年版。

89. [英]约翰·梅纳德·凯恩斯:《就业、利息和货币通论》,高鸿业译,商务印书馆 1994 年版。

90. [英]约翰·密尔:《论自由》,许宝骙译,商务印书馆 1959 年版。

(二)论文

1. 丁茂中:《论资产剥离在反垄断法中的运行机制》,载《广东社会科学》2012 年第 2 期。

2. 丁茂中:《资产剥离机制解决竞争问题的有效性探析》,载《东方法学》2011 年第 3 期。

3. 方小敏:《经营者集中申报标准研究》,载《法商研究》2008 年第 3 期。

4. 高鸿钧:《现代法治的困境及其出路》,载《法学研究》2003 年第 2 期。

5. 韩伟:《经营者集中附条件批准下的待剥离资产处置》,载《中国社会科学院研究生院学报》2011 年第 5 期。

6. 韩伟:《企业合并反垄断审查中的行为救济》,载《东方法学》2013 年第 5 期。

7. 胡东:《经营者集中反垄断评估中的救济措施》,载《价格理论与实践》2008 年第 7 期。

8. 黄勇、蒋涛:《非横向企业合并的反垄断规制》,载《清华法学》2009 年第 2 期。

9. 黄勇:《我国反垄断法:一部注重整体协调的法律》,载《中国发展观察》2006 年第 6 期。

10. 蒋悟真:《反垄断法中的公共利益及其实现》,载《中外法学》2010 年第 4 期。

11. 焦海涛:《反垄断执法和解中的利益平衡》,载《西南政法大学学报》2007 年第 2 期。

12. 金美蓉:《合并救济中剥离资产的选择》,载《法学评论》2014 年第 2 期。

13. 李国海:《反垄断法公共利益理念研究——兼论〈中华人民共和国反垄断法(草案)〉中的相关条款》,载《法商研究》2007 年第 5 期。

14. 李菁华:《论反垄断法中企业的合并救济制度》,载《研究生法学》2009

年第 2 期。

15. 李俊峰:《全球平行审查下的我国经营者集中救济》,载《当代法学》2015 年第 2 期。

16. 李俊峰:《我国企业合并反垄断审查的展开——对商务部“异议案例”公开信息的研究》,载《国际经贸探索》2010 年第 9 期。

17. 刘宁元:《反垄断法政策目标的多元化》,载《法学》2009 年第 10 期。

18. 刘水林:《反垄断诉讼的价值定位与制度建构》,载《法学研究》2010 年第 4 期。

19. 刘武朝、时建中:《论经营者集中反垄断审查中的监督受托人》,载《河北法学》2014 年第 5 期。

20. 马长山:《法治的平衡取向与渐进主义法治道路》,载《法学研究》2008 年第 4 期。

21. 潘志成:《中美经营者集中审查程序比较——以英博收购 AB 案为例展开》,载《中外法学》2010 年第 3 期。

22. 邱春霖:《论反垄断法中附条件批准经营者集中制度》,载《法治研究》2009 年第 10 期。

23. 盛杰民、焦海涛:《反垄断法承诺制度的执行难题与激励》,载《清华法学》2009 年第 2 期。

24. 史际春、赵忠龙:《竞争政策:经验与文本的交织进化》,载《法学研究》2010 年第 5 期。

25. 孙晋:《论经营者集中审查制度在国有企业并购中的适用》,载《华东政法大学学报》2015 年第 4 期。

26. 王晓晔:《中华人民共和国〈反垄断法〉析评》,载《法学研究》2008 年第 4 期。

27. 吴宏伟、金善明:《〈反垄断法〉实施的预期效应探究》,载《政法论坛》2008 年第 1 期。

28. 徐士英:《我国〈反垄断法〉的实施及其完善》,载《华东政法大学学报》2011 年第 2 期。

29. 叶军:《先行修正和买家前置规则比较研究》,载《中外法学》2015 年第 1 期。

30. 叶卫平:《反垄断法的价值构造》,载《中国法学》2012 年第 3 期。

31. 袁日新:《经营者集中救济设计的考量因素——基于欧美立法和执法经

验的分析》,载《经济法论丛》2012 年第 1 期。

32. 袁日新:《互联网产业经营者集中救济的适用》,载《河北法学》2014 年第 1 期。

33. 袁日新:《经营者集中反垄断执法的透明度:基础、功能与限制》,载《行政与法》2014 年第 6 期。

34. 袁日新:《欧盟经营者集中救济中监督受托人职责制度及其启示》,载《行政与法》2015 年第 5 期。

35. 袁日新:《经营者集中反垄断执法的透明度:域外经验与我国选择》,载《理论界》2015 年第 7 期。

36. 袁日新:《经营者集中救济类型位阶性的理论反思》,载《法律科学》2016 年第 2 期。

37. 袁日新:《美国经营者集中救济制度的嬗变及其启示》,载《理论界》2016 年第 12 期。

38. 张东:《经营者集中申报前商谈制度比较研究》,载《比较法研究》2013 年第 5 期。

39. 张守文:《贯通我国经济法学发展的经脉——以分配为视角》,载《政法论坛》2009 年第 6 期。

40. 张占江:《竞争倡导研究》,载《法学研究》2010 年第 5 期。

(三)报纸

1. 王晓晔:《反垄断法应当如何对企业合并进行管制》,载《公共商务信息导报》2005 年 4 月 15 日,第 3 版。

2. 徐士英:《企业合并反垄断控制的双赢救济》,载《中国社会科学报》2010 年 2 月 23 日,第 10 版。

3. 吴宏伟:《〈关于实施经营者集中资产或业务剥离的暂行规定〉解读》,载《国际商报》2010 年 7 月 21 日,第 15 版。

4. 张晨颖:《经营者集中的限制性条件之适用》,载《国际商报》2010 年 4 月 14 日,第 16 版。

5. 吴长军:《附加限制性条件承认经营者集中案例评析》,载《国际商报》2009 年 9 月 29 日,第 10 版。

6. 苏华:《为何附条件批准谷歌收购摩托罗拉移动》,载《经济参考报》2012 年 5 月 23 日,第 6 版。

7. 王沛霖:《商务部有附加限制性条件批准微软收购诺基亚设备和服务业

务》,载《中国计算机报》2014 年 4 月 14 日,第 1 版。

8. 万静:《微软收购诺基亚涉嫌限制竞争》,载《法制日报》2014 年 4 月 9 日,第 6 版。

9. 王希:《商务部附条件批准俄钾肥巨头合并计划》,载《经济参考报》2011 年 6 月 3 日,第 3 版。

10. 姚宗:《经营者集中反垄断审查依法有序进行》,载《国际商报》2008 年 11 月 22 日,第 1 版。

二、外文文献

(一)著作

1. Alison Jones & Brenda Sufrin, *EC Competition Law, Text, Cases and Materials*, Oxford, Oxford University Press, 2001.

2. Andrew Macnab, *Materials on European Community Law of Competition*, Oxford, Oxford University Press, 2012.

3. D. Geradin, *Remedies in Network Industries: EC Competition Law vs. Sector-specific Regulation*, Intersentia Publishing, 2004.

4. Dorte Hoeg, *European Merger Remedies: Law and Policy*, Oxford, Hart Publishing, 2014.

5. Eleanor M. Fox and Daniel A. Crane, *Global Issues in Antitrust and Competition Law*, Thomson Reuters, 2010.

6. Francois Leveque & Howard Shelanski, *Merger Remedies in American and European Union Competition Law*, Cheltenham, Edward Elgar Publishing Limited, 2003.

7. Gordon Blanke, *The Use and Utility of International Arbitration in EC Commission Merger Remedies: A Novel Supranational Paradigm in The Making?*, Groningen, Europa Law Pub., 2006.

8. Keith N. Hylton, *Antitrust Law: Economic Theory and Common Law Evolution*, Cambridge University Press, 2003.

9. Jim Burke, *Finance and Economics Discussion Series: Divestiture as an Antitrust Remedy in Bank Mergers*, Bibliogov, 2013.

10. John E. Kwoka, *Mergers, Merger Control, and Remedies: A Retrospective*

Analysis of U. S. Policy, Massachusetts, MIT Press, 2015.

11. Nigel Parr and Poger Finbow Thomson, *U. K. Merger Control: Law and Practice*, London, Sweet & Maxwell, 2004.

12. Richard A. Epstein, *Antitrust Consent Decrees in Theory and Practice*, Washington, The AEI Press, 2007.

13. Robert A. Lipstein, Werner Berg., *Merger Remedies in the US and Europe*, London, Globe Legal Group, 2009.

14. S. Bishop & M. walker, *The Economics of EC Competition Law: Concepts, Application and Measurement*, London, Sweet & Maxwell, 2004.

15. Stephen Davies & Bruce Lyons, *Mergers and Merger Remedies in the EU: Assessing the Consequences for Competition*, Cheltenham, Edward Elgar Publishing Limited, 2007.

(二)论文

1. Albert A. Foer, "Toward Guidelines for Merger Remedies", *Case Western Reserve Law Review*, fall, 2001.

2. Andrei Medvedev, "Structural Remedies in Merger Regulation in a Cournot Framework", *CERGE-EI Working paper series*, 2004.

3. Ariel EZRACHI, "Behavioral Remedies in EC Merger Control—Scope and Limitations", *World Competition* 459, 2006.

4. C. Newton and D. Parker, "Surgery or Medicine? The Use of Behavioral Remedies in Merger Control", *Frontier Economics Bulletin*, September, 2005.

5. Catherine Fazio, "Merger Remedies: The Great Use by The DOJ and FTC of An Expanding Toolkit", *Aspatore*, June, 2013.

6. Damien Geradin and J. Gregory Sidak, "European and American Approaches to Antitrust Remedies and The Institutional Design of Regulation in Telecommunication", *DG-GS* – 020, December, 2003.

7. David Balto, "Lessons from the Clinton Administration: The Evolving Approach to Merger Remedies", *George Washington Law Review* 69, 2001.

8. David Went, "The Acceptability of Remedies under the EC Merger Regulation: Structural Versus Behavioral", *European Competition Law Review* 455, 2006.

9. Dennis W. Carlton and Mark Israel, "Will the New Guidelines Clarify or

Obscure Antitrust Policy?", *Antitrust Source*, October, 2010.

10. Eugene Buttigieg, "Competition Law: Safeguarding the Consumer Interest: A Comparative Analysis of US Antirust Law and EC Competition Law", *European Competition Law Review*, 2009.

11. Farrell Malon and J. Gregory Sidak, "Should Antitrust Consent Decrees Regulate Post-Merger Pricing", *Journal of Competition Law & Economics*, September, 2007.

12. Frank maier-rigaud and Kay parplies, "EU Merger Control Five Years after the Introduction of the SIEC Test: What Explains the Drop in Enforcement Activity?", *European Competition Law Review*, 30(11), 2009.

13. Greg Olsen, "Revised EU Merger Remedy Guidance", *Antitrust*, Summer, 2009.

14. Jennifer E. Sturiale, "Compulsory Licensing of Intellectual Property as Merger Remedy: A Decision-Theoretic Approach", *Louisiana Law Review*, Spring, 2012.

15. Jessica C. Strock, "Settng the Terms of a Break-Up: The Convergence of Federal Merger Remedy Policies", 53 *Wm. & Mary L. Rev.* 2147, 2012.

16. John E. Kwoka and Diana L. Moss, "Behavioral Merger Remedies: Evaluation and Implications for Antitrust Enforcement", *The Antitrust Bulletin* 57, No. 4/winter 2012.

17. John J. Parisi, "International Regulation of Mergers: More Convergence, Less Conflict", *New York University Annual Survey of American Law*, 2005.

18. Katri Pass, "Non-Structural Remedies in EU Meger Control", *European Competition Law Review* 27(5), 2006.

19. Ken Heyer, "Optimal Remedies for Anticompetitive Mergers", *Antitrust*, Spring 2012.

20. Kevin E. Davis and Michael J. Trebbilcock, "The Relationship between Law and Development: Optimists Versus Skeptics", *The American Journal of Comparative Law* 56, 2008.

21. Larry Kramer, "Consent Decrees and the Rights of Third Parties", *Michigan Law Review* 87, 1988.

22. Manuel Kellerbauer, " the Western Digital/Viviti and Seagate/Samsung

Mergers Reviewed in the Eu and China-different Priorities?", *European Competition Law Review*,34(3),2013.

23. Marieke Baarslag et al. ,"The Dutch Merger Remedy Experience",*European Competition Law Review*,30(9),2009.

24. Marleen Van Kerckhove, "The EU Remedies Study: Toward Further Transatlantic Convergence in Merger Remedies?"21 – Fall,*Antitrust* 66,2006.

25. Maurice De Valois Turk, "The EC'S Revised Notice-The Trustee's Perspective",*European Competition Law Review*,30(7),2009.

26. Molly S. Boast,"Federal Trade Commission Merger Remedies: Shattering the Myths",*George Washington Law Review*,October/December,2001.

27. Nicolas Petit, "Remedies for Coordinated Effects under the EU Merger Regulation",*Competition Law International*,2010.

28. Oliver Budzinski and Isabel Ruhmer, "Merger Simulation in Competition Policy: A Survey",*Journal of Competition Law & Economics*,June,2007.

29. Penelope Papandropoulos and Alessandro Tajana, "The Merger Remedies Study—In Divestiture We Trust?", *European Competition Law Review*, 27 (8), 2006.

30. Philip J. Weiser,"Reexamining the Legacy of Dual Regulation: Reforming Dual Merger Review",*Federal Communications Law Journal*,2008.

31. Sabrina H. He and Fang Han,"MOFCOM'S Review of Global Mergers and Acquisitions in Recent Years: Deals and Lessons", *New York International Law Review*,Winter,2014.

32. Sonja Eibl, "Commitment Decisions: An Australian Perspective", *European Competition Law Review* 6,2005.

33. Sophie Papon,"Structural V. Behavioural Remedies In Merger Control: A Case to Case Analysis",*European Competition Law Review* 36,2009.

34. Thomas Hoehn Imperial and Alex Lewis, "Competition, Interoperability Remedies, FRAND Licensing and Innovation: A Review of Recent Case Law", *European Competition Law Review*,2013.

35. Thomas Hoehn, Suzanne Rab & Grant Saggers, "Breaking up is Hard to Do: National Merger Remedies in the Information and Communication Industries", *European Competition Law Review*,30(5),2009.

36. Thomas Hoehn, Suzanne Rab & Grant Saggers, "Retail Therapy: A Cross-Country Comparison of Merger Control Remedies Practice and Experience in The Wholesaling and Retailing Sectors of France, Germany, Italy, The Netherlands, Spain and The United Kingdom", *European Competition Law Review*, 30 (4), 2009.

37. Thomas Hoehn and Suzanne Rab, "UK Merger Remedies: Convergence or Conflict with Europe? A Comparative Assessment of Remedies in UK Mergers", *European Competition Law Review*, 30(2), 2009.

38. Thomas J. Horton, "Fixing Merger Litigation 'Fixes': Reforming the Litigation of Proposed Merger Remedies under Section 7 of The Clayton Act", *South Dakota Law Review*, 2010.

39. Warren S. Grimes, "Transparency in Federal Antitrust Enforcement", 51 *Buffalo Law Review*, Fall, 2003.

40. Wei Wang and Matti Rudanko, "EU Merger Remedies and Competition Concerns: An Empirical Assessment", *European Law Journal* 18, July, 2012.

41. Werner Berg and Rob Lipstein, "The Revised Merger Remedies Notice-Some Comments", *European Competition Law Review*, 30(6), 2009.

42. William Blumenthal, "Reconciling the Debate over Merger Remedies: A Discussant's Proposed Decision Rule", 69 *George Washington Law Review*, 2001.

43. William E. Kovacic, "Using Ex Post Evaluations to Improve the Performance of Competition Policy Authorities", *Journal of Corporation Law*, Winter, 2006.

44. William J. Baer and Ronald C. Redcay, "Solving Competition Problems in Merger Control: The Requirements for an Effective Divestiture Remedy", *George Washington Law Review*, 2002.

45. Wouter P. J. Wils, "Settlements of EU Antitrust Investigations: Commitment Decisions under Article 9 of Regulation No. 1/2003", *World Competition* 29, September, 2006.

(三)官方文件

1. Commission Notice on Remedies Acceptable under Council Regulation (EC) No. 139/2004 and Commission Regulation (EC) No. 802/2004, Official

Journal of the European Union,2008.

2. Competition Bureau of Canada,Information Bulletin on Merger Remedies in Canada,2006.

3. Competition Bureau of Canada,Merger Remedy Study,2011.

4. Competition Commission, Merger Remedies: Competition Commission Guidelines,2008.

5. Competition Commission, Understanding Past Merger Remedies: Report on Case Study Research,2008.

6. Council Regulation (EC) No. 139/2004 on The Control of Concentrations between Undertakings,Official Journal of The European Union,2004.

7. EU, Commitments to the European Commission, Official Journal of the European Union,2003.

8. EU,Trustee Mandate,2013.

9. European Commission DG Competition,Merger Remedy Study,2005.

10. European Commission, Guidelines on The Assessment of Non-Horizontal Mergers under Council Regulation on The Control of Concentration between Undertakings,Official Journal of the European Union,2008.

11. Federal Trade Commission Bureau of Competition,Statement of the Federal Trade Commission's Bureau of Competition on Negotiating Merger Remedies, 2012.

12. Federal Trade Commission, A Study of the Commission's Divestiture Process,1999.

13. ICN Merger Working Group: Analytical Framework Subgroup, Merger Remedies Review Project Report for the Fourth ICN Annual Conference,2005.

14. OECD Policy Roundtable,Merger Remedy,2011.

15. OECD Policy Roundtable,Merger Remedy,2003.

16. US Department of Justice, Antitrust Division Policy Guide to Merger Remedies,2011.

17. US Department of Justice, Antitrust Division Policy Guide to Merger Remedies,2004.

后 记

本书是在我的博士后研究报告基础上修订而成。尽管本书与我最初的研究计划还有很大差距，但是，它真实地记录了我在漫长艰难的思考与写作过程中获得的历练与感悟，是我最珍贵的一段学术探索征程。

衷心地感谢我的合作导师王晓晔教授，是她和中国社会科学院法学所的领导与其他老师们让我有机会来到中国最高学术殿堂继续深造，让我有机会在这里向众多国内外著名学者们请教。作为国内外著名的竞争法专家，王老师不仅帮助我确定了博士后研究的选题和框架，而且对研究报告的理论观点和制度分析给予了非常权威、细致的指导和点评；不仅为我提供了参加高端学术会议的各种机会，而且为我提供了大量的前沿信息和外文资料；不仅对我的研究思路和研究方法给予了热情的指点和帮助，而且对我的工作和生活给予了极大的支持和关怀，拓展了我的研究视野，提升了我的研究能力，丰富了我的研究经历。王老师在竞争法领域的广博知识、独到见解和深刻思想将是我努力前行的指路明灯，王老师的教诲、指导和帮助将是我受益终生的宝贵财富。

衷心地感谢中国社会科学院法学所陶正华教授、李顺德教授、李明德教授、孙宪忠教授、沈涓教授、朱晓青教授、赵建文教授、廖凡教授、孙秀升老师、缪树蕾老师，他们对我博士后阶段的研究提供了各种不同形式的支持、指导和帮助。

衷心地感谢我的博士研究生导师辽宁大学法学院石英教授。她不仅在我彷徨犹豫时，给予我信心、勇气和力量，而且在日常生活中始终给予关心、帮助和支持。导师的恩情，我会感念一生。博士毕业后，石老师一如既往地关心我的学习、工作和生活。正是在她的鼓励和支持下，让我经历了一段刻骨铭心的学术旅程。

衷心地感谢辽宁大学法学院杨松教授。杨老师以宽广的胸怀、睿智的思想，不遗余力地提携后学。她不经意间的只言片语所展现的智慧灵光让我受益良多。正是在她的关爱和帮助下，让我感受了一段流连忘返的学术旅行。

我在写作过程中，得到了很多竞争法领域专家、领导、年轻同人的帮助。特别感谢盛杰民教授、时建中教授、徐士英教授、史际春教授、吴宏伟教授、黄勇教授、王先林教授、许光耀教授、方小敏教授、张瑞萍教授、李国海教授、王健教授、刘水林教授、李胜利教授、李剑教授等专家对我的启发和指点。

感谢同门韩伟博士，他不仅给我提供了大量的前沿信息和外文资料，而且他灵活的思维和独到的见解让我受益良多。

感谢叶高芬、张素伦、崔书锋、万江、金美蓉、薛颖等同门学友的关爱和支持。

感谢孟雁北、叶卫平、焦海涛、张江莉、仲春、张占江、丁茂中、李俊峰、金善明、喻玲、刘武朝等竞争法领域青年才俊的热心支持，在各种会议上的交流和沟通，使我收获良多。

感谢吕品曜、刘东升、关旭宏、吴军、贾东升、李勇等同学的大力支持，他们的友谊是我前进的一个动力。

感谢我的家人，他们始终默默无私地支持我的求学选择，使我能够平心静气，踏实地读书、思考和写作。

感谢法律出版社编辑陈妮女士，她细心周到、精益求精，为本书的出版做了大量工作，从形式到内容，无不渗透着她的心血。

任何列举都是有限的，感谢所有关心、帮助和支持我的人！借用霍姆斯所言：“在你停下来之前的那段慢跑不一定只是为了接下来的休息。当你仍然活着的时候，就不可能休息。因为生命就是履行职责。这就是生命中存在的全部意义。”

最后，本书只是对经营者集中救济制度的一个阶段性思考，对一些问题的阐释和分析尚不成熟，定有很多疏漏和误解之处，敬请各位同人不吝赐教。

袁日新

2017 年 5 月 17 日于沈阳

图书在版编目(CIP)数据

经营者集中救济法律制度研究 / 袁日新著. —北京:
法律出版社,2017
ISBN 978 -7 -5197 -0918 -1

Ⅰ.①经… Ⅱ.①袁… Ⅲ.①反垄断法—研究—中国
Ⅳ.①D922.294.4

中国版本图书馆 CIP 数据核字(2017)第 121161 号

经营者集中救济法律制度研究
JINGYINGZHE JIZHONG JIUJI
FALÜ ZHIDU YANJIU

袁日新 著

策划编辑 陈 妮
责任编辑 陈 妮
装帧设计 李 瞻

出版 法律出版社
总发行 中国法律图书有限公司
经销 新华书店
印刷 固安华明印业有限公司
责任校对 杜 进
责任印制 吕亚莉

编辑统筹 财经出版分社
开本 720 毫米×960 毫米 1/16
印张 16
字数 250 千
版本 2017 年 7 月第 1 版
印次 2017 年 7 月第 1 次印刷

法律出版社/北京市丰台区莲花池西里 7 号(100073)
网址/www. lawpress. com. cn
投稿邮箱/info@ lawpress. com. cn
举报维权邮箱/jbwq@ lawpress. com. cn
销售热线/010 -63939792
咨询电话/010 -63939796

中国法律图书有限公司/北京市丰台区莲花池西里 7 号(100073)
全国各地中法图分、子公司销售电话:
统一销售客服/400 -660 -6393
第一法律书店/010 -63939781/9782　西安分公司/029 -85330678　重庆分公司/023 -67453036
上海分公司/021 -62071639/1636　深圳分公司/0755 -83072995

书号:ISBN 978 -7 -5197 -0918 -1　**定价:**50.00 元
(如有缺页或倒装,中国法律图书有限公司负责退换)